翁の生成——渡来文化と中世の神々——

はじめに

近年、日本文化の基盤として、修験道や陰陽道の世界がクローズアップされてきているが、この世界を生み出す母体となったのは、韓半島の呪術・宗教を中心とした渡来文化ではないだろうか。
韓半島からの渡来文化は、古代の信仰世界へはもちろんのこと中世の神話や縁起の成立にも影響を与え、土着的なものと習合しながら新たな信仰伝承世界をつくりあげていった。たとえば、渡来性の濃い八幡信仰や走湯山《そうとうさん》信仰における神の顕現譚《けんげんたん》には、シャーマン的な独特の託宣がみえるが、それは土着的な宗教世界にはみえないものである。そこには、韓半島の信仰伝承、とりわけ、渡来の人々が担ってきたと思われるシャーマン的宗教性が強力に入り込んでいるように思われる。

そうした縁起の言説のなかで、翁という不思議な神が活躍していることが注目される。
翁の姿をとる神は、少なくとも記紀に登場する日本土着の神とは異質なものである。古代には、神が人の姿で、さらに、翁の形象をとってあらわれるということはほとんどみられなかった。古代の翁神としては、塩土老翁《しほつつのをぢ》がいるぐらいである。

ところが、古代には稀であった翁の神が、院政期頃を境として集中的に出現してくる。院政期頃から神仏習合の風潮が一層高まるなかで、翁が神仏の化身とされたり、神が翁の姿をとってあらわれるという中世的な神の変容がおこり、そうした翁の形象をもつ神が信仰をあつめ、重んじられるようになったと考えることができるだろう。

翁信仰をめぐる研究としては、山折哲雄氏の『神から翁へ』（青土社、一九八四）が代表的である。氏は、そこで、歴史や縁起類などに登場する翁の本質を追及し、巨視的な視点で宗教史上の翁神を論じる。以下、その論述に導かれながら、日本の古代と中世における翁神の諸相をみてみよう。

氏は、記紀と『風土記』における翁として、海神の塩土老翁や口伝者であり語部である「古老《ふるおきな》」などをあげる。そして、記紀神話の塩土老翁が「国つ神」の相貌を色濃くみせるのに対して、『風土記』の翁は、神々の事跡や系譜の正統的な伝承者として人間の領域に近い存在であるとする。一方、『日本霊異記』のような初期の仏教説話の世界、特に、観音菩薩の利生譚《りしょうたん》では、翁の神人的性格に神仏習合的な観念が加わり、翁を観音の「応化《おうげ》」とする。説話的世界において、翁が神に近い存在としてあらわれるのである。こうした神人的翁が、古代末から中世期にかけて寺社縁起や伝承のなかで、多彩な発生を繰り返すことになる。

さらに氏は、中世に集中してあらわれる翁を、シャーマン的性格の翁、海の翁、山の翁、翁の変型としての老僧、翁の零落型の五種類に分けて、翁のイメージの変化と展開をたどり、翁が現実と幽冥界を行き来する一種の仲介者的存在であったことを指摘した。そして、翁は、まず神の仮の姿として形象化され、やがて、仏・菩薩の直接化現として、また両者をつなぐ存在へと展開をとげたという、卓見を提示した。山折氏の翁研究は、翁全般に関する大きな見取り図を提示するものであり、学ぶところが多い。

ところが、氏の論点には、翁神の問題を渡来文化と関連させる視点が欠けている。

翁の形象をもつ神々としては、八幡神・稲荷明神・走湯権現《そうとうごんげん》・松尾明神・住吉明神・三尾明神・新羅明神・赤《せき》山明神・摩多羅神・白髭明神などがあげられる。これらのなかで、八幡・稲荷・松尾・走湯山の信仰などには、祭祀氏族として渡来集団が深くかかわっており、その縁起伝承には渡来文化の色合いが濃い。また、新羅明神や赤山明神・摩多羅神は、外国からやってきた渡来神である。こうみてくると、日本において翁の伝承をもつ神というのは、ほとんどが日本固有の神ではなく、国外からやってきたいわゆる渡来神であるといっても過言ではない。そして、渡来神の大部分は、秦氏系の渡来集団が祀っていた、韓半島経由の神であることが特に注目されるのである。

このように、翁神の多数が渡来集団によって奉祀され、渡来の神々が翁の形象をとってあらわれる以上、日本中世の翁信仰の生成を渡来文化との交渉のなかからとらえなおすことは欠かせない視点であると考えられる。翁の問題を渡来神の視角から読み直してみる必要がある。

さらに、中世の翁神をめぐる伝承には、韓半島の習俗が反映されているように思われるものが多い。韓半島の神話や信仰伝承においては、来臨する神を童子としてイメージしたり、童子から翁への変異ないし交流の構図で語られる例が少なくない。そして、このような神が翁や童子として出現するという観念が日本の代表的な神格である八幡神や稲荷神の縁起などにもみられるのである。日本の民俗や神話にしばしば登場する翁と童子の互換構造には、韓半島からの影響があり、それが日本の土俗信仰と習合していった可能性があるのではないだろうか。古代から秦氏の信仰の基層には道教的またはシャーマニズム的なものが伏流していたと考えられるが、これが、神仏習合の時代になって翁を歴史の表面に押しあげるにあたって、その大きな動因の一つとなっていた可能性がある。

このように縁起のなかで翁と童子が同時に出てくることは、能の「翁」で老体の翁と童子の千歳《せんざい》がペアとなって登場することとも重なる。「翁」または翁猿楽は、能のみならず多くの日本芸能のルーツであり、十三世紀末には現在につながる「翁」芸が成立していたと考えられる。「翁」は、老体の翁神が祝言《しゅうげん》の舞を舞い、天下泰平を祈念する祝禱芸《しゅくとうげい》であるが、その成立は、神としての翁の変遷という宗教史の流れと緊密に結びついている。つまり、院政期頃から中世にかけて、翁の形象をもつ神が多くあらわれ、翁神の信仰が盛んになるという神の中世的変容がおこったが、こうした翁信仰の高まりが芸能の「翁」の成立につながるといえるのである。特に、翁神と密接にかかわっている渡来系秦氏の信仰は、翁神顕現譚《おきながみけんげんたん》でみられるようなシャーマニズムをその本質としていると考えられ、このことは能の「翁」芸の発生に直接つながっていく問題であろう。「翁」芸は、韓半島のシャーマニズム文化の影響下に成立した可能性が強く、それを媒介した集団の一つが世阿弥や金春禅竹が先祖とあおぐ秦氏集団であったのではないだろうか。このように秦氏や秦氏の信仰という視点から翁をとらえ直してみる必要があるだろう。

また、日本の芸能における翁の形成とパラレルにとらえられるのが、韓半島における「処容舞《しょようまい》」である。韓半島に伝わる処容舞と呼ばれる芸能は、翁芸と性格や構造において共通するところが大きい。処容舞は、中国から宮中の儺礼《なれい》の行事が輸入される以前から行われていた土着的追儺《ついな》の翁舞といえるものであるが、仮面を用いて歌舞を演じることによって辟邪進慶《へきじゃしんけい》（邪気を祓い幸福を予祝すること）をするという意味で、翁猿楽と通じあっていると考えられる。翁猿楽の起源を考えるさいに、韓半島の思想やそれを背景にして生まれた処容舞の成立を照らし合わせるのも有意義であろう。

一方、日本にもたらされた渡来文化は必ずしもすべてが土着の信仰と融合していったとはいえない。そのなかには、日本の土壌に馴染まなかったり、政治的問題と絡むなどのなんらかの理由で排除されてしまう場合もある。

最終章では、渡来文化の排除のあり方の典型として幻術をとりあげる。

幻術は、散楽に含まれた芸能的なものと、道教系の方術的なものの二種類に分けられる。芸能的な幻術は、宮廷を中心にする表の文化においては顕《あらわ》になることなく、芸能史上でも早くから切り捨てられた。その一方、道教系方術は、裏の文化ともいえる山岳修験《さんがくしゅげん》の世界においてはしっかりと根付いていった。方術や仙術といった道教系の呪術文化の伝来は、韓半島の宗教文化との交渉のなかに求めることができる。特に、仏教と道教が未分化のまま共存していた百済との交流による可能性が高い。日本側の道教系の特殊技能に関する記録のなかには、百済との密接な関係を示すものが少なくないのである。ところが、裏の信仰文化を咲かせる原動力となった道教も、結局はもう一つの外来宗教である仏教が日本を覆っていくなかで、そのある部分が排除されていくことになる。中世という時代に、道教系呪術文化は、仏教側の天狗道へと取り込まれていったのである。

本書は、古代から中世にかけて大陸の文化を取り入れることで成り立っていた日本文化のダイナミズムを研究するなかで、主として翁の生成を問題とするものである。それは、現在の日本の文化を深いレベルから捉えかえすことでもある。日本の基層文化の形成を韓半島の文化との交渉のなかから根本的に考え直すことにより、日本と韓半島との文化交渉の、中世における新たな相貌を浮かびあがらせたい。

翁の生成　目次

翁の生成——渡来文化と中世の神々——

第一章　古代の翁

日本の古代においては、翁をとりあげる伝承はわずかであり、翁の神を崇める翁信仰にいたっては、ほとんどないといっていいだろう。これは、中世において爆発的に翁の伝承が書かれ、翁信仰が重んじられることと比べて対照的である。しかしながら、古代には、記紀神話にみられる塩土老翁《しほつつのをぢ》のような神人的な翁や『風土記』で土地の由来を語る翁などがいた。少数ではあるが、こうした古代の翁のなかには、中世の翁の原型にあたるものとして注目される翁像が認められる。古代に、媒介者としての翁がすでに出現しており、そうした翁の原像をふまえながら、中世になって集中的に翁が出てくるのである。

一　塩土老翁

記紀神話にみられる塩土老翁は、古代を代表する神人的な翁として注目される。『日本書紀』のなかでは、火《ほの》瓊瓊杵尊《ににぎのみこと》の降臨譚と山幸・海幸説話、神武東征の神話と絡んで、塩土老翁の伝承が語られる。そのなかで、塩土老翁は、土着の守護神である国つ神とされ、天降った天つ神に国を譲ったり、天と地、天と海の世界を結びつけたり、道案内の役をつとめたりする。まず、『日本書紀』神代下第九段（一書第四）に記された、塩土老翁の天孫への国譲り譚は次のようである。

高皇産霊尊、真床覆衾を以て、天津彦国光彦火瓊瓊杵尊に裹せまつりて、則ち天磐戸を引き開け、天八重雲を排分けて、降し奉る。（中略）吾田の長屋の笠狭の御碕に到ります。時に彼処に一の神有り、名を事勝国勝長狭と曰ふ。故、天孫、其の神に問ひて曰はく、「国在りや」とのたまふ。対へて曰さく、「在り」とまうす。因りて曰さく、「勅の随《まにま》に奉らむ」とまうす。故、天孫、彼処に留在りたまふ。其の事勝国勝神は、是伊奘諾尊の子なり。亦の名は塩土老翁。

真床覆衾《まことおふすま》に包まれ天降った天津彦国光彦火瓊瓊杵尊《あまつひこくにてるひこほのににぎのみこと》が、笠沙の御碕で出会ったのは、事勝国勝長狭《ことかつくにかつながさ》ともいわれる塩土老翁であった。塩土老翁は「勅の随に奉らむ」と言い、吾田の長屋の笠沙を天孫火瓊瓊杵尊に譲る。『日本書紀』の一書には、天津彦国光彦火瓊瓊杵尊に対する塩土老翁の応答を記すなかで、「是は長狭が住む国なり。然れども今は乃ち天孫に奉上る(1)」とある。ここには、塩土老翁が吾田の笠沙の土地を支配していた神であり、支配してきた土地を自ら天孫に奉ったことが、より明確に記されている。すなわち、地主神としての性格がはっきりと語られているのである。

塩土老翁の場合のように、翁が土着の守護神、いわゆる国つ神とされる例は、『古事記』の須佐之男命の大蛇退治の話(2)にもみえる。つまり、天上世界から追いやられた須佐之男命が、出雲国の肥の河（現、斐伊川）の上流で、女児を間において泣いている老夫婦に遭遇する。老夫は、「僕は国つ神、大山津見神の子ぞ。僕が名は足名椎と謂ひ、妻の名は手名椎(3)」と言い、自ら国つ神だと紹介する。この足名椎《あしなづち》と手名椎《てなづち》という名の老夫《おきな》と老女《おみな》は、七人の娘が八俣《やまた》の大蛇に食べられ、やがて最後の八人目の娘を食べられる時がきたのを恐れ悲しんでいるところであったが、その事情を聞いた須佐之男命が、知略と猛々しい勇気で大蛇を退治する。この話は、国つ神が対抗できなかった恐ろしい存在を、天神の力を借りて駆逐できたという、天神の地上での活躍ぶりを語るものであった。

次は、海幸・山幸の説話と一緒に語られる塩土老翁譚である。海幸（火闌降命《ほのすそりのみこと》）と山幸（彦火火出見尊《ひこほほでみのみこと》）は、海と山の幸を得る霊力を持っていた兄弟であるが、ある日、試しに幸を得る道具の釣針と弓矢を交換してみた。ところが、どちらも獲物を得ることができず、兄の海幸は後悔して弟山幸に弓矢を返し、自分の釣針を返すようにと求めた。山幸は、すでに釣針をなくしてしまっていたので、たくさんの新しい釣針をつくって与えるが、海幸は元のものでないと受けとらないという。そのため海辺で嘆息していた山幸の前に、忽然と塩土老翁があらわれた。塩土老翁の出現譚を『日本書紀』神代下第十段（一書第一）から引用すると次のようである。

> 時に一の長老有りて、忽然にして至る。自ら塩土老翁と称る。乃ち問ひて曰さく、「君は是誰者ぞ。何の故か此処に患へます」とまうす。彦火火出見尊、具に其の事を言ふ。老翁、即ち嚢の中の玄櫛を取りて地に投げしかば、五百箇竹林に化成りぬ。因りて其の竹を取りて、大目麁籠を作りて、火火出見尊を籠の中に内れまつりて、海に投る。（中略）時に、海の底に自づからに可怜小汀有り。乃ち汀の尋に進でます。忽に海神豊玉彦の宮に到ります。

これによれば、彦火火出見尊、すなわち山幸は、塩土老翁のつくった籠に入れられ海底の海神豊玉彦《わたつみとよたまびこ》の宮にいたっている。『日本書紀』神代下第十段（本文）には、海辺にあらわれた塩土老翁が、山幸に対して「吾当に汝の為に計らむ」と言っており、海宮へ導く様子がはっきりと示されている。塩土老翁は、山幸を海宮へと導く海

路の案内者であった。つづいて、彦火火出見尊と海神豊玉彦の娘である豊玉姫との結婚譚が、

> 時に海神、迎へ拝み延て入れまつりて、慇懃に奉慰る。因りて女豊玉姫を以て妻せまつる。故、海宮に留住りたまへること、已に三載に経りぬ。

のように語られる。のちに、天孫の彦火火出見尊と海神の娘とのあいだでは、鸕鷀草葺不合尊《うがやふきあへずのみこと》が生まれる。このように、塩土老翁は、聖婚というかたちで天と海の世界を結びつけた媒介者であったが、先に述べた須佐之男命と国つ神の娘が結ばれる背景にも、同様に「足名椎」という国つ神の翁が登場していた。須佐之男命は、老夫足名椎に大蛇から娘を助けてくれることを頼まれ、激戦のあげく大蛇を退治した。足名椎は、大蛇退治の対価として、須佐之男命に娘の櫛名田比売《くしなだひめ》を献上し、それによって天孫と国つ神の娘の聖婚が成立する。足名椎は、翁の形象をとる国つ神という点や天孫の聖婚を媒介しているという点で、塩土老翁と似通う性格の神である。

三番目にあげる塩土老翁譚は、神武東征の神話と絡んで語られる。『日本書紀』神武天皇即位前紀によると、彦火火出見尊、すなわちのちの神武天皇が大和を志向し、東征に赴く決断は塩土老翁の教えによってなされる。次のような記述である。

> 抑又、塩土老翁に聞きき。曰ひしく、「東に美き地有り。青山四周れり。其の中に亦、天磐船に乗りて飛び降る者有り」といひき。余謂ふに、彼の地は、必ず以て大業を恢弘べて、天下に光宅るに足りぬべし。蓋し六合の中心か。厥の飛び降るといふ者は、是饒速日と謂ふか。何ぞ就きて都つくらざらむとのたまふ。

彦火火出見尊が塩土老翁に聞いてみたところ、東方に、四方を青山に囲まれた美しい国があることを教えられる。また、そこには、すでに天上界から天磐船に乗って降臨した者がいるという。以前から大和へ天降っていた饒速日命《にぎはやひのみこと》のことである。塩土老翁によい国を教えられた彦火火出見尊は、その国こそ大業を弘め、天下を治めるに足るところであり、日本の中心の地であると言い、そこへ行き都に定めようと決めるのであった。この場合、塩土老翁は、新しい情報を提供し、王権をバックアップする土着の神であったと解することができよう。

以上の三つの伝承でみてきたように、塩土老翁は、(4)天津彦国光彦火瓊瓊杵尊に国を譲り、山幸を海宮に導き、彦火火出見尊に天下を治めるに適した土地を教えた。この老翁形の国つ神は、天神や天孫を導き、天皇という名称で語られる以前の王権を支えていたのである。中世に金春禅竹が書いた翁論『明宿集』の冒頭には、

抑、翁の妙体、根源を尋たてまつれば、天地開闢の初より出現しましまして、人王の今に至るまで、王位を守り、国土を利し、人民を助け給ふ事、間断なし。

とあって、翁の根源を求めてみると、天地開闢の初めより出現して現在にいたるまで王位を守り、国土に利益をあたえ、人民を助けてくださったと記される。禅竹が「天地開闢の初めより王位を守る」と語る時、天皇以前の王権を支える塩土老翁もイメージされていたと思われる。

また、天孫の山幸と竜宮の豊玉姫、天孫須佐之男命と国つ神の子孫が結ばれるという背景には、塩土老翁と足名椎が深く関与していた。二人の翁は、天と海や天と地の境界にいて、両界を結びつける媒介として働いているのである。このような翁の国つ神伝承において、神が翁として形象されるもっとも早い例がみられるのである。

二　椎根津彦

(一)道案内の国つ神

翁による道案内譚ではないが、塩土老翁譚と似かよっている構造をもつ伝承として椎根津彦《しひねつひこ》の話がある。『日本書紀』神武天皇即位前紀によると、先に述べたように塩土老翁が神武天皇に対し天下に君臨するに足るよい地を教え、東征が実行された。すぐ後には、神武東征軍を先導する椎根津彦の伝承が、

天皇、親ら諸の皇子・舟師を帥ゐて東を征ちたまふ。速吸之門に至ります。時に、一人の漁人有りて、艇に乗りて至れり。天皇、招せて、因りて問ひて曰はく、「汝は誰ぞ」とのたまふ。対へて曰さく、「臣は是国神なり。名をば珍彦と曰す。曲浦に釣魚す。天神の子来でますと聞りて、故に即ち迎へ奉る」とまうす。又問ひて曰はく、「汝能く我が為に導つかまつらむや」とのたまふ。対へて曰さく、「導きたてまつらむ」とまうす。天皇、勅をもて、魚人に椎檣が末を授して、執らしめて、皇舟に牽き納れて、海導者とす。乃ち特に名を賜ひて、椎根津彦とす。

と語られ、椎根津彦が露払いの役をつとめている。すなわち、神武天皇が諸皇子と軍を率いて速吸之門《はやすひなと》(速吸名門)に着いた時、一人の魚師を乗せた小船が近づいてきた。国つ神と名乗る珍彦《うづひこ》が、予め天神の来臨がわかったので、迎えに参上したという。そこで、神武天皇は、東征にさいして海路の導きを要請し、珍彦は、「導きたてまつらむ」と受け入れる。珍彦は椎の棹を執り、海路の案内をしたが、それにより椎根津彦という名が与えられ

る、という内容である。このように、神武天皇や天皇の率いる水軍を先導した椎根津彦の伝承と、天孫を導く塩土老翁の伝承との間には、土着の国つ神が天孫・天神に対して案内者の役割をするという点で重なる。

『日本書紀』は、椎根津彦が国つ神としてあらわれるさい、塩土老翁のように翁の姿をとることについては明記していないが、椎根津彦が蓑笠を着せられ翁に変装するくだりは、翁神の本質を語るものとして注目される。

神武天皇即位前紀には、次のようにある。

夢に天神有して訓へまつりて曰はく、「天香山の社の中の土を取りて、天平瓮八十枚を造り、并せて厳瓮を造りて、天神地祇を敬ひ祭れ。亦厳呪詛をせよ。如此せば、虜自づからに平き伏ひなむ」とのたまふ。天皇、祗みて夢の訓を承りたまひて、依りて将に行ひたまはむとす。（中略）乃ち椎根津彦をして、弊しき衣服及び蓑笠を著せて、老父の貌に為る。又弟猾をして箕を被せて、老嫗の貌に為りて、勅して曰はく、「汝二人、天香山に到りて、潜に其の巓の土を取りて、来旋るべし。基業の成否は、当に汝を以て占はむ。努力、慎歟」とのたまふ。（中略）時に群虜、二の人を見て、大きに咲ひて曰はく、「大醜の老夫老嫗なる」といひて、則ち相與に道を闢りて行かしむ。二の人、其の山に至ること得て、土を取りて来帰る。

天神が神武天皇の夢に出てきて、敵を平伏させるため、天香山《あまのかぐやま》の社のなかの埴土《はにつち》を取ってきて祭祀土器をつくり天神地祇を祭るようにと告げる。そこで、神武天皇は、椎根津彦と弟猾《おとうかし》を老翁・老嫗に変装させ、天香山に遣わした。天香山の埴土を取ってくることをもって大和平定の成功を占うということである。破れた衣服と蓑笠というみすぼらしい格好の老父と老女に身を変えた二人を見て敵軍の兵士たちが大いに笑い、疑われることなく道を開けてくれたので埴土を取ってくることができた。

天香山の土を盗み取ることに関しては、『日本書紀』崇神天皇十年九月に武埴安彦《たけはにやすびこ》が謀反を企てた時の記事中にも「武埴安彦が妻吾田媛、密に来りて、倭の香山の土を取りて、領巾の頭に裹みて祈みて曰さく、是、倭国の物質とまうして、則ち反りぬ」とある。倭の香山の土を盗み取って「倭国の物質」だと呪詛したのであるが、新編日本古典文学全集の『日本書紀』の頭注では、香山の土は倭国の象徴ゆえ、これを盗むことは倭国を盗むことになるということを指摘している。こうした伝承でとりあげられる土は、埴・赤土とも書くが、そこには霊力が含まれていたものとされ、(5)香山の土を守ったり、盗んだりする伝承も、土そのものがもっている呪術的な力を背景において語られたのである。また、香山の土で天神地祇を祭祀するための土器をつくることは、香山の土が、もっとも強い呪力をもっていることを示すのであろう。

一方、こうした埴土で器物を制作するものを土師（はにし・はじ）と言い、『日本書紀』垂仁天皇三十二年七月条によれば、その土師部《はじべ》が墓に立てる埴輪をつくり、大和朝廷の葬送儀礼にたずさわってきたとある。(6)つまり、土師宿禰の祖とされる野見宿禰が自ら土部たちに命じて、埴土を取って人・馬および種々の物の形をつくり、天皇に奉って、この土物《はに》をもって人の代わりに陵墓に立て、のちの世の法則としようとするという。そして、その土物を、始めて日葉酢媛命《ひばすひめのみこと》の墓に立て、よってこの土物を名付けて埴輪というとある。このような埴輪起源説の末尾に、「是、土部連等、天皇の喪葬を主る縁なり」とあり、土師氏が朝廷の葬送儀礼を担ってきた集団であったことを伝える。土師氏は、鎮魂のための土器をつくり、葬儀と関わってきたのであるが、そこでは、埴土は呪力を発揮する。また、埴土を取って土器をつくり、祭祀に用いる椎根津彦も、土師氏のように究極的な呪術にかかわる人間として登場したのであった。そして、ここでは特に、土師氏のように境界的な存在として描かれた椎根津彦の翁への変装が注目される。

椎根津彦の翁への変装には蓑笠が用いられた。蓑笠は、古くから呪術的要素をもっているとされ、その一方で、翁の象徴、あるいは異界性を象徴するものでもあった。それに関しては、素戔嗚尊《すさをのみこと》（『古事記』では須佐之男命とする）が追放のさいに蓑笠を着ていたという伝承と引き合わせて考えると、蓑笠のもつ意味がより明確にみえてくる。

時に、霖ふる。素戔嗚尊、青草を結束ひて、笠蓑として、宿を衆神に乞ふ。衆神の曰はく、「汝は是躬の行濁悪しくして、遂ひ謫めらるる者なり。如何ぞ宿を我に乞ふ」といひて、遂に同に距く。是を以て、風雨甚だふきふると雖も、留り休むこと得ずして、辛苦みつつ降りき。爾より以来、世、笠蓑を著て、他人の屋の内に入ること諱む。又束草を負ひて、他人の家の内に入ることを諱む。此を犯すこと有る者をば、必ず解除を債す。此、太古の遺法なり。

『日本書紀』神代上第七段（一書第三）には、以上のように青草を束ね蓑笠を着た姿の素戔嗚尊が、諸天神に宿を乞うが断られ、長雨のなか天上界から追い出されることが書かれている。こうした素戔嗚尊の伝承から、蓑笠には乞食のイメージがあり、あるいは、天上界から地上にやってくる異界の来訪人を象徴するという意味が含まれていたと考えられるのである。両イメージをしっかりと受けとめ、これを延喜帝の第四皇子の蟬丸に具象化したのが能「蟬丸」であろうという指摘がある。[7] 中世において流され皇子として説話化される蟬丸伝承には、素戔嗚尊の異界への追放という古代の記憶がそのまま投影されているといえる。特に、穢れを抱え、宮中から追放される盲目の蝉丸が身に付けていたものも蓑笠であったことに注目される。古代から中世を通じて、蓑笠をつけることは、穢れていることの象徴であり、また、乞食や異邦人をさすものとして機能していたのである。

『日本書紀』においては、椎根津彦が異界や境界的な存在のシンボルである蓑笠を身に付けた翁に変装し、天香山の土を盗み取ってきて祭祀土器をつくり、天神地祇を祭ったのであるが、『住吉大社神代記』(8)にも近似した伝承が書き残されている。『住吉大社神代記』では、住吉明神が神功皇后に対し、天香个山《あまのかごやま》（天香山）の社のなかの埴土を取ってきて、天平瓮《あめのひらか》八十瓮《やそき》をつくって祭祀することをすすめる。そこで、「古海人老父に田の蓑・笠・簸を着せ、醜き者として遣して土を取り、斯を以て大神を奉斎祀る」のであった。後文には、「為賀悉利祝、古海人等なり」とあり、古海人老父《ふるあまのおきな》が為賀悉利《ゐがしり》、つまり座間神社の祝人《はふりと》と解される。古海人老父が埴土を取りに遣わされるさい、蓑・笠・簸を着せられ、醜い者として変装するのは、『日本書紀』神武天皇即位前紀でいう椎根津彦の変装や、敵軍の兵士らに醜いものどもと笑われる場面とほとんど一致する。ところが、両伝承の間には、『住吉大社神代記』では埴土を取りにいくのが古海人老父という翁であったのに対し、神武紀でいう椎根津彦は蓑笠をつけて醜い翁として変装するという違いがある。しかし、両伝承とも、大いに霊力をもつ埴土を取るのが蓑笠姿の翁であったということに変わりはない。醜い姿の翁は、埴土で祭祀土器をつくり、呪力を発揮するために、ふさわしい存在であったのだろう。

(2)服属芸能と物真似と「笑い」

『日本書紀』神武天皇即位前紀によると、国つ神椎根津彦は、破れた衣服に蓑笠を着てみすぼらしい翁に姿を変え、老嫗に変装した弟猾《おとうかし》と一緒に大和の天香山の埴土を取りに敵陣に向かう。この時、椎根津彦らを見た敵軍の兵士たちは、「大醜乎、老夫老嫗」と大いに笑い、道を開けて二人を通らせた。こうした古代における「笑う」ことをめぐる神話伝承は、日本演劇、ひいては芸能の発生と深くかかわっている。

演劇の発生について説かれるさい、きまってとりあげられるのが、天鈿女命《あまのうずめのみこと》の「俳優《わざをぎ》」の伝承である。『日本書紀』神代上第七段（本文）には、素戔嗚尊の乱暴に対して怒った天照大御神が天石窟《あまのいはや》に隠れてしまうと、天鈿女命が、

則ち手に茅纏の矟を持ち、天石窟戸の前に立たして、巧に作俳優す。亦天香山の眞坂樹を以て鬘にし、蘿を以て手繦にして、火処焼き、覆槽置せ、顕神明之憑談す。

とあるように、天石窟戸《あまのいはやと》の前に立って、巧に「わざをぎ」をみせた。天鈿女命が滑稽な姿に扮し、神がかって舞うことを「わざをぎ」と称し、そこに芸能の発生を求めているのである。一方、『古事記』には、神がかった天鈿女命が滑稽なしぐさをみせて諸神を笑わせることが、岩窟に閉じこもった天照大御神を外につれ出すきっかけとなったと記されている。(9) つまり、笑いの力によって、闇の世界は光を取り戻したのであり、「わざをぎ」がもたらした笑いによって世界が開かれたことになる。

「わざをぎ」に関するもう一つの例が、隼人の服属儀礼伝承にともなって語られる。すなわち、記紀の海幸・山幸説話には、隼人の祖先である海幸が山幸への服従を誓い、そのあかしとして滑稽な物真似をしてみせる。ここでは、笑いの役割が前面に出されているわけではないが、滑稽な物真似演技の背景には、権力者側から笑われることが前提となっているのである。まず、『古事記』上巻には、兄火照命《ほでりのみこと》（海幸）が弟火遠理命《ほをりのみこと》（山幸）に服

従し、「僕は今より以後は、汝命の晝夜の守護人と為りて仕へ奉らむ」と言い、故に「今に至るまで、その溺れし時の種種の態、絶えず仕へ奉るなり」とある。この記録は、宮廷儀式化された隼人の狗吠《いぬぼ》えと隼人舞《はやとまい》の起源を説くものとされるが、こうした隼人の服属芸能の起源説が、『日本書紀』にはもっと詳細に記されている。まず、隼人の狗吠えに関しては、神代下第十段（一書第二）に「兄、弟の神しき徳有すことを知りて、遂に其の弟に伏事ふ。是を以て、火酢芹命の苗裔、諸の隼人等、今に至るまでに天皇の宮墻の傍を離れずして、代に吠ゆる狗して奉事る者なり」とある。日本古典文学大系の頭注などに指摘されているように、後世隼人が元日、即位、践祚大嘗祭などの宮廷の儀式に狗吠えをして宮門を守護したことの起源を説明しているものと考えられる。すなわち、記紀の両伝承は、大和政権に服属する隼人が番犬のように仕えることを告げ、それが、狗吠えという物真似として象徴され、宮廷儀式のなかに取りこまれたことを記しているのである。また、『日本書紀』神代下第十段（一書第四）には、隼人舞の起源説といわれる、溺れるさまの物真似が、

兄、著犢鼻して、赭を以て掌に塗り、面に塗りて、其の弟に告して曰さく、「吾、身を汚すこと此の如し。永に汝の俳優者たらむ」とまうす。乃ち足を挙げて踏行みて、其の溺苦びし状を学ぶ。初め潮、足に漬く時には、足占をす。膝に至る時には足を挙ぐ。股に至る時には走り廻る。腰に至る時には腰を捫ふ。腋に至る時には手を胸に置く。頸に至る時には手を挙げて飄掌す。爾より今に及るまでに、曽て廃絶無し。

と詳しく書き留められている。兄の海幸は、ふんどしだけの裸で、赭《そほ》（赤土）を掌や顔に塗り、俳優として弟の山幸に仕えることを誓う。それから、潮が満ちて海面が高くなるにつれて溺れ苦しむさまを真似し、さまざまな

しぐさをみせる。海幸がこうした滑稽な物真似をみせ、勝者の山幸から笑われることが、服従のあかしとなり、それが宮廷儀式として芸能化され、続いているのである。服属している方が物真似をして、権力者側から笑われるという点では、『古事記』の猪甘《ゐかい》の老人《おきな》をめぐる伝承も共通する内容をもつ。『古事記』下巻には、意祁王《おけのみこ》（のちの仁賢天皇）・袁祁王《をけのみこ》（のちの顕宗天皇）が山城の刈羽井で食事をしていた時、顔に入墨をした老人があらわれ、食糧を奪っていったとあり、老人の正体は「猪甘」、すなわち猪を飼う部民であったという。[10]のちの顕宗天皇の時代にいたり、食糧を奪った猪甘の老人が飛鳥河の河原で処刑されることになるが、その時、猪甘の老人の一族は、すべて膝の腱を切られる。このようなわけで、今にいたるまで、その子孫が大和に上る日は、自然と足が不自由になり、足を引きずりながら歩くというのである。[11]足を引きずる所作は、「一族の伝承として、祖先の猪甘の老人が、倭の勢力に屈服したという神話があり、その屈服のあかしとして、子々孫々にいたるまでそれを演じる[12]」ことをいうのであろう。このように、猪甘老人の子孫が足を引きずることを演じるのは、隼人が溺れるしぐさを演じることと本質的には変わらない。

大和民族は、国内統一を進め、大和政権を確立するなかで、各地の服属部民の芸能を朝廷の儀礼として積極的に取り入れた。その代表的なものが隼人舞であった。大嘗祭などの宮廷儀礼のなかには、隼人舞と並んで服属の伝承に起源を託す芸能が少なくない。国栖奏《くずのそう》や久米舞《くめまい》の場合も、隼人舞のように「被征服民族の服従を示す発生をもちながら、やがてそれらとは反対に、征服者の威厳を示すものとして儀礼化した[13]」のである。服属芸能の宮廷儀式化をめぐっては、松村武雄氏が『日本神話の研究』のなかで、大和民族は、蝦夷・隼人・国栖の衆族などの異民族には呪的能力があると信じ、彼らの所有する呪的な力能を儀礼的に利用し、邪霊や災いから政権を守護しようとしたと論じている。[14]言い換えれば、征服された部族の芸能が儀式化される背景には、各部族がもっていた芸能の呪力を借りて中央政権の安泰を守ろうとする意図があったのだといえる。

　そして、呪術的な意味をもつ表現を演技化したものとして、とりわけ、大嘗祭や諸節会《せちえ》に国栖人が参勤して演じた国栖奏があげられる。国栖奏の起源説によると、国栖人は服従の意味を表現する歌を詠んだだけでなく、ある呪的な所作がともなわれていたことを推測させる。すなわち、『古事記』中巻には、国栖奏の始まりを記して、「大御酒献りし時、口鼓を撃ち、伎を為して歌日ひけらく」とある。ここでいう口鼓《くちつづみ》を撃つことや、伎《わざ》が具体的にどのようなものであったのかは明記されていないが、『日本書紀』応神天皇十九年に「歌既に訖りて、則ち口を打ちて仰ぎて咲ふ」とあることから、口を打ち音を立て、天を向いて笑うしぐさであったと解釈することもできる。また、征服者の威厳を示すものとして儀式化された久米舞の原型が説明されるなかでも、来目（久米）部が歌った後に大笑いしたとしている。『日本書紀』神武天皇即位前紀のなかでは、久米部が歌の後に笑う所以は、勝利を収めた天皇軍が喜んで天を仰いで大笑いして歌ったことにあるとされる。ところが、儀礼のなかで大きな笑いを発するということは、天鈿女命が神憑《かみがか》り、滑稽なわざで諸神を笑わせ、天照大神を洞窟の外に連れ戻した時の、笑いのパワーを想起させる。新編日本古典文学全集『日本書紀』の頭注では、大笑いするのは敵や悪霊を退散させる呪術であると指摘されているが、国栖人や久米部が天を仰いで大笑いする所作は、邪霊や災いを追い払うために呪的パワーを発散することを表徴するような呪術的行為であったといえる。

　一方、服属する方が演じる滑稽な物真似とそれにともなう笑いは、猿楽《さるがく》が滑稽な物真似をするという問題にダイレクトに結びつくと考えられる。松岡心平氏は、征服された異民族が服従を誓う芸能を捧げ、それが海幸山幸伝説のような古代神話に投影されるが、捧げられた芸能の内容が模写的演技であったことが注目されると指摘する。それは、日本の芸能にあっては、模写的演技を担う者の周縁性の問題が、古代に発して現代にいたるまで流れているからであるという。(15)古代において服属者が演じる滑稽な物真似は、穢《けが》れをはらうという意味合いをもって行われていたのであり、それが王権の擁護へとつながるものであった。天皇の対極にいる服属者がその芸能でもって王権を寿《ことほ》ぐことが、猿楽集団のあり方と重なるのではないだろうか。猿楽者が笑わせるということで祝福するという芸能のあり方の原型が、隼人舞のような服属芸能にあったのである。

さらに、古代において朝廷の儀礼に芸能をもって参勤していた服属部民と中世の猿楽者の間には、共通点がある。中世の猿楽者は、境界的な存在であったが、中央からみる服属者の場合も、常に異類や異界のものとして表象されてきたのである。大和政権が、中央政府に服従しない土着の異族に対し「土蜘蛛」という賤称で呼んでいたことが、記紀や各地の風土記の逸文によって知られる。その土蜘蛛に関して、『常陸国風土記』に「普く土窟を置け掘り、常に穴に居み、人の来るあらば、すなはち窟に入りて竄れ、その人去らば、更郊に出でて遊べり。狼の性、梟の情ありて、鼠のごと窺ひ狗のごと盗む」とあるのは、彼らの習俗を動物に比喩し軽蔑していることとみられる。これは、東北の部族国家エミシに「蝦夷」の文字を当てることにも通じるのであろう。あるいは、『古事記』中巻に「尾生る土雲」とあり、『日本書紀』神武天皇即位前紀に「身短くして手足長し。侏儒と相類たり」とあるのをみると、土蜘蛛といわれる土着民の風貌が大和民族とは異なる異様の存在とされていたことがわかる。『古事記』中巻に、吉野国栖人の祖とされる国つ神の石押分之子《いはおしわくのこ》にも尾が生えていたと伝承されるが、(16)こうしてみると、服属芸能をもって参勤していた部族の大体は、大和民族からみて、異様な種族であり、異界のものとして捉えられていたと考えられる。

隼人舞の起源説においては、兄の海幸が掌や顔に赤土を塗って自ら体を汚し、永久に「俳優者」となることを告げるのであるが、顔に赤土を塗ることは異形としての呪能を象徴するのではないだろうか。『播磨国風土記』

には、神功皇后が外征の時、尓保都比売命《にほつひめのみこと》からもらった赤土を逆桙に塗ったり兵隊の鎧を染めることなどに用いたため、遮《さえぎ》るものもなく勝利を得ることができたとあり、赤土には魔除け・呪詛などの力があると観念されていたことがわかる。

いままで述べてきた服属儀礼や伝承のなかには、ある部分では、中世につながっていくような翁の存在が見え隠れする。まず、顔に入墨をした猪甘の老人と隼人舞の起源譚に登場する塩土老翁の場合がそうである。しかし、猪甘の翁と塩土老翁は、物真似を主とする服属儀礼の芸能化に深くかかわっていることは間違いないが、翁が直接物真似をするわけではない。また、椎根津彦が滑稽な翁として変装して笑いをかもし出し、笑いを介して芸能の始原と深くかかわっていることは疑いないが、翁による物真似は語られない。以上のような翁にかかわる伝承では、芸能としての翁に焦点が合わない。その点、マージナルなものが「翁」として表象される場合が多く、また翁猿楽において「翁」という芸の集約が行われる中世とは大きな違いがある。

三　伝承を語る翁

古代には、特別な名を持たないまま「一人の老夫《おきな》」として登場する翁がいる。その例はわずかであるが、以下でとりあげるいくつかの伝承は、翁が神人《しんじん》的存在として登場しているものとして注目される。まず、『日本書紀』垂仁天皇二年、古代韓国における伽耶《かや》と新羅との抗争の発端を叙述した段には、新羅の王子都怒我阿羅斯等《つぬがあらしと》が本国にいた時の説話を異伝として記すが、そのなかに翁が出てくる。その部分を引用すると次のようである。

初め都怒我阿羅斯等、国に有りし時に、黄牛に田器を負せて、田舎に将往く。黄牛忽に失せぬ。則ち迹の尋に覔ぐ。跡、一郡家の中に留れり。時に、一の老夫有りて曰はく、「汝の所求むる牛は、此の郡家の中に入れり。然るに郡公等曰はく、『牛の所負せたる物に由りて推れば、必ず殺し食はむと設けたるなり。若し其の主覔め至らば、物を以て償はまくのみ』といひて、即ち殺し食みてき。若し『牛の値は何物を得むと欲ふ』と問はば、財物をな望みそ。『便に郡内の祭ひまつる神を得むと欲ふ』と爾云へ」といふ。俄ありて郡公等至りて曰はく、「牛の値は何物を得むと欲ふ」ととふ。対ふること老父の教えの如くにす。其の所祭る神は、是白き石ぞ。乃ち白き石を以て、牛の値に授てつ。因りて将て来て寝の中に置く。其の神石、美麗き童女と化りぬ。是に、阿羅斯等、大きに歓びて合せむとす。然るに阿羅斯等、他処に去る間に、童女忽に失せぬ。阿羅斯等、大きに驚きて、己が婦に問ひて曰はく、「童女、何処か去にし」といふ。対へて曰はく、「東の方に向にき」といふ。則ち尋めて追ひ求ぐ。遂に遠く海に浮びて、日本国に入りぬ。求ぐ所の童女は、難波に詣りて、比売語曾社の神と為る。且は豊国の国前郡に至りて、復比売語曾社の神と為りぬ。

伽耶の王子都怒我阿羅斯等が連れて歩いていた黄牛が急にいなくなり、その足跡を辿っていたところ、「一人の老夫」があらわれた。老夫は、黄牛が郡公[17]らに殺され食べられたことを教えるとともに、牛の代わりに村で祭っている神を求めるようにと教示する。王子は、老夫の教えにしたがい、村の神である白い石を得ることができたが、その神石は、童女と化して日本に渡ってきて、難波の比売語曾社《ひめこそのやしろ》の神となったという。こうした比売語曾社の縁起譚ともいえる伝承で、都怒我阿羅斯等の前にあらわれ、教示する老夫は、神人的翁に近いといえる。

一方、『日本書紀』景行天皇十八年には、筑紫後国の御木《みけ》（現、福岡県三池郡・大牟田市）の地名の由来とかかわる大樹伝説が書き留められているが、その伝説を語り聞かせるのが「一老夫」である。景行天皇が筑紫後国の御木にいたった時、長さ九百七十丈の巨大な木が倒れていたので、巨木について尋ねた。そこで、一人の老夫が、「この樹は歴木《くぬぎ》といふ。嘗、未だ僵れざる先に、朝日の暉に当りて、則ち杵嶋山を隠しき。夕日の暉に当りては、亦、阿蘇山を覆しき」と、倒れている大樹にかかわる伝説を語るのであった。すなわち、巨大な櫪《くぬぎ》が倒れる前は、朝日の光りを受けた影が杵嶋山を隠し、夕日の光を受けた影が阿蘇山を覆ったという内容であるが、巨木とは、天皇が屈服させた勢力の巨大さの象徴であろう。

『日本書紀』景行天皇条のなかには、熊襲を平定した天皇が筑紫国を巡幸する間のエピソードが地名由来譚となって伝わっている。こうした景行天皇の国見と絡んだ伝説には、天皇が葦北《あしきた》の小島に泊まった時に島の崖から清水が湧き出たとし、阿蘇国では阿蘇都彦・阿蘇都姫の両神が人の姿に化して天皇の前に参上するなど、天皇の神聖や尊厳を象徴するような内容が少なくない。これらと同様、御木の大樹伝説も天皇や中央政権を賛美するための叙述だったと考えられるが、それを語り伝えるのが老夫であったことが注目される。大樹伝説を語る老夫は、その土地に長く住み着いたものとして土地の風土や習俗に詳しく、地主神あるいは、国つ神と同じ系譜の翁だったといえよう。

また、『風土記』には「古翁伝云」「古翁曰」のかたちで、土地の伝説や風土を語り伝える翁の例が多くみられる。こうした共同体の歴史や伝承を語る神に近い翁が、『大鏡』における世継の翁であろう。平安時代に成立した歴史物語『大鏡』では、話し手として二人の老翁が登場して歴史語りをする。その物語は次のように始まる。

先つ頃、雲林院の菩提講に詣でて侍りしかば、例の人よりはこよなう年老い、うたてげなる翁二人、嫗といきあひて、同じ所に居ぬめり。あはれに、同じやうなるもののさまかなと見はべりしに、これらうち笑ひ、見かはしていふやう、世継「年頃昔の人に対面して、いかで世の中の見聞くことをも聞こえあはせむ、このただいまの入道殿下の御有様をも申しあはせばやと思ふに、あはれにうれしくも会ひまうしたるかな」。

雲林院で『法華経』を講説する法会に、『大鏡』の語り手が出かけたところ、格別に年をとり異様な感じの翁二人と媼一人が偶然出会って同じ所に座った。同じような様子をした老人たちだと思って見ていると、この老人たちがお互いに笑って顔を見合わせて言う。まず世継と名のる翁が繁樹の翁に「年来昔の知り合いにお会いし、今まで見聞した世間のことや、現在の入道殿下（藤原道長）のご様子についてお話しをかわしたいと思っていましたが、本当にうれしくもお会いしたことです」と話しかける。そののち世継の翁は「さらにもあらず。一百九十歳にぞ、今年はなりはべりぬる。されば、繁樹は百八十におよびてこそさぶらふらめど、やさしく申すなり」と言っており、二人の老翁の年齢は各々百九十歳と百八十歳であった。この二人の老翁は、次の引用文に示されているように昔物語を語る役割をする。

講師待つほどに、われも人もひさしくつれづれなるに、この翁どものいふやう、世継「いで、さうざうしきに、いざたまへ。昔物語して、このおはさふ人々に、さは、いにしへは、世はかくこそ侍りけれど、聞かせたてまつらむ」といふめれば、いま一人、繁樹「しかしか、いと興あることなり。いで覚えたまへ。時々さるべきことのさしいらへ、繁樹もうち覚えはべらむかし」。

菩提講の講師を待つ間、『大鏡』の語り手の人物も含めて人々が長い時間なにもすることがなく退屈していると、世継の翁が「退屈だからこちらへいらっしゃい。ここにおられる皆さんに昔のことを語り、昔の世の中はこうだったのだと、聞かせましょう」と言う。すると、繁樹の翁は「そう、これはとても面白いことです。思い出して語ってください。時々答えのできそうなものは、繁樹も思い出しましょう」と言うのである。歴史語りをする二人の老翁の役割がよく示されているところである。林屋辰三郎氏は世継翁の寿詞《ほぎごと》に関する論考で、世継とは世々のことを続々に語ることで、諸国において寿祝《じゅしゅく》を業としていたであろう世継の翁たちは歴史物語の生みの親であったと言い、世継翁の寿詞が儀礼的に抽象化された語部の古詞に近いものであったろうと指摘している。(18) 語り部の翁を引き継いだかたちの歴史語りの翁の流れのなかに『大鏡』の世継の翁をとらえることができるだろう。また、南北朝時代の連歌論書『筑波問答』において二条良基から連歌の歴史についてたずねられる老翁も、古代からの語り部の翁の流れのなかにあるだろう。さらに、中世の翁猿楽における翁も「寿詞をささげる翁」(19)という点で、古代の語部の翁につながるのであろう。

(1) 『日本書紀』神代下第九段（一書第六）。

(2) 須佐之男命の大蛇退治の説話と、『三国遺事』紀異第二の「居陁知」の伝承は、構造のうえで非常に近似している。さらに、両伝承は、共通して翁の神が登場するという点で注目される。新羅の五十一代真聖女大王の時、鵠島という島にある神池には、老狐が僧の姿に化してあらわれ、海神の子孫の肝を食べている。そこで、弓矢の名手である居陁知が狐を退治するのが話の大略である。特に、須佐之男命の説話と近似しているところを中心に示すと、次のようである。

居陁愁立島嶼、忽有老人、従池而出、謂曰、我是西海若、毎一沙彌、日出之時、従天而降、誦陁羅尼、三繞此池、我之夫婦子孫、皆浮水上、沙彌取吾子孫肝腸、食之盡矣、唯存吾夫婦與一女爾、来朝又必来、請君射之、居陁曰、弓矢之事、吾所長也、聞命矣、老人謝之而没、居陁隠伏而侍、明日扶桑既暾、沙彌果来、誦呪如前、欲取老龍肝、時居陁射之、中沙彌、即変老狐、墜地而斃、於是老人出而謝曰、受公之賜、全我性命、請以女子妻之、居陁曰、見賜不遺、固所願也、老人以其女、変作一枝花、納之懐中（中略）既還国、居陁出花枝、変女同居焉

池に住んでいた龍は、西海若（西側の海神）であったが、海神が翁の姿をとって居陁知の前にあらわれた。翁がいうには、毎朝天から降りてきた一人の僧（実は老狐）が呪文や呪術を使い、自分の子孫を殺したので、残されたのは夫婦と娘一人であると語る。そして、居陁知に、僧の姿をした老狐を矢で射てほしいと頼むのであった。居陁知は、次の朝矢を的中させて老狐を退治し、喜んだ翁は、居陁知に対して娘を妻としてもらってくれることを願った。居陁知が承諾すると、翁は、娘を花に変えて居陁知の懐に入れてあげた。のちに国へ帰ってきた居陁知が懐から花を出したら女に変わり、一緒に暮らしたという。以上の居陁知の伝承と須佐之男命の伝説の間には、翁夫婦と残された一人娘という人物の設定が同一で、また、老狐と大蛇という邪気により子孫のほとんどを亡くしており、自ら対抗できず、外からやってきた居陁知や須佐之男命の第三者に退治を委ねることまでが一致する。さらに、両者が各々退治に成功すると、翁は自分の娘を捧げるが、娘を居陁知が「花」に、須佐之男命は「湯津爪櫛」へと変身させて身につけるところまでも酷似するのである。『三国遺事』の伝承では、海神である龍が翁の姿であらわれるが、こうした神の翁としての顕現が、日本の中世において集中的にみられる。

（3）国つ神が老夫婦のペアとなって出てくるところにも注意を要する。古代から中世にかけて翁の神が注目を浴びるなかで、いつの間にか老女・老婆の神聖は切り捨てられ、出場をなくしてしまった。ところが、元来は、翁が老婆とペアを組んで活躍していたのではないだろうか。その原型としての一例が、この神話に見られるのである。

（4）塩土老翁のような翁形の国つ神が天孫に対して道案内をしたが、その一方、猿田彦のように鬼に近い怪異な形象をもつ神が皇孫の降臨時に道案内をする例もある。翁猿楽では、翁と鬼がうらはらの関係にあるとされるが、その二面性を考えるうえで、猿田彦伝承は注目される。特に、猿田彦は、天上界の道が分かれるところにいる神、すなわち境界の神とされるところが、道祖神の翁と重なる。

（5）『古事記』中巻に記された「三輪山伝説」にも、「赤土《はに》を床の前に散らし」とあって、邪気をはらうために赤土を床のあたりに撒き散らしたとある。

（6）『日本書紀』垂仁天皇三十二年七月条

出雲国の土部壹佰人を喚し上げて、自ら土部等を領ひて、埴を取りて人・馬及び種種の物の形を造作りて、天皇に献りて曰さく、『今より以後、是の土物《はに》を以て生人に更易へて、陵墓に樹てて、後葉の法則とせむ』とまうす。（中略）其の土物を、始めて日葉酢媛命の墓に立つ。仍りて是の土物を号けて埴輪と謂ふ。

（7）山口昌男氏の『天皇制の文化人類学』（立風書房、一九八九）では、「蝉丸」が記紀説話の須佐之男命と諸点で対応することを指摘している。つまり、両者が王権と関係しており、異常性・放浪・都に対する辺境などの要素を持っていることが共通点としてあげられる。

（8）本書の奥書には天平三年（七三一）の撰述とあるが、住吉大社に伝わる現存本はのちに書写されたものであるというのが通説である。書写時期については、近年の田中卓氏の見解によると、延暦八年（七八九）頃とされる。

（9）『古事記』上巻

天宇受売命、天の香山の天の日影を手次に繋けて、天の真拆を縵と為て、天の香山の小竹葉を手草に結ひて、天の石屋戸に汙気伏せて蹈み登杼呂許志、神懸り為て、胸乳を掛き出で裳緒を番登に忍し垂れき。爾に高天の原動みて、八百万の神共に咲ひき。是に天照大御神、怪しと以為ほして、天の石屋戸を細めに開きて、内より告りたまひしく、「吾が隠り坐すに因りて、天の原自ら闇く、亦葦原中国も皆闇けむと以為ふを、何由以、天宇受売は楽を為、亦八百万の神も諸咲へる」とのりたまひき。爾に天宇受売白言ししく、「汝命に益して貴き神坐す。故、歓喜び咲ひ楽ぶぞ」とまをしき。如此言す間に、天児屋命、布刀玉命、其の鏡を指し出して、天照大御神に示せ奉る時、天照大御神、逾奇しと思ほして、稍戸より出でて臨み坐す時に、其の隠り立てりし天手力男神、其の御手を取りて引き出す即ち、布刀玉命、尻久米縄を其の御後方に控き度して白言ししく、「これより内にな還り入りそ」とまをしき。故、天照大御神出で坐し時、高天の原も葦原中国も、自ら照り明りき。

（10）『古事記』下巻

市辺王の王子等、意祁王、袁祁王二柱、此の乱を聞きて逃げ去りたまひき。故、山代の刈羽井に到りて、御粮食す時、面黥ける老人来て、其の粮を奪ひき。爾に其の二はしらの王言りたまひしく、「粮は惜しまず。然れども汝は誰人ぞ」とのりたまへば、答へて曰ひしく、「我は山代の猪甘ぞ」といひき。

（11）『古事記』下巻
　初め天皇、難に逢ひて逃げたまひし時、其の御粮を奪ひし猪甘の老人を求めたまひき。是を求め得て、喚上げて、飛鳥河の河原に斬りて、皆其の族の膝の筋を断ちたまひき。是を以ちて今に至るまで、其の子孫、倭に上る日には、必ず自ら跛くなり。
（12）藤井貞和『日本〈小説〉原始』（大修館書店、一九九五）六頁。
（13）林屋辰三郎『中世藝能史の研究』（岩波書店、一九六〇）一四九頁。
（14）松村武雄『日本神話の研究』第一巻（培風館、一九五四）第三章。
（15）松岡心平「物真似」（『国文学』第四〇巻九号、学燈社）。
（16）『古事記』中巻
　即ち其の山に入りたまへば、亦尾生る人に遇ひたまひき。此の人巌を押し分けて出で来りき。爾に「汝は誰ぞ。」と問ひたまへば、「僕は国つ神、名は石押分之子と謂ふ。今、天つ神の御子幸行でましつと聞けり。故、参向へつるにこそ。」と答へ曰しき。
（17）日本古典文学大系『日本書紀』頭注には、「郡での支配的地位にある人」とある。
（18）林屋辰三郎『中世藝能史の研究』（前掲注13）第一章。
（19）同右、七九頁。

第二章　住吉信仰圏の翁

古代にはほとんどみられなかった翁神が院政期あたりを境として集中的にあらわれる。院政期から中世にかけて翁の形象をとってあらわれる神のなかで、住吉明神の場合は、古代から中世にかけての、神から翁への形象化のプロセスをもっともよく史料的に残しているものとして注目される。

住吉明神は、航海をつかさどる神、戦いに従う神である一方、和歌の守護神として崇められ、柿本人麿や玉津島の神とならんで、和歌の三神とされた。古代から中世を通じて、住吉明神ほど多様なあらわれ方をする神はほとんどみられない。このような住吉明神の翁としてのあらわれについて考える時に、渡来の神々や神仙思想など、渡来文化とのかかわりを看過することはできないだろう。

また、多様な住吉明神のあらわれが、金春禅竹の翁論『明宿集』のなかで、はじめて総合的に考えられることも重要である。禅竹は、住吉明神の多様性そのものを、能楽の起源にある翁神として説明しているのである。

一　住吉明神の示現

(一)姿をあらわす神

住吉明神の起源神話には、底筒男命《そこつつのをのみこと》・中筒男命《なかつつのをのみこと》・表筒男命《うはつつのをのみこと》の三神の誕生を語るものと、神功紀において神功皇后の新羅外征神話にともなって語られる戦や航海の神としての伝承がある。まず、『日本書紀』神代上第五段（一書第六）に、

伊弉諾尊、既に還りて、乃ち追ひて悔いて曰はく、「吾前に不須也凶目き汚穢き処に到る。故、吾が身の濁穢を滌ひ去てむ」とのたまひて、則ち往きて筑紫の日向の小戸の橘の檍原に至りまして、祓ぎ除へたまふ。（中略）又海の底に沈き濯ぐ。因りて生める神を、号けて底津少童命と曰す。次に底筒男命。又潮の中に潜き濯ぐ。因りて生める神を、号けて中津少童命と曰す。次に中筒男命。又潮の上に浮き濯ぐ。因りて生める神を、号けて表津少童命と曰す。次に表筒男命。凡て九の神有す。其の底筒男命・中筒男命・表筒男命は、是即ち住吉大神なり。

とある。住吉神は、伊弉諾尊《いざなきのみこと》が筑紫の檍原《あはきはら》で穢《けが》れを濯《すす》ぐために禊《みそぎ》をした時に生まれたという、底筒男命・中筒男命・表筒男命の三神であることが語られる。また、『日本書紀』神功皇后摂政前紀の神功皇后による新羅外征の神話のなかでは、住吉神は「和魂は王身に服ひて寿命を守らむ。荒魂は先鋒として師船を導かむ」と託宣し、戦に従う神、航海をつかさどる神として登場する。特に、神功紀のなかには「日向国の橘小門の水底に所居て、水葉も稚に出で居る神、名は表筒男・中筒男・底筒男の神有す」とあって、住吉神が水底にある海草のように生命力に満ちた若々しいイメージで描かれている。

こうした神話伝承は、住吉明神が海をつかさどる神であったことをよくあらわしているが、『万葉集』巻第六のなかにも、

大君の　命恐み　さし並ぶ　国に出でますはしきやし　我が背の君を　かけまくも　ゆゆし恐し　住吉の
現人神　舟舳に　うしはきたまひ　着きたまはむ　島の崎々　寄りたまはむ　磯の崎々　荒き波　風にあは
せず　つつみなく　病あらせず　速けく　帰したまはね　本の国辺に

とあって、住吉の神に対して航海の安全を祈願する内容の歌が載っている。ここに引用した歌には、「住吉の現《あら》人神《ひとがみ》」とあって、住吉明神が人の姿をとってあらわれる神であったことが記されており、注目される。古代においてはほとんどみられない「現人神」としての住吉明神の性格は、住吉大社の鎮座や縁起・神領などをめぐる古伝書『住吉大社神代記』の次のような記述でさらに明らかになる。

時に東の一大殿より扉を押開きて、大神、美麗貌人に表はれたまひ、白き笏を取り、閾《しきみ》を叩きて和へませる歌、

宇部慶佐仁、岐美波志良末世、賀美呂岐乃、比佐志岐余余里、伊波比曾女弖岐

縦容に交親して具に在しましき。「吾が和魂は常に皇身に厝き、常磐に堅磐に守り奉り、一切衆生の望願を成就円満てむ。故、吾、万世この地に住まむ」とのりたまふ。

これは、住吉に参詣した軽皇子の歌(1)に対して住吉神が応答歌を詠む場面である。住吉神は、神殿の扉を押し開き「美麗貌人《うるはしきひと》」、つまり端正な姿であらわれ、「宜まさに、君は知らませ、神ろぎの、久しき世より、斎ひ初めてき」と詠んだ。遠い昔の世から君を守護してきたという内容の歌である。皇子と親交の深い住吉神はさらに、あ

なたの身にそい、あなたの身を守ってさしあげますと言う。このように『住吉大社神代記』のなかで、住吉神があらわれ、軽皇子と歌を贈答したと書かれて以来、和歌文学史において住吉神の顕現を記す伝承が多く書き綴られてきた。

一方、『伊勢物語』でも住吉神の顕現がはっきりと書かれている。『伊勢物語』百十七段は、住吉神の顕現を特別に「げぎやう」という詞で書いているのである。

むかし、帝、住吉に行幸したまひけり。
　われ見てもひさしくなりぬ住吉のきしの姫松いくよ経ぬらむ
おほん神、げぎやうしたまひて、
　むつましと君はしら浪みづがきの久しき世よりいはひそめてき

帝が住吉に行幸して歌を詠んだら、「おほん神」が「げぎやうしたまひて」歌を返したのである。『伊勢物語愚見抄』によると、「げぎやうは現形にや。神体の顕れ給ふ心也」とあり、「げぎやう」は、神仏が姿をあらわしたことをさす言葉であると説明されている。

『伊勢物語』に収録された住吉神の返歌は上句に異同はあるものの、『住吉大社神代記』で詠まれた住吉神の歌とほぼ同様である。このように天皇や皇子が住吉に参詣し、住吉神と歌を贈答するという伝承は少なくないが、こうした歌の背景には、住吉明神の「王権の守護神としての役割がよく示されている」(2)といえる。さらに、後代に住吉明神が和歌の神として祭られるようになる状況がすでにできあがっていたことを示唆するのであろう。

このように、住吉明神が人の前に姿を示現させたという伝承は、和歌の世界と関係が深い。特に『伊勢物語』成立以来、歌道の各流派において、「天皇の住吉参詣の伝が特に重視され、異伝が多く生まれる」[3]なかで、人間の姿としてあらわれる住吉明神像が具体的に描写され始めた。

(2)童子や翁としての示現

住吉明神は、童子としてあらわれる場合と翁の姿をとってあらわれる場合の二つがある。まず、『古今和歌集序聞書』に書かれた文徳天皇の住吉参詣伝である。天安元年(八五七)正月二十八日文徳天皇が住吉に行幸したさい、随行した在原業平が住吉明神に歌一首を奉ったが、その時、住吉明神が、

玉のとぼそを押し開き、赤衣の童子と現じて

と、赤い衣を着た童子の姿をとってあらわれ、返歌を詠んだとある。この場面は、天皇の住吉参詣伝の一つであるが、『住吉大社神代記』や『伊勢物語』と比べると、業平が登場して歌を詠むとするところが新しい。古今注の秘伝書『玉伝深秘巻』所収「阿古根浦口伝」にも同様の文徳天皇住吉参詣譚が載っている。文徳天皇に随行した業平が、住吉明神に歌を奉り、社壇に近づいて御戸をおしひらいて見たところ、「赤衣の童子一人出現して御返歌」があった。また、『玉伝集和歌最頂』「玉伝事」にも、両秘伝書と共通する住吉明神の「赤衣の童子」示現の伝承がみられる。

住吉明神をめぐっては童子として形象された伝承がある一方、老翁としてあらわれるという伝承も多い。住吉

明神が翁の姿をとってあらわれる一番早い例は、十一世紀半ばの成立とされる『赤染衛門集』(4)にみえる。『赤染衛門集』には、住吉明神に奉った歌三首と、それに関する注が次のように書かれている。

たのみては久しくなりぬ住吉のまづこのたびはしるしみせてよ
千世へよとまだみどりごにありしよりただ住吉の松を祈りき
かはらむといのる命は惜しからで別るとおもはん程ぞかなしき

奉りての夜、人の夢に、ひげいとしろき翁、このみてぐら三つながらとるとみて、おこたりにき。

「たのみては久しくなりぬ」や「みどりごにありしよりただ住吉の松を祈りき」といった表現は、赤染衛門の長年にわたる住吉明神への信仰とその深さをよくあらわしており、それゆえ、わが子を守りたいという切々たる願いが聞き入れられたのであろう。この三首の歌と左注は、住吉明神の和歌の神としての霊験をもっともよく示している例である。そこに、住吉明神が「ひげいとしろき翁」として人の夢にあらわれたとあるのである。この歌三首は順序を変えて藤原清輔《きよすけ》の『袋草紙』にも引かれる。その注にあたる部分には、

これは、江挙周、和泉の任を去りての後、重病に悩みて住吉の御祟有るの由なり。仍りてかの社に奉幣の時、三本の幣におのおの書く所の歌なり。その時、人の夢に、白髪の老翁社中より出で来てこの幣を取りて入り了んぬ。その後、病平愈すと云々。

とある。赤染衛門の子・大江挙周が住吉明神の祟りによる重病に悩み、赤染衛門が三本の幣に和歌を記して奉ったところ、ある人の夢に白髪の老翁が社中から出てきた。老翁はその幣をとって入ったが、その後、挙周の病気が治ったという。ある人の夢にみえた白髪の老翁は、住吉明神の化現だったのである。この箇所は『十訓抄』にも引かれている。基本的な内容は、『赤染衛門集』『袋草紙』と変わりないが、両書では夢をみる主体が特定されていない「人」だったのに対し、『十訓抄』では、赤染衛門が「かの社に奉りければ、その夜、夢に、白髪の老翁ありて」とあって、赤染衛門自らが夢をみたという書き方になっている。住吉明神が白髪の老翁としてある「人」の夢に化現したという伝承が、赤染衛門の夢としてすりかえられているのである。歌人自らが夢想するという話の発生は、和歌の守護神への尊崇の念が強まるなかでは自然な成り行きであっただろう。後でふれることになる、柿本人麿や白楽天の場合も、霊夢をこうむるという伝承が書き残されており、ここには神仏の世界の夢想感得と共通の思念がはたらいているのである。

翁の住吉明神は、『古今和歌集』や『伊勢物語』などの古注釈・歌学秘伝の世界でも、大いに活躍している。とりわけ、鎌倉時代の成立とされる能基の『古今和歌集序聞書』には、源大納言経信卿が住吉へ参籠し、明神に和歌の不審を祈請すること三週間が過ぎないうちのある夜、一人の老翁があらわれたとある。老翁は、七日間におよんで経信と問答を行ったが、その正体は「明神の化現」であった。これに該当する部分を示すと、次の通りである。

問、家隆は俊成の弟子、俊成は定家の父也。何ぞ家隆の流とて別に可有哉。

答、俊成没後に定家・家隆は左右の翅。雖然、家隆は定家の末を受たるに依て一義を成する事不能。爰に、帥源大納言経信卿住吉へ参籠有て大明神に和歌の不審を祈請す。三七日満ずる夜、住の江の月隈なかりける夜、老翁出現して経信に向て「何事を祈請し給ふぞ」と問玉。答て云、「吾に鳥羽の帝より、哥に七の大事と云事を尋させ給ふ。是諸家の人に非可尋。仍て、大明神に此事を祈請す」と申さる。翁の云、「何程の大事か承り給らん」と云。経信一々に不審を申す。翁聞て「安き理の事也。明神の御託宣を待に不及」とて七夜がほどに不審を開き聞かす。是を経信註して十二帖にして書付。六巻をば鳥風問答神頭風伝と云。今六巻をば知顕と名づく。今此翁は明神の化現也。

このなかに「今此翁は明神の化現也」とあるように、『古今和歌集序聞書』では、住吉明神は翁としてあらわれている。前に『古今和歌集序聞書』において住吉明神が「赤衣の童子」としてあらわれることについてとりあげたが、『古今和歌集序聞書』には、住吉の童子と翁の形象が、両方とも書き記されていることになる。このように中世における住吉明神は、翁と童子として出現するという、錯綜する思想のなかで語られた。

秘伝書『三五記』には、経信卿が住吉に参籠したある日の夜、夢の中に赤色の烏帽子を着た老翁の住吉神が出現したとある。

ある夜の夢に、年はや九九にも余りたらむとおぼしき老翁の、赤地の錦の帽子に白拂をかなでて、神殿の御前に打ちうそぶきたる気色にて座し給へりけるを見つけて（中略）彼の老翁打ちゑみて、ゆめ〳〵他の事をすべからず。

また、『阿古根浦口伝』では、住吉明神が、

今我赤衣は汝にしめす姿也。我は八旬の幽翁たり。その形を人にかたどる事勿れ。

と言い、阿古根浦の口伝の謂れを説く。一方、『伊勢物語知顕集』では、住吉明神が「あやしき翁」として住吉の浜辺にあらわれ、『伊勢物語』の奥義を語る。その翁の年は百歳ばかり、髪とひげが月光とあらそうほど白く光っていたという。そして、その格好は、

しろきすいかん、ふるびたるくずのはかまのこしかたやぶれかゝりたるをきて、ゐぼしをみゝぎはにひきいれたり。としのほどもあはれに

とあるように、みすぼらしい翁であった。こうした貧賤の住吉明神の姿は、古代の「美麗」な住吉神とはかけはなれている。一方、『申楽談儀』で「住吉遷宮の能」とよばれる曲は、謡物「葛の袴」を後段とし、前段を付加してつくりあげられた能とされるが、(5)「葛の袴」は『伊勢物語知顕集』の本文によっており、『知顕集』の下賤な翁の住吉明神像が「葛の袴」へと受け継がれている。すなわち、世阿弥の『五音』にみえる「葛の袴」に登場する住吉明神は、

その姿を見るに、霜雪かしらに重なて、鬢髪に黒き筋なし、波浪額にたゝんで、面貌しきりに皺めり、高眶

と〔まかぶら〕高に、醜陋にして〔みにくゝ〕、白き水干の、古く赤み果てたるに、葛の袴のこゝかしこ破れ損じたりけるに、錆色の立烏帽子を耳の際に引き入、うそぶき月に向かへば、せいしつのゆう〱たるをあけては、きちべうにはれ、てう井のかん〱たるをくだきて、うんてんはんにをさまる。尉に是を怪しめて、この物語の不審を、少々尋ぬれば、此翁歯もなき口を広らかに打ち笑みて

と描写される。白髪に落ちくぼんだ目、皺だらけの顔が醜く、色あせた水干に破れた葛の袴、さびた色の立烏帽子という下賤な姿であった。特に、歯もない口を広げて笑うという表情の住吉明神像は、翁舞を舞う翁の姿に近いものがある。翁猿楽に出てくる翁も、高貴な老人というよりは、笑みを浮かべた庶民の老人を連想させるからである。

本朝古今の説話をあつめた『古今著聞集』巻第五にも翁の住吉明神顕現譚がみられる。嘉応二年（一一七〇）十月九日の住吉歌合で詠まれた秀歌に感応した住吉明神が、難破から舟を救ったという話である。藤原実定の詠んだ「ふりにける松ものいはゞ問ひてましむかしもかくや住の江の月」[6]という歌は、判者藤原俊成をはじめとして世の人々が褒めるくらいの優れた和歌であったが、この歌に感応した住吉明神が神威をあらわしたというのである。その様子が次のように述べられる。

その比かの家領、筑紫瀬高の庄の年貢つみたりける船、摂津の国をいらんとしける時、悪風にあひて、すでに入海せんとしける時、いづくよりか来たりけん、翁一人いできて、漕ぎなほして別事なかりけり。船人あやしみ思ふほどに、翁のいひけるは、「松ものいはばの御句のおもしろう候ひて、この辺に住み侍る翁の参

りつると申せ」といひて失せにけり。

年貢船が沈みそうになった時、どこからか一人の翁が出てきて助けてくれたが、この翁が住吉明神であった。翁の住吉明神が沈没しそうになった船を助けたとあるくだりには、海路を守護する住吉明神の性格がよくあらわれている。また、この話の末尾に「住吉大明神のかの歌を感ぜさせ給ひて、御体をあらはし給ひけるにや。不思議にあらたなる事かな」とあるように、住吉明神が歌に感応して姿をあらわすという霊験譚は、赤染衛門が歌三首を奉った時に、翁姿の住吉神が示現し、神威をみせたという伝承とも共通する。

一方、『古今著聞集』の同箇所の記録によると、住吉明神を感銘させた歌が、俊成が判者をつとめた歌合せで詠まれた歌となっている。このように、住吉神示現に関する伝承が、藤原俊成の和歌サークルのなかで発生してくることが注目される。三輪正胤氏は、俊成が新たな歌学の相伝関係において、積極的に神を取り込んでいたようだと指摘している。すなわち、俊成が『千載和歌集』を勅撰したさい、みずから記した序文の末尾を「この集、かくこの度、記しおかれぬれば、住吉の松の風久しく伝はり、玉津島の波永く静かにして、千々の春秋を送り、世々の星霜を重ねざらめや」と結んでいる。三輪氏はこれに関して、『千載和歌集』に選ばれた歌が、住吉の松・玉津島の波の如く永遠であることを願っているわけで、それは結局のところ、住吉・玉津島の両神が和歌を守護する神であることを認めての発言であるという。そして、こうした『千載和歌集』の表現が、住吉と玉津島の両神を和歌の守護神と見る公的な発言であると指摘しているのである。さらに、三輪氏は、『古来風体抄』をとりあげ、俊成は住吉と玉津島の両神への尊崇の念が極めて強かったと力説している。(7) こうした住吉神に対する俊成の信仰が背景にあって、『古今著聞集』の住吉明神霊験譚が成立してくるのではないだろうか。住吉明神が和歌の守護神として、確固たる地位を築くようになったのは、俊成のような歌人の信仰心が直接的な要因としてはたらいていたのであろう。

二　翁としての住吉明神

(一)住吉信仰圏にみられる翁

住吉明神は、童子の姿をとってあらわれる場合もあるが、翁として顕現する場合が圧倒的に多い。文学・信仰伝承の世界や美術の世界において翁の住吉明神が形象化される過程には、どのような要素がはたらいていたのだろうか。これについて考えるさい、まず、「塩土老翁《しほつつのをぢ》」や「古海人老父《ふるあまのおきな》」といった住吉信仰の圏内で活躍する翁伝承とのかかわりを見ることが重要だろう。

塩土老翁は、第一章で述べたように、古代を代表する神人的翁であった。『日本書紀』では、塩土老翁が、土着の守護神である国つ神とされ、天降った天孫に国を譲り、または、天と地・天と海の世界を結びつけ、道案内の役をつとめる。このように塩土老翁と住吉神はともに海をつかさどる神としての共通要素があり、両神を結びつける説がしばしば述べられてきた。その早い例が、『住吉大社神代記』にみられる。『住吉大社神代記』には「西国見丘在。東国見丘在。皆大神誨二天皇一賜。令下登二塩筒老人一見上国賜岳」とあって、住吉神が西国と東国に丘があることを天皇に教え、塩土老人に登らせ国見をさせたという。田中卓氏はこの箇所をとりあげ、塩土老翁は住吉神の御使あるいは現人神のように記されており、両神は所伝の上で深く結びついていると説く(8)。また、金春禅竹の書いた『明宿集』の冒頭にも、翁のあらわれとして真っ先に住吉明神をあげ、その後に古代神話の塩土老翁譚を説きながら両神がともに翁の示現であると語り、翁という枠組みの中で住吉明神を塩土老翁と結びつける論理が出されている。さらに、元禄頃の人物梅園惟朝編著の『住吉松葉大記』には、住吉明神と塩土老翁が一体と記されており、(9)両神を明確に一体として捉える説が出てくる。

『日本書紀』神功皇后摂政前紀の神功皇后による新羅外征の神話では、住吉神が新羅を攻めるように託宣したとあり、出陣にさいしては「和魂は王身に服ひて寿命を守らむ。荒魂は先鋒として師船を導かむ」という神意が告げられる。和魂は神功皇后の命を守り、荒魂は先鋒となって船を導くとあるが、ここでは、住吉明神が軍船を導き、戦に従う神として描かれている。また、新羅からの帰途には、住吉神のお告げにより、荒魂を穴門の山田邑に祭ったとある。和魂に関しては、「大津の渟中倉の長狭に居さしむべし。便ち因りて往来船を看さむ」とある。往来する船を見守るため、大津の渟中倉《ぬなくら》に鎮座させよという神のお告げがあったのであるが、ここには航海神としての神格がよくあらわれている。こうした住吉神は、塩土老翁が神武天皇に大和統一のためのよい地を教え、海の道を案内する役割と重なる。両者の間には、海神信仰としての類似性が認められる。住吉明神には、このような古代の塩土老翁の記憶が濃厚に残されていると見られないだろうか。

一方、住吉信仰圏にいるもう一人の翁として古海人老父があげられる。古海人老父の伝承は、『住吉大社神代記』の「天平瓮を奉る本記」にみられる。

右、大神、昔皇后に誨へ奉りて詔り賜はく、「我をば、天香个山の社の中の埴土を取り、天平瓮八十瓮を造作りて奉斎祀れ。又、覬覦る謀あらむ時にも、此の如く斎祀らば、必ず服へむ。」と詔り賜ふ。古海人老父に田の蓑・笠・簸を着せ、醜き者として遣して土を取り、斯を以て大神を奉斎祀る。此れ即ち、為賀悉利祝、古海人等なり。斯に天平瓮を造る。

ここには、住吉明神の仰せにより、古海人老父に田の蓑・笠・簸を着せて、醜い翁として天香个山《あまのかごやま》に埴土をとってくるように遣わし、それをもって大神を奉斎したとある。

　この説話は、『日本書紀』の神武天皇即位前紀の椎根津彦《しひねつひこ》と弟猾《おとうかし》が老翁・老嫗に変装し、天香山の土をとりに行く話と酷似し、その異伝とされている。先に記した『日本書紀』神武天皇即位前紀には、椎根津彦が破れた衣服と蓑笠というみすぼらしい格好の翁に変身し、天香山の土を取りに遣わされるという話が載っている。このような、蓑笠を着て醜い翁に変装する椎根津彦の伝承が『住吉大社神代記』においては古海人老父にとってかわられたのであろう。後文によると、古海人老父は、住吉大社の末社である座間《いがしりの》神社の祝人とある。このように住吉信仰圏内で語られる醜い翁の伝承も、後年、住吉明神が翁姿としてあらわれるにさいして重要な契機として作用しているのではないだろうか。

(2)住吉明神像と白楽天・人麿

①白楽天像・人麿画像

　今に伝わる住吉明神の像容は、「白鷺の群れる松樹の下に団扇を手にして杖をひく老翁の姿に描かれるのが普通」[10]であるとされるが、その代表的なものが、宮地直一氏により紹介された東京芸術大学蔵の住吉明神図である。また、宮地氏が紹介する住吉明神像のなかには、「一見老道士の像に本様を取った」[11]かのような翁像がみえるとされ、そこからは住吉神像の成立に関して神仙思想の影響が考えられる。これら、絵画にみえる神仙的な住吉明神像は、『古今著聞集』に「白髪の老翁杖にたづさはりて、山によぢのぼりける」とある、杖にすがっている住吉明神の姿や、『五音』所収「葛の袴」で住吉明神が「杖にすがりて、津守の浦」へと消え去ったと描かれるものなどと符合する。それでは、住吉明神が翁として、さらに、神仙的な姿で形象化される要因は、どこにあったのだろうか。それは、漢文学者を中心に高揚した神仙思想およびその文化からの影響ではないだろうか。

中国の神仙的世界が平安文学に多大な影響を与えたことは、あらためていうまでもないが、特に、漢詩の尚歯《しょうし》会《かい》の様子を書き留めた菅原是善と同じく、漢詩の黄金時代を生きた大江《おおえ》音人《おとびと》や都良香《みやこのよしか》などの漢文学者の文化圏で神仙的なものへの関心が広まっていたことに注意しておきたい。音人により創始された大江家の家学は、大江匡衡《まさひら》や大江匡房《まさふさ》に継承されるのであるが、(12)匡衡の『江吏部集』には「江家の江家たるは白楽天の恩なり」とあり、『白氏文集』を熟読し、多く感化をうけていたことがわかる。とすれば、大陸の神仙思想と関連させて、住吉明神の翁姿をめぐる説を追求するさい問題となるのは、その翁としての像容が日本に伝えられた白楽天や、白楽天像の影響により成立したとされる人麿画像などだろう。白楽天像や人麿像の成立は、住吉明神像の成立に密接にかかわってくると考えられる。

大串純夫氏は、「人麿像の成立と東寺山水屏風(13)」という論考のなかで、東寺所蔵の山水屏風絵の中心人物である草庵に座っている唐服の老人を白楽天とみて、その人物が人麿像と酷似していることから両者の関連を丹念に調べ、人麿像の成立が白楽天像からの影響であるという卓見を提示した。特に、白楽天が尚歯会を開き、その光景を描く屏風が日本に伝えられたことが、平安時代後期に尚歯会がはじまるきっかけとなり、その過程で人麿像が成立したと語っている。こうした事情を詳しく記したものが『本朝文粋』「暮春南亜相の山荘の尚歯会の詩」の序である。該当箇所を引用すると次のようである。

大唐会昌五年に、刑部尚書白楽天、履道坊の閑宅にして、盧胡の六叟を招きて宴集す。名けて七叟尚歯会と為す。唐家この会の希に有ることを愛憐して、障子に図写して、座右を離たず。人有り伝へ送りて我が聖朝に呈せり。即ちこの障を得て、遍く諸の相を覧るに、朱紫袖を接へ、鬢眉皓白なり。或は歌ひ或は舞ふ。慠然として自得せり。誰か図画と謂はん。昭ヽとして眼に在り。爰に南相公、感嘆して顧み告げて云く、「吾党五六人、年歯衰へ邁ぎたりと雖も、頗る詩を吟ずることを覚りて、酣楽を離れず。尚歯の高会、何ぞ必ずしも慮白のみならん。請ふ山宅に集りて、かの旧蹤を続がん。山泉は以て閑遊を感ぜしむるに足れり、琴酒は以て老志を寛にすべし」といへり。

これによると、白楽天がはじめた七叟尚歯会を描いた図には、髪と眉が真白の七叟が、高揚した雰囲気で歌ったり舞ったりする姿が生々しく描写されているのであり、この七叟の尚歯会に触発された菅原是善（南亜相・南相公）により、日本でも尚歯会がはじまったとされる。のちには、漢詩に限らず、和歌による尚歯会も行われた。『古今著聞集』巻五には、藤原清輔により承安二年（一一七二）に開かれた和歌の尚歯会に関する記事がみえる。この日の参加者は七叟、「散位敦頼八十四・神祇伯顕広王七十八・日吉の禰宜成仲の宿禰七十四・式部の大輔永範七十一・右京の権の大夫頼政朝臣六十九・清輔朝臣六十九・前の式部の少輔維光朝臣六十三」の七人の古老で構成され、白楽天創始の七叟尚歯会が忠実に踏襲されていたことがわかる。参加した七人の老人が、主に老いに対しての歌を詠んでいるという点にも注目される。当時の漢学者らは、こうした白楽天の尚歯会障子絵のような、神仙的な文学世界から多大な影響をうけたのである。

一方、人麿画像の起源については、『十訓抄』上巻第四の「柿本人丸の影供」に詳しい。その内容は次のようである。

粟田讃岐守兼房といふ人ありけり。年ごろ、和歌を好みけれど、よろしき歌もよみ出さざりければ、心につねに人麻呂を念じけるに、ある夜の夢に、西坂本とおぼゆる所に、木はなくて、梅の花ばかり雪のごとく散りて、いみじく芳しかりける。心にめでたしと思ふほどに、かたはらに年高き人あり。直衣に薄色の指貫、紅の下の袴を着て、なえたる烏帽子をして、烏帽子の尻、いと高くて、常の人にも似ざりけり。左の手に紙をもて、右の手に筆を染めて、ものを案ずる気色なり。あやしくて「たれ人にか」と思ふほどに、この人いふやう、「年ごろ、人麻呂を心に懸け給へる、その志深きによて、形を見え奉る」とばかりいひて、かきけつやうに失せぬ。夢覚めてのち、朝に絵師をよびて、このありさまを語りて、書かせけれど、似ざりければ、たびたび書かせて似たりけるを、宝にして、つねに礼しければ、その験にやありけむ、さきよりもよろしき歌、よまれけり。年ごろありて、死なむとしける時、白河院にまゐらせたりければ、ことに悦ばせ給ひて、御宝の中に加えて、鳥羽の宝蔵に納められにけり。六条修理大夫顕季卿、やうやうにたびたび申して、申し出して信茂をかたりて、書写して持たれたりけり。敦光に讃作らせて、神祇伯顕仲に清書させて、本尊として、はじめて影供せられける。時に、智たち多けれども、その道の人なればとて、俊頼朝臣ぞ陪膳はせられける。さて、年ごろ、影供をおこたらざりけり。

平安中期の歌人藤原兼房《かねふさ》（一〇〇一〜六九）が柿本人麿のことを強く念じていたある夜、人麿のあらわれる夢をみた。高齢の高貴な人が、直衣《のうし》に烏帽子を着し、左の手に紙をもち、右の手に筆を持って、ものを考える姿であった。夢が覚めてからその画像を書かせ、常に拝礼していたところ、ご利益があり、以前よりよい歌を詠めるようになったというのである。この時の人麿の画像は白河院に渡され、鳥羽の宝蔵に納められていたが、藤原顕《あき》季《すえ》（一〇五五～一一二三）がこれを描き写して持っていた。のち、藤原敦光《あつみつ》（一〇六三～一一四四）に讃を書かせ、藤原顕仲《あきなか》に清書させて、影供《えいぐ》が始まり、それから影供は長年欠かすことなく続けられたという。「人丸影供」は、万葉歌人柿本人麿の画像を掲げ、その前で人麿を仰ぐ儀式と歌会を行うものである。藤原敦光の『柿本影供記』には、

> 改二元元永一。六月十六日丁卯。雨降。申刻向二修理大夫亭一。（六条東洞院。）今日柿下大夫人丸供也。件人丸影新所レ被二図絵一也。（一幅長三尺計。着烏帽子直衣。）左手操レ紙。右手握レ筆。年齢六旬余之人也。其上書レ讃。依二兼日之語一予作レ讃。前兵衛佐顕仲朝臣書レ之。其前立レ机（花立也。）居二飯一杯并菓子魚鳥等一。

とあり、元永元年（一一一八）六月十六日に藤原顕季亭で人丸影供が行われたこと、当日は新しく図絵された人麿像が掲げられていたことが書かれている。人丸影供は、これを初めとしているのであるが、この時掲げられた図絵は、六十歳あまりの人麿が烏帽子と、直衣を着て、左手に紙を右手には筆を握っている絵であったという。つづいて、この画像の前に花や供物を捧げ、人丸讃を講じた後、歌会が行われるといった、影供の様子が詳細に書かれている。

山田昭全氏は、最初の人丸影供に出席したメンバーが一族であることに注目し、対内的には顕季が歌道の長であることを認め、対外的には顕季を中心とする六条藤家という歌道家の誕生を告げるために、一種の象徴として人麿画像が機能していたと指摘している。(14) 人麿が和歌の神として神格化される過程において、院政期から中世にかけて盛況だった人丸影供がもつ意味は大きい。

そして、二つの記事にみられるような老人の人麿画像成立のヒントとなるのが、白楽天を描いたとされる東寺山水屛風であると指摘するのが、大串純夫氏であった。氏は、先に述べた論考のなかで、東寺山水屛風絵の中心人物が、白楽天の詩中にあらわれる自身の姿によく似ていると言い、屛風に描かれた老人を白楽天とみる。さらに、人麿像の成立について、白楽天とみられる東寺山水屛風絵の中心人物と、いわゆる兼房夢想の人麿像の格好が酷似していることから、人麿像はこの屛風を下敷きにしたであろうと述べている。

『本朝麗藻』には、日本には白楽天の詩風を慕う者の多くが屛風にその絵像を書くとあり[15]、白楽天の像容が盛んに描かれていたことが推定できる。こうした白楽天像が人麿画像とともに掲げられ、崇められていたことが、『古今著聞集』巻二十の記録に、

建長六年十月十六日、終りの宴になずらへて、詩歌管絃の興をもよほす。かつはこの集、かの三つの道よりおこれるによりて、白楽天・人丸・廉承武の画影をかけて、そのまへまへに色々の供物をそなへ、また酒脯菓菓の尊をまうく。

とみえる。この記録によると、『古今著聞集』の完成を祝う式宴には、白楽天とともに人麿や廉承武の画像が掛けられ、その前には供物《くもつ》がそなえられたとある。こうした祝宴の儀式は、白楽天創始の尚歯会や人丸影供の次第とよく似ていることが指摘されているが[16]、白楽天と人麿の両者は、漢詩と和歌の代表として対比され、深いつながりをもっていた。藤原兼房が人麿のことを強く念じ、人麿のあらわれる夢をみたように、大江朝綱《あさつな》は夢中に白楽天と問答をするという[17]、共通の伝承をもっていることも、両者のかかわりをうかがわせる。

このように、人麿と白楽天の結びつきがあるなかで、歴史上珍しい和歌の尚歯会を開いた清輔が、人麿画像を所伝した人物でもあったという点は注目を引く。『古今著聞集』巻五には、「清輔所伝の人丸影の事」[18]という条があり、清輔が伝えた人麿画像とその伝承について記されている。同条には、兼房が夢想感得して描かせたという人麿画像の原本は焼けてしまい、顕季が写して顕輔に伝えたものが正本となったとある。清輔所伝の人麿画像は、顕季代に写されたものなのである。清輔は、尚歯会と人丸影供のいずれにおいても中心人物であり、また、『暮春白河尚歯会和歌并序』において「柿本の風を忘れがたみなり。いざや太源（白楽天）のあとを尋ねて」と書かれているように、彼のなかで白楽天と人麿が同じ位相をもって共存していることに注目したい。

以上のような資料を通じて、人麿画像が白楽天の尚歯会や神仙の世界に近い七叟障子絵の描写をモデルに発生していたことがわかる。こうみてくると、人麿が老人性を獲得するきっかけが白楽天と密接にかかわっていると言い得るであろう。しかし、人麿像の老人化が白楽天像を媒介にしてなされたといってしまっていいだろうか。『古今集』に「みたりの翁」が出てくるが、後世の古今注のなかでは、みたりの翁の一人が人麿とされている。しかも、この翁の伝承はかなり以前にまでさかのぼれるかもしれない。そのようなベースの上で白楽天を媒介に人麿がはっきり翁として形象化されてくるのではないだろうか。

②住吉明神と人麿

人麿は中世を通じて住吉明神と深く結びつくが、両者は翁の形象をもつ和歌の神という点で重なる。鎌倉時代の歌学書『竹園抄』の「和歌講作法」には、其作法はまづ人丸を右にかけ、高貴住吉大明神を左にかくべし。

とあり、対になった人麿と住吉明神がともに和歌の守護神として仰がれている。三輪正胤氏によると、人麿画像が六条藤家の象徴として用いられていることは、御《み》子左家《こひだりけ》の藤原俊成《しゅんぜい》が住吉神や玉津島の神を和歌の守護神として積極的に取り入れようとしていたのと対比されるという。(19) このように人麿と住吉明神は、両家の和歌の守護神として活躍するのであるが、その過程で両者の間には一体説が生まれてくる。中世の古今注の秘伝のなかには、人麿を住吉明神の化現とする伝承が少なくない。とりわけ、古今注の秘伝書『玉伝深秘巻』では、住吉明神が翁の姿をとってあらわれ、人麿の分身であることを告げている。すなわち、

ここに天武天皇住吉行幸の時、大明神老翁に形を現じて云、歌道を世に広めんために人丸に分身して侍り。しかるに、この道を弘めたまふべしと云々。御門御返事あらんとしたまふところに、かきけすやうにうせたまひぬ。その時、人丸に分身ありける事分明なり。

とあるのである。ここで、翁を媒介として住吉明神と人麿が結びつくという点は、翁神の問題を考える上で興味深い。中世の開山縁起や神社縁起のなかでも神仏が翁を媒介にしてあらわれることはしばしばみられる。

また、『古今秘哥集阿古根伝』所収「社頭風伝集」には、人麿と「ほのぼのとあかしの浦の朝霧に島隠れゆく船をしぞ思ふ」の歌をめぐる秘説が記されている。次に示すのは、そのなかで、人麿の本地を住吉明神とする部分である。

人丸、本地住吉明神也。其故は弘法大師入唐の法施を参せ給ふ時、神と顕れ玉ひて示現有て、我は本覚の古仏也。人丸か身、只我なりと有けれは、御門に奏し玉ふ。

人麿の本地は住吉明神である。その故は、住吉明神が弘法大師の前にあらわれ、自ら人麿であるといったからだという。住吉明神と人麿との結びつきは、中世になって一層強くなってくる。そして、住吉明神・人麿一体説がつくりあげられたのである。

もっとも、こうした構想の淵源は、すでに『源氏物語』の須磨・明石の巻にあったのではなかっただろうか。須磨・明石の巻の基底に流れる住吉信仰をめぐっては、これまでも多くの指摘があった。そこには、明石入道をはじめ篤い住吉信仰が描かれ、物語化されていることが知られている。特に、多田一臣氏は、須磨の巻の暴風雨は住吉明神の神威であり、それは住吉明神が荒人神と呼ばれたこととも無縁ではない、具体的なあらわれであったのだろうと指摘している。[20]『源氏物語』における暴風の神としての住吉明神の存在は、光源氏をバックアップする神であると同時に、荒神としてのあらわれ方を示している。

一方、このように物語の本筋を支えるものとして住吉信仰が具現化されたもう一つの例が、明石入道が住吉明神の夢告を受け、船を仕立てて源氏を迎えにいく場面である。[21]明石の巻には、源氏が明石の君へ送った「嘆きつつあかしのうらに朝霧のたつやと人を思ひやるかな（嘆いて夜を明かす明石の浦にはそのために朝霧がたっているだろうと思っている）」という歌がある。この歌は、人麿の「ほのぼのとあかしの浦の朝霧に島隠れゆく船をしぞ思ふ（いま旅先にあって、ほのぼのと夜の明けるころ、明石の浦は朝霧に包まれているが、一艘の小舟が島陰に隠れていくのを私はしみじみと眺めている）」という歌を下敷きにしているとされる。物語の作者は明らかに人麿の「ほのぼのとあかし……」の歌を強く意識しており、物語のなかに人麿の歌のイメージを投影させている。とすれば、明石の浦より入道が船にのってやってくるという場面設定自体が、「ほのぼのとあかし……」という和歌の情景を具現化したものとみられないだろうか。

平安時代以来、人々はこの歌を人麿の代表作だと思い込み、「ほのぼのとあかし……」というと、人麿を思い浮かべていたようだが、住吉明神の守護というイメージと人麿のイメージが重なると同時に、人麿の歌の世界が具現化・物語化された部分だと思われるのである。このように、『源氏物語』の須磨・明石の巻には住吉明神と人麿のイメージが密接にかかわってくるのであり、中世に住吉明神と人麿を一体とする説はすでに『源氏物語』のころから一般化していたものではなかっただろうか。

また、和歌秘伝が収められた『玉伝深秘巻』には、住吉明神が人麿と結びつく一方、業平と一体とされる説が多くみえている。とりわけ、『玉伝深秘巻』所収「阿古根浦口伝」条の冒頭には、

天命勢尊・国命尊、阿古根浦にて天降給ひし道伊女命・勢夫命、安智苑の海にして嫁して御子たちをうみて夫婦の道絶えずして人の命を継ぎ、しやうじて心をいさむる道なり。歌に云、

今こそは伊勢の契もはじめつれ伊勢の契は末ひさしかれ

しかるに、業平は住吉の化身、人丸の再誕といふこと、業平の歌に云、

我見ても久しくなりぬ住吉の岸の姫松いくよへぬらむ

この歌の心は、業平住吉の化現、しかれば、この浦に跡を垂れて幾代へてこの姫松を見つらんといへり。住吉大明神の御返歌に云、

むつましと君はしらなみみづかきのひさしき世よりいはひそめてき

此歌の心は、汝、我化身なれば、本末のかはりこそあれ、むつましとは知らぬかといへる心なり。

とあり、業平は住吉明神の化身であり、人丸の再誕とされる。この業平と住吉明神の歌の贈答は、『伊勢物語』百十七段にあった帝の住吉参詣譚をふまえて書かれたものである。また、『玉伝深秘巻』には「明神・人丸・業平、三人一体」とあり、三者が一体であることが説かれる場合もある。また、同書「龍田河の事」の条にも、龍田の大明神を住吉明神と同体であると説きながら、「業平、住吉明神の化現たるによって龍田参詣の時、宝殿に入りて明神と物語しつつ」とあって、「明神・業平、不二同体也」と説かれる。このように『玉伝深秘巻』を通じて、住吉明神と人麿、または業平の同体説がくり返されている。さらに、同書の「合身の事」には、

君とは誰人ぞや。答へていはく、聖武天皇なり。問云、人とは誰人ぞや。こたへていはく、人丸也。聖武天皇は住吉明神也。政途不調の政のために皇家に生まれたまふ。聖武また人丸と云々。しかれば明神化現し歌道を弘めたまふ。歌とは、我国の法なり。聖徳太子もすなわち住吉の化現なり。しかれば、すなはち三人一体なり。本地は薬師ともいへり。又は観音とも見えたり。自位を案ずるに、薬師は陀捨婦人、観音は宝応聖といへり。御子なり。されば薬師・観音は一体なり。よって二名をば出せる歟。人丸と御門と身合するといへるは、本地一体をいへり。秘すべし〳〵。

のようにあって、聖武天皇と人丸は住吉明神を本地とし、一体であると書かれる。さらに、聖徳太子までも住吉

明神の化現であるという。このように、古今注の秘伝のなかでは、住吉明神が人麿や聖武天皇、業平、聖徳太子と同体であるとされ、姿をあらわす時には、翁の形象をとる。こうした住吉明神のあらわれ方は、後で述べるように禅竹の『明宿集』における翁のあらわれ方と重なるように思われる。

ここで、翁としての側面を持つ、白楽天・柿本人麿・住吉明神の三者の関係についてまとめておこう。

まず、第一段階として、院政期頃、漢詩文の受容のなかで、白楽天と柿本人麿の、翁としての一体化現象がおこる。『柿本影供記』や『十訓抄』などにみられる仙人的な翁としての柿本人麿イメージの源泉には、尚歯会などで描かれる老白楽天像があると考えられる。

次に、第二段階として、柿本人麿と住吉明神との習合が、鎌倉時代に入って、古今注の世界などでテキスト化されてくる。それは、和歌の神としての住吉明神と、歌聖人麿の一体化である。そのさい、『赤染衛門集』などで十一世紀初頭での翁化が確認できる住吉明神と、老白楽天像の影響下、院政期頃から仙翁として捉えられていた柿本人麿とは、共通する翁のイメージにおいても結びついていっただろう。

また、このような習合を通して、老仙人としての住吉明神のイメージ化が進んでいき、寿老人に近い姿の住吉明神画像が成立していくことにもなるだろう。

このような経過のなかで、今度は、白楽天と住吉明神の類似が意識されるようになり、その結果として、能「白楽天」のようなストーリーが成立するにいたる、と考えられよう。能「白楽天」では、住吉明神と白楽天がコンビで登場する。「白楽天」は、日本の知恵を計ろうと渡来した白楽天と住吉明神が詩歌の応酬をする前場と、明神の神力により白楽天をみごとに唐土に帰す後場で構成されている。一般的に能はシテ中心のものであるが、「白楽天」ではシテの住吉明神とワキの白楽天の「両者の詞章は等質な印象さえ与える」(22)ともいわれる。このことは、能の劇作法においては異例なことであろうが、シテとワキ双方に目を向けさせ、住吉明神と白楽天の位相が同等であることを語っているのではないだろうか。この能は応永の外寇をふまえて製作されたという解釈もあるが、(23)こういった対外問題のほかにも、中世を通じて蓄積された住吉明神と白楽天をめぐる説話世界の上に成立しているのである。

三　住吉明神と赤山明神

『古今著聞集』巻一には、慈覚大師円仁《じかくだいしえんにん》の前に翁の住吉明神があらわれるという話がみえる。すなわち、円仁が如法経を書写する時、住吉明神があらわれ託宣することが次のように記されている。

慈覚大師如法経書きたまひける時、白髪の老翁杖にたづさはりて、山によぢのぼりけるが、「あな苦し。内裏の守護といひ、此如法経の守護といひ、年はたかく成て苦しう候ぞ」とのたまひけり。「誰が御渡り候ふぞ」とたづね申されければ、「住吉の神なり」とぞ名乗り給ひける。

ここには、住吉明神が白髪の老翁としてあらわれ、杖をついて山によじ登る姿が描かれている。また、王権の守護神としてだけでなく、仏法の守護神としての性格が付け加えられている。そして、こうした円仁を媒介としてあらわれる住吉明神の顕現譚は、円仁をめぐる大陸渡来の翁神の示現譚《じげん》と共通の要素を持っている。特に、円仁の前に翁の住吉明神が示現し託宣をする話は、赤山明神《せきざんみょうじん》のような渡来系護法神の円仁の前への示現譚と重なるのである。

比叡山鎮守の護法神である赤山明神の示現は、慈覚大師の入唐求法《にっとうぐほう》に由来する。『慈覚大師伝』には、円仁が入唐中に赤山禅院で赤山明神に助けられ、彼の入滅後、比叡山に赤山神社を建立したという縁起譚が書かれている。『異神』(24)のなかで山本ひろ子氏は、『慈覚大師伝』では赤山明神の像容を伝えていないが、後年の縁起資料には「老翁」として描写されているとし、『赤山明神縁起』を紹介する。『赤山明神縁起』によると、明州の山神・赤山の廟社に参拝した大師の前に、夢か現《うつつ》か化人の老翁があらわれて、「我是明州之山神也。此山洞化来。送一百万歳之星霜。我従劫初成以来。未曾聞如此之妙法音」と言う。つまり、「私は明州の山神である。この山の洞に化現してから百万歳の年月を過ごしたが、いまだこのような妙法の声を聞いたことがない」と言い、日本国からきた求法の聖人との邂逅を喜んだという。

さらに、『源平盛衰記』巻十には、赤山明神の示現譚が次のように記されている。

賢聖の障子のあなたに、赤衣の装束したる老翁あり。左の脇に弓を挟て、大なる鏑矢をさらりさらりと爪よると聞し召しければ、驚き思し召して誰人ぞと御尋ね有けるに、我は是れ比叡山の西の麓に侍る老翁也。世には赤山とぞ申し侍る。

赤衣の装束をした老翁が、弓と鏑矢《かぶらや》を持ってあらわれたが、正体を聞かれると、比叡山の西の麓に侍る翁であると言い、世には赤山と呼ばれているという。このように『源平盛衰記』には、赤山明神が赤衣《あかごろも》の老翁として描かれており、住吉明神の翁としてのあらわれ方と共通する。すなわち、『阿古根浦口伝』には、住吉明神が八旬《はちじゅん》の翁で、赤衣の姿を人に示していた。『三五記』では、住吉明神が赤地の錦の烏帽子を着けていたとあり、住吉明神が身に纏うものとして赤い色が強調されている。また、住吉明神の童子示現説には、「赤衣の童子」という表現が多く、『古今和歌集序聞書』をはじめ歌学秘伝書の世界には、赤衣の童子の形象が広く流布していった。赤色は「本来霊威の宿ることを表す」[25]とされ、不浄や邪気を払う呪力をもつ色であり、赤く染めることには呪術的意図がこめられていた。こうした住吉明神や赤山明神をめぐる赤い衣の問題は、紅藍の染色に従事していた古代の赤染部や渡来系赤染氏とかかわるだろう。その一門から出た赤染衛門の和歌をめぐる言説のなかに住吉明神の翁姿が刻印されるのも偶然ではないかもしれない。

住吉明神が赤い衣を着た翁であらわれるという伝承の発生は、大陸から渡来した赤山明神の示現譚と深くかかわっているのであろう。赤山明神は、慈覚大師の入唐求法に由来する渡来神であるが、本来は、唐の赤山法華院において祀られていた山神であった。こうした赤山明神の由来が、貞応二年（一二二三）に成立した『日吉山王利生記』において、

> 赤山と申は。慈覚大師大唐より伝法帰朝の時、飄風浪をあげ舟楫海にしづみむべかりければ。本山に向ひて護法山王を念じ奉られけるに。不動毘沙門舟のへに顕れ給のみならず。赤衣の俗白羽の矢を負て出現せり。是は震旦国赤山と云山の明神なり。本地は泰山府君にて御す。大師帰朝ののち。叡岳の西坂本にぞ勧請せられける。

と語られる。慈覚大師帰朝のさい、波風で舟が沈みそうになり、赤山に向かって護法山王を念じ奉ったところ、舟の舳《へ》に赤衣の赤山明神が出現したという。赤山明神が赤衣に矢を負って出現する姿は、さきの『源平盛衰記』

での赤山明神のあらわれ方と類似している。こうした出現譚は、『古今著聞集』に収録された住吉明神の伝承とも共通するのである。住吉明神が秀歌に感応し、難破から舟を救ったという『古今著聞集』の記事については、前にも言及したが、悪風に遭い、遭難しそうになった舟に一人の翁があらわれて助けるというくだりが、『日吉山王利生記』における赤山明神の示現譚と似通っている。一方、赤山明神が弓矢を持ってあらわれるのは、住吉明神が神功皇后の出陣に従った軍神とされる点でも共通する。このように、赤山明神と住吉明神は、伝説における出現の仕方が似ており、それを、渡来神的な神のあらわれ方とくくることもできるだろう。

四　金春禅竹の『明宿集』と住吉明神

これまで、住吉明神の翁としての形象化が、通史的プロセスのなかでどのようにあらわされてきたのかをみてきた。住吉明神は、神功皇后の新羅外征を託宣し、軍船を導き出陣に従う戦さの神であり、航海をつかさどる海の神であり、また一方では、人麿と一体とされる和歌の守護神として活躍していた。古代から中世を通じて、住吉明神ほど多様なあらわれ方をする神は、ほとんどみられない。こうした住吉明神の多様性をはじめて総合的に捉えたのが、禅竹ではなかろうか。

禅竹の翁論『明宿集』では、なによりも住吉明神を強く意識し、多種多様な住吉明神像を翁の多様性に当てはめていく。翁が塩土老翁や、和歌の守護神、人麿、軍神と一体であるとする理由は、すべてが住吉明神を媒介として説明されているのである。このように、禅竹が住吉明神を翁と結びつけて語る論理は、先に述べた『玉伝深秘巻』的思考と類似しているといえる。

住吉明神をパイプとして、翁がいろいろな神と柔軟に結びつくなかで、まずは、塩土老翁があげられていることとが注目される。禅竹の『明宿集』では、翁の「妙躰」として住吉明神が真っ先に置かれ、それと位相を同じくする神として塩土老翁について語られる。その部分を示すと次のようである。

そのかみ、天神七代の末、地神第四火々出見の尊、御兄の火進之尊と、山の幸、海の幸をたがひに違え、慣らわぬ釣を垂れ給ふとて、針を魚に食われ給いし時、兄の尊せちに責め給えば、海辺に嘆き給ふ。その時、塩土の翁出現して、荒目の大龍を作り、竜宮に送りたてまつる。ついに釣針を取り返し、兄の尊に返し給いて、国土の主となり給ふ。その時の塩土の翁と申わ、すなわちこの妙神にてましますも也。しかれば、かみ神代を兼ね、しも人王の末を導き給ふ。すなわち天地の媒たり。この外、日本紀に見ゆる所、たやすく申に及ばず。

ここには、記紀神話の山幸彦・海幸彦説話とともに語られる塩土老翁譚が説かれている。先に述べたように、国つ神の塩土老翁は、天降った天神に国を譲ったり、山幸を海宮へ、天孫を東方の地へ導くという道案内の役をつとめる翁であった。禅竹は塩土老翁について、「かみ神代を兼ね、しも人王の末を導き給ふ。すなわち天地の媒たり」と説き、塩土老翁が天界と海界を媒介する翁であるとはっきり述べている。

このように、禅竹が、『明宿集』の冒頭に翁としての塩土老翁を記した理由は、塩土老翁が、日本において最初の翁神であったからにちがいない。また、塩土老翁が、住吉神の信仰圏と深いかかわりがあるということも大きな要因だろう。塩土老翁と住吉明神は、ともに海をつかさどる神である。特に、塩土老翁が天孫を導く土着の神であり、住吉明神の場合も神功皇后の外征にともない軍船を導く神であったという点で共通する。禅竹は、このような近似性から、翁の起源にある塩土老翁に住吉明神を重ねたのかもしれない。

次に、禅竹は、翁を和歌の守護神に重ねる。それは、禅竹が「和歌はこれ猿楽の命と尊むべし」と説いているように、和歌が猿楽においてもっとも重要な要素であるからであろう。『明宿集』の「住吉祈請の事」条には、

抑、彼御影の事を祈り奉は、伊勢・春日えも祈り申さで、住吉に申たてまつる事、分きて意趣あり。此神は、もとより翁御一体の上に、和歌の守護神にてましませり。

とある。翁の御影のことをお祈り申し上げるにあって、伊勢や春日ではなく、住吉にお祈り申し上げたのには特別な理由があるが、それは、住吉明神がもとより翁と一体のうえに和歌の守護神であるからだというのである。翁は住吉明神と一体であるので、和歌の守護神とも繋がるという論理である。同条には、もう一箇所翁の「御影」についての言及がある。つまり、

この心冥慮に通じけるか、すなわち霊夢を蒙りて、御影を披き奉事、証所隠れなき物歟。

というものである。和歌を重んじる気持ちが住吉明神の心に通じたのか、霊夢を蒙って、御影を書き写し礼拝したと言い、これこそ、明神に心が通じたという証拠であるというのである。こうした翁の御影に関する記述は、人丸影供の起源譚ともよく似ている。つまり、藤原兼房が柿本人麿のことを強く念じていたある夜、高齢の高貴な人麿があらわれる夢をみるが、夢が覚めてからその画像を書かせ、常に拝礼したらご利益があったというので

ある。

禅竹は、和歌の守護神として住吉明神をあげ、翁と結びつける一方、翁・人麿一体説をも提唱する。「住吉祈請の事」に続く「人丸同一体の御事」とはじまるくだりでは、人麿について「御姿も翁に等しくましませり」と言い、翁の姿で描かれる人麿画像を強く意識していることがみてとれる。

さらに、翁を軍神とする説である。

翁は、軍神にてもまします事、分明也。まず住吉は、和歌の実体にてましましながら、神功皇后の御宇にわ異国を攻め給しこと、此神の威力他に異なり。それよりこのかた、異国降伏の御ために、西に向かい給えり。君徳の恵み浅からずして、末世の今、頼もしくこそ崇めたてまつれ。されば、翁を軍神とも申したてまつる也。従ひて、東国の武士わこの心を存智せる歟、鎧唐櫃に一面づつ、奉レ入とうけ給る。意趣委可レ尋。

住吉明神が神功皇后新羅外征を託宣し、出陣に従い、軍船を守る神であったことは、記紀神話に詳しく記されている。禅竹は、記紀神話の神功皇后譚を忠実にふまえ、住吉明神の軍神としての性格を翁の神格として転換させているのである。特に、禅竹は、東国の武士が「鎧唐櫃に一面づつ、奉レ入」と、翁面を一枚ずつ唐櫃に入れる風習に言及しており、翁こそ軍人の守り神であるということを強調している。

以上のように、住吉明神を回路にして翁が神々の世界と繋がっていくのであるが、禅竹が翁を住吉明神と同体として説いているのは、住吉明神が早くに翁の形象をとる神とされたこととともに、多様なあらわれ方をする神であったことが大きな理由であったろう。つまり、その姿をさまざまに変容させうるような強力な霊威にみちあふれた霊格である点でも翁と住吉明神は共通していたのであった。

(1)『住吉大社神代記』「坂木葉仁、余布止里志弖弖、多賀余仁賀、賀弥乃美賀保遠、伊波比曽米芸牟(榊葉に、木綿とり垂でて、誰が世にか、神の御顔を、斎ひ初めけむ)」(読みは、田中卓氏の『住吉大社神代記の研究』の訓解に従う。以下同じ)。

(2) 多田一臣「須磨・明石巻の基底――住吉明神をめぐって――」(『文学史上の源氏物語』、至文堂、一九九八)一三頁。

(3) 三輪正胤『歌学秘伝の研究』(風間書房、一九九四)一七六頁。

(4) 翁の住吉明神の顕現が最初に語られたのは、『赤染衛門集』である。赤染衛門の祖先は、渡来系の「秦氏と同族、または同一の生活集団を形成した氏族」(平野邦雄「秦氏の研究(一)」、『史学雑誌』七〇―三、三九頁)とされるが、渡来系の秦氏集団は、日本古代の神祇信仰に密着していた氏族であり、特に、八幡・稲荷・松尾など翁の形象をもつ神の祭祀にたずさわった例が多く、翁信仰と密接にかかわっていた。『赤染衛門集』に翁の住吉神の顕現譚が記される経緯も、渡来の秦氏や赤染氏族の間で持ち伝えられてきた翁神の伝承がモチーフとなった可能性がある。

(5) 田口和夫「葛の袴(住吉遷宮の能)難句考」(『能・狂言研究』、三弥井書店、一九九七)。

(6)『千載集』二十に、「おなじ歌合に社頭月といへる心をよみ侍りける　右大臣」として同歌が載っている。

(7) 三輪正胤『歌学秘伝の研究』(風間書房、一九九四)一章第四節。

(8)『田中卓著作集一　神話と史実』(図書刊行会、一九八七)。

(9)『住吉松葉大記』巻第五

塩土老翁は一名を事勝国勝長狭とも申す。是伊弉諾尊之子也と神代紀一書に見えたり。天孫瓊々杵尊初めて日向国高千穂峰に天降りて、都地を覔めさせ給ふ時にも、此塩土老翁神出現して土地を導き給へり。又神武天皇東征し給ふ時、是より東に美地あり、青山四周れり、其中に亦天磐船に乗て飛降る者ありと教へさせ給ふも此塩土老翁神也。凡そ此神は土地を恢め不通を開き、天下を富し帝位を守護する神也。当社大神と御徳を論する時、応に是一体也。

(10) 大串純夫「人麿像の成立と東寺山水屛風」(『美術研究』一六四号) 一〇二頁。
(11) 宮地直一「住吉明神の御影について」(『国華』六〇〇号) 二三六頁。
(12) 林陸郎『上代政治社会の研究』(吉川弘文館、一九七八)。
(13) 大串純夫「人麿像の成立と東寺山水屛風」(前掲注10)。
(14) 山田昭全「柿本人麿影供の成立と展開――仏教と文学との接触に視点を置いて」(『大正大学研究紀要(文学部・仏教学部)』五一号、一九六六)。
(15)『本朝麗藻』巻下讃徳部

両地聞レ名追慕多　遺文何日不ニ謳歌一　繁レ情長望遐方月　入レ夢終踰万里波　露胆雖下随ニ天暁一隔上　風姿末下与ニ影図一訛上　我朝□慕居易風跡者多図屏風故云　中尻昔夢ニ周公一久　聖智莫レ言時代過。

(16) 大串純夫「人麿像の成立と東寺山水屛風」(前掲注10)。
(17)『古今著聞集』巻四

天暦六年十月十八日、後の江相公の夢に、白楽天来たり給へりけり。相公悦びてあひたてまつりて、そのかたちを見れば、白衣を着給ひたり。面の色あかぐろにぞおはしける。青きもの着たる者四人あひしたがひたりけり。相公、「都率天より来たり給へるか」と問ひたてまつられければ、「しかなり」とぞ答へ給ひたりける。申すべきことありて来たれるよしのたまひけるに、いまだ物語におよばずして夢さめにければ、口惜しき事かぎりなかりけり。

(18)『古今著聞集』巻五

かの清輔朝臣の伝へたる人丸の影は、讃岐の守兼房朝臣、ふかく和歌の道を好みて、人麿のかたちを知らざる事をかなしみけり。夢に人丸来て、われを恋ふるゆゑにかたちを現はせるよしを告げけり。兼房、画図にたへずして、後朝に絵師をめして教へてかかせけるに、夢に見しにたがはざりければ、悦びてその影をあがめてもたりけるを、白河院、この道御このみありて、かの影をめして勝光明院の宝蔵に納められにけり。修理の大夫顕季卿、近習にて所望しけれども御ゆるしなかりけるを、あながちに申して、つひに写しとりつ。顕季卿の一男中納言長実卿、二男参議家保卿、この道にたへずとて、三男左京の大夫顕輔卿にゆづりけり。兼房朝臣の正本は、小野の皇太后宮申しうけて御覧じけるほどに、焼けにけり。貫之が自筆の「古今」もその時おなじく焼けにけり。口惜しき事なり。されば顕輔卿本が正本になりにけるにこそ。実子なりともこの道にたへざらん者には、伝ふべからず、写しもすべからず。

(19) 三輪正胤『歌学秘伝の研究』(前掲注3)。

(20) 多田一臣「須磨・明石巻の基底——住吉明神をめぐって——」(前掲注2)。

(21) 『源氏物語』

渚に小さやかなる舟寄せて、人二三人ばかり、この旅の御宿をさして来。何人ならむと問へば、舟人「明石の浦より、前の守新発意の、御舟よそひて参れるなり。源少納言さぶらひたまはば、対面して事の心とり申さん」と言う。良清驚きて、「入道はかの国の得意にて、年ごろあひ語らひはべりつれど、私にいささかあひ恨むることはべりて、ことなる消息をだに通はさで、久しうなりはべりぬるを、浪の紛れにいかなることかあらむ」とおぼめく。君の、御夢なども思しあはすることもありて、源氏「はや会へ」とのたまへば、舟に行きて会ひたり。さばかりはげしかりつる波風に、いつの間にか舟出しつらむと心得がたく思へり。入道「去ぬる朔日の夢に、さまことなる物の告げ知らすることはべりしかば、信じがたきことと思うたまへしかど、十三日にあらたなるしるし見せむ。舟をよそひ設けて、かならず雨風止まばこの浦に寄せよ」とかねて示すことのはべりしかば、こころみに舟のよそひを設けて待ちばべりつれば、他の朝廷にも、夢を信じて国を助くるたぐひ多うはべりけるを、用ゐさせたまはぬまでも、このいましめの日を過ぐさず、このよしをつけ申侍らんとて、船出だしはべりつるに、あやしき風細う吹きて、この浦に着きはべりつること、まことに神もしるべ違はずなん。ここにも、も知ろしめすことやはべりつらんとてなむ。(後略)

(22) 伊藤正義『謡曲集』(新潮社、一九八六)解題。

(23) 天野文雄「《白楽天》と応永の外寇」(『ZEAMI』一号、森話社、二〇〇一)。

(24) 山本ひろ子『異神』(平凡社、一九九八)。

(25) 三品彰英『増補日鮮神話伝説の研究』(平凡社、一九七二)一三六頁。

第三章　中世の翁

中世に翁が多くあらわれる現象をめぐる重要な観点として、翁が時間の長さの象徴としてあらわれるということがあげられる。縁起伝承のなかには、長い年月その地に棲みつき守護してきた地主神や山主が、翁の形象をとってあらわれることが少なくない。

さらに、神仏習合にあたって、仏に先行する世界を表象する必要が生じ、そこに道教的観念の影響からか、時間的な長さの象徴として翁があらわれる。また、新来の仏や法師に土地を譲り、あるいは、伽藍地へと案内する。こうした中世における地主神としての翁は、古代の翁が国つ神として出現し、天孫に国を譲り、道案内をするということと重なる。塩土老翁のように、天と地を媒介していた古代の翁が、神と仏を結びつける神仏習合の翁として中世的な変容をとげたのである。一方、地主神としての翁は、神仙的な要素を持つ場合が多く、日本の山岳信仰が神仙思想や道教と深くかかわっていたことをうかがわせる。

一　地主神と翁

(一)山神と翁

中世には、山主、地神、地主神と言い、その土地に長い間棲みついてきた土着の神が翁の姿であらわれることがある。長い年月、もともとそこにいたということを、翁の姿で象徴するのである。このことをよく示してくれる伝承の一つが、『神道雑々集』『太平記』『曽我物語』に伝わる白髭の翁の話である。白髭の翁の伝承を『太平記』巻第十八、比叡山開闢の事から引いてみると次のようである。

何れの所にか応化利生の門を開くべきと、かなたこなたを遍歴し玉ふところに、比叡山の麓、楽々名美や志賀の浦の辺に、釣を垂れて座せる老翁あり。釈尊これに向つて、「翁もしこの地の主たらば、この山を吾に与へよ。結界の地となして、仏法を弘めん」と宣ひければ、この翁、答へて曰く、「我人寿六千才の始めより、この所の主として、この湖の七度まで桑原と変ぜしを見たり。ただし、この地の結界となりては、釣する所を失ふべし。釈尊早く去りて、他国に求め給へ」とぞ惜しみたり。この翁は、これ白髭明神なり。釈尊これに因つて、寂光土に帰らんとし玉ひけるところに、東方浄瑠璃世界の教主医王善逝、忽然として来給へり。釈尊大きに歓喜し玉ひて、已然老翁がいひつる事を語り給ふに、医王善逝称歎して宣はく、「善い哉、釈尊、この地に仏法を弘通し玉はん事。我人寿二万才の始より、この国の地主なり。かの老翁いまだ我を知らず。何ぞこの山を惜しみ奉るべきや。機縁時至つて、仏法東流せば、釈尊は教を伝ふる大師となりて、この山を開闢し玉へ。我はこの山の王となりて、久しく後五百才の仏法を護るべし」と誓約をなし、二仏各々東西へ去り給ひにけり。

この記録によると、白髭明神は、六千年前から比叡山を守護してきた地主神である。白髭明神のように、「永久の時間を生きてきた地主神は、しばしば老翁として形象化[1]」されるが、その老翁の形象には、悠久の歴史が刻まれているのである。ところが、それよりもはるかに長い二万年も前からこの地を護ってきたという薬師如来があらわれ、比叡山で仏法を開く必然性が語られる。このような白髭の翁と薬師如来とのやりとりをめぐって、松岡心平氏は、

> 『神道雑々集』『太平記』『曽我物語』「白髭の曲舞」などに共通して語られる白髭の翁の年齢は、六千歳である。これらの書では、二万歳の薬師如来の方がさらに古い地主神であるとされ、それが釈迦如来が仏法流布の地として比叡山を選びとる根拠とされる。そこには、あえて薬師を登場させることで仏教の地祇への根本的優位を示そうとする意識が明らかに働いているが、そのヴェールを取り去ってみると、やはり、この話は、新来の仏教と地つきの神道との融合が、白髭の翁の国譲りの形をとって語られていると見られよう。[2]

と述べている。つまり、土着の霊場が仏教のメッカとなり代わる過程に、地主神としての翁が登場し、土着の宗教と仏教の両方を結びつける役割を果たしていたということである。さらに、氏が「白髭の翁の国譲り」譚という指摘をしているように、古代における国つ神の国譲り譚が、中世の開山縁起にそのまま移されてきているという点は注目に値する。記紀神話には、土着の守護神で国つ神である塩土老翁が、自分の土地を天孫火瓊《ほのに》瓊《に》杵尊《ぎのみこと》に譲るという国譲り譚が語られているが、そのようなモチーフが比叡山において土着の神と新来の神の神話として援用されているのである。白髭の翁と塩土老翁の両神が、湖や海という水と関係深い翁であるという共通点を持っていることも見逃せない。

一方、白髭の翁の伝承と類似するのが、石山寺の縁起にみえる比良明神の示現譚である。『三宝《さんぼう》絵詞《えことば》』（九八四

年成立）下の「東大寺千花会」のなかには、「近江の国志賀郡の河の辺にむかし翁の居て釣せし石あり」とあり、比良明神が河のほとりで釣をすることになっている。また、『諸寺略記』や『元亨釈書』などが伝えるところによると、東大寺における造営にさいし、良弁《ろうべん》法師が金峰山《きんぷせん》に入って金剛蔵王に祈念したところ、夢に蔵王権現があらわれ、「近州湖西勢多県有㆓一山㆒。如意輪観自在霊応之地也。汝至㆑彼持念。必得㆓黄金㆒」と夢告をしたことが記されている。つまり、近江の勢多にある霊山で祈念すると黄金が得られると教えてくれたのである。夢告通り良弁が勢多に行ってみると、そこに一人の老翁がいた。そのくだりを寺社縁起や由来、高僧の来歴などを広く集めて書いた『元亨釈書』（一三二二年成立）巻第二十八「石山寺」から引用して記すと、

時老翁坐㆓大石上㆒釣㆑魚。弁問曰。汝何人。対曰。我是山主比良明神也。此地観音之霊区。言已不㆑見。弁就㆓其石㆒。縛㆑盧安㆓如意輪像㆒持誦。不㆑幾。奥州始貢㆓黄金㆒。爾後刻㆓丈六大悲像㆒蔵㆓先像於中㆒。亦造㆓金剛蔵王及執金剛神㆒安㆓左右㆒。（中略）益為㆓霊地㆒。

の通りである。老翁が大石の上に座って魚を釣っていたが、名を聞かれると、山の主である比良明神であると言い、この地が観音の霊場であると教えて姿を消した。良弁は、老翁が座っていた石に如意輪像《にょいりんぞう》を安置し念誦《ねんじゅ》して、黄金を得ることができた。のちに石のあった場所に新たな観音像を刻んでそのなかに如意輪像を入れ、金剛蔵王、執金剛神をつくって左右に安置したら、ますますの霊地となったという話である。

　ここでは、比良明神が良弁法師に仏教修行のための霊場を教えている。このように、翁の比良明神が仏教の霊場を教えることは、古代における、塩土老翁や椎根津彦《しひねつひこ》による天神への道案内譚と構想の上で重なるように思わ

れる。中世の翁の地主神が自分の守護してきた土地を伽藍地として譲り、あるいは、験者や法師を仏教修行のための霊地へと導くという話は、古代の翁の伝承の踏襲とみられる。

　このように、中世には、古代の翁神話をふまえつつも、新たな翁の神話がつくられた。その一つが、夢を媒介として出現する翁である。まず、『扶桑略記』延暦十五年の鞍馬寺縁起には、夢のなかに貴船明神が翁の姿であらわれる伝承がある。

　造東寺長官従四位上藤原朝臣伊勢人造二鞍馬寺一。則彼寺縁起云。伊勢人偁。我奉二勅命一。雖レ造二東寺一。私願未レ遂。争建二一堂一。安二観音像一。伏願。観音示二其勝地一。夢見三洛城之地有二一深山一。東西高峙。中有二平地一。洞水閑流。宜レ洗二塵心一。爰老人出来。即相語云。汝知三此地甲二于天下一。建二立道場一。尤得二便宜一。伊勢人問云。仁為二唯人一。老人対偁。我是王城鎮守貴船明神也。感二汝道心一。教二斯勝地一。其夢既覚。

伊勢人が観音に祈誓すると、夢で洛城の地に一深山があるのを見た。そこに、老人が出てきて、ここが道場建立に適した勝地であると教えた。老人は、王城鎮守貴船明神と名のり、あなたの道心に感じて勝地を教えるという。『元亨釈書』におさめられた鞍馬寺の縁起では、貴船明神の姿は「鬢髪皤皤」と書かれ、明神が鬢髪《びんはつ》の白い翁であったという。

　『長谷寺縁起文』にも夢中に翁の三尾明神があらわれる。徳道聖人が衆生利益のため仏像の造立を祈願していたところ、一つの夢を見た。

今夜見二一夢一。数輩異形類焉。中レ於二彼木一而坐列。其中一人童子持レ蓋覆レ木。又木本有二白衣老翁一。其形実徹也。我問曰。翁公何人。又何事住二此所一乎。答曰。我是三尾大明神也。為レ衛二護此木一。自二本国一片時不レ離。率二諸眷属一来。又持レ蓋童子者当山守護童子也。霊木依二彼之請一来二於此所一。当山能相応。

というものである。徳道聖人は夢に霊木をみる。その木に蓋をさしかける一人の童子と、木のもとに白衣の老翁がいた。童子は当山の守護神であり、老翁は、この木を守るためこの国から一時も離れたことがないといった。翁の三尾明神は、徳道聖人の祈願に感応してあらわれた霊木の精霊であり、童子と一緒に当山を守護する地主神といえるだろう。

また、『元亨釈書』巻第十「多武峯増賀」には、多武峰の高僧増賀にまつわる伝承が伝わるが、そのなかには、増賀の夢に翁が出てきて、霊地へ導くという逸話が、

天暦二年八月、夢至二一所一。山川明媚。阿練若僧徒在焉。西南隅有二坦地一。見二一老翁一。首戴二青冠一。身被二赤裘一。左手持レ経。右手携レ杖。天童神女左右圍繞。賀問。誰乎。対曰。毘耶離城居士也。住レ此千余歳。止二此地一者多得二仏智一。

のように語られる。増賀が夢のなかで、ある山にいたると、一人の老翁がいた。老翁は、青い冠を戴き、赤い皮衣を纏っており、左の手にはお経、右手には杖を携えていた。そして、天童と神女に囲まれている。増賀が誰かと聞くと、毘耶《びや》離城居士《りじようこじ》と名のる。翁は、この地に千年あまり住んでいたと言い、この地が仏智を得られる霊場

であると教えるのであった。ここでも、地主神の毘耶離城居士が翁の姿をとって、高僧の夢にあらわれ、霊地へと導いた話になっている。また、翁の毘耶離城居士の「首戴二青冠一。身被二赤袈一。左手持レ経。右手携レ杖」という格好は、走湯権現《そうとうごんげん》の顕現時にみられる形象と近いものがある。『走湯山縁起』によると、走湯権現は「頭載二居士冠子一、身著二白素衣裙一。（中略）右手持二水精念珠一。左手把二錫杖一」とあらわれたとあって、神仙的風貌を備えているのである。

(2)仙人と翁

①清水寺縁起と行叡居士

日本の山岳信仰伝承のなかには、神仙や仙人が翁としてあらわれたり、仙人の前に神人的翁があらわれたりする例が見い出せる。地主神のなかには、こうした神仙や仙人に近似した老翁が少なくない。

日本では、仙人は、仏教とのかかわりから語られる場合がほとんどであるが、十一世紀末成立の『本朝神仙伝』にはそうした日本的仙人が多くみられる。そのなかでも行叡居士《ぎょうえいこじ》の伝承は、仙人そのものが翁としてあらわれる好例である。

行叡居士は、東山なる清水寺の本の主なり。数百年に及ぶといへども、猶し少き容ありて、つねに練行を宗としたりけり。一生精進して、妻を蓄へず、地は粒を絶ち穀を避れり。清水寺の瀧は、居士が修ひて出すところなり。本は黄金の色をしたりき。後に報恩大師に相逢ひて、持仏ならびに住める所を譲りて曰へらく、「吾、汝の来らむことを待てり。宜しく此の地の主となりて、仏の法を弘むべし。吾は蝦夷を利せむがために、将に東の国に往かむとおもふ。」といへり。ここに東のかたに向ひて行きぬ。行きて乙葉の山に至りて、自然に鎖えて、ただ草鞋と杖とを留むるのみなりき。後の人これをもて、ここに終れりとなすなり。その履は相分ちて、本の寺の瀧上ならびに乙葉山に在り。

この伝承によると、行叡居士は、清水寺建立地の地主神であるとされ、数百年生きているのに、年若い容貌をしていたという。行叡は、常に行法を修練しており、生涯精進して妻帯せず、穀絶ちの修行を行っていたが、のちに報恩大師に伽藍地をゆずって東国に向い、乙葉の山で姿を消したとされる。

一方、『扶桑略記』延暦十七年七月二日条所引の清水寺縁起にも行叡居士の逸話が記されている。ここでは、行叡居士が、前述の『本朝神仙伝』に書かれているように若い容貌ではなく、白髪の老翁としてあらわれる。

鎮守府将軍坂上田村万呂。山城国愛宕郡八坂郷東山清水寺。金色卌枝手観世音井像一体奉レ造。并破二渡其旧居五間三面檜皮葺寝屋一。以為二堂舎一。件寺縁起云。宝亀九年戊午四月。沙弥延鎮夢告云。去レ南向レ北。覚後淀有二金色一支之水一。即尋二金水之源一。同月八日。至二于清水滝下一。於レ是一草庵中有二白衣居士一。年歯老大。白髪皤々。延鎮問云。住レ此幾年。姓名如何。居士答云。名曰二行叡一。隠二居此地一二百戈許。心念二観音威力一。口誦二千手真言一。年来待レ汝。適幸相来。我有二東国修行之志一。其間替レ我可レ住二此処一。草庵之処当可レ創二堂宇一地。此前株者可レ造二観音一木也。吾若遅還。早可レ企二遂此願一。忽指レ東去已了。雖レ有二相待一。逐無二来期一。仍尋求之処。山科東峯落二所レ着履一。定知観音所レ現歟。

これは、延鎮《えんちん》が行叡居士から伽藍地を譲られ、のち清水寺を建立するという清水寺の縁起譚である。延鎮が夢告を受け、金水の源を尋ねて清水の滝の下にいたると、草庵が一つあり、なかには白衣の居士がいたが、白い髪の老人であった。老人は、この地に隠居すること二百年あまりで、名前は行叡と名のった。行叡は草庵のあった場所に堂を建て、庭の木で観音をつくるようにと言い残し、この地を延鎮に譲り、東国修行の志を立て、去ってしまった。延鎮が行叡の跡を尋ねてみたが、山科東峰に履《くつ》が落ちていただけであり、やがて、老人の行叡居士が観音の化身であることを知ったのである。のち、坂上田村麻呂が延鎮からこの話を聞き、ここに清水寺を建立したという話である。

『元亨釈書』にもほぼ同一の清水寺の縁起譚が伝わる。(3)『扶桑略記』にある「白髪皤々」の描写の代わりに、行叡を「白衣老翁」と書いている。以上、三つの清水寺縁起のなかでみてきたように、行叡は地主神であり、同時に観音の化身であった。そこには、深山に籠り修行する仙人のイメージも重ねられているであろう。開山伝承や寺社縁起のなかには、このように、長い年月土地を守る神仙的な地主神が老翁としてあらわれることが多い。

②三井寺縁起と教待

神仙的かつシャーマン的という性格を持った翁を、日本の伝承から見い出すことは難しくはない。代表的なのは、三井寺の縁起で新羅明神示現譚とともに語られる教待《きようたい》の伝承である。

『古今著聞集』巻二などの三井寺縁起譚には、百六十二歳の老比丘《ろうびく》教待が智証《ちしよう》大師に園城寺の地を依嘱する話が書き記されている。縁起のなかでは、新羅明神があらわれて、教待が弥勒如来の化身であると説く。『本朝神仙伝』には、教待について、「数百年に及べりといへども、容顔はもとのごとくなり。ただ年少き女子をのみ愛し、また魚の肉をのみ食へり。口の中より吐けば、変じて蓮の葉となりぬ」と、彼の神仙的性格を語っている。

こうした教待について詳細に述べるのが、『寺門伝記補録』の記事である。『寺門伝記補録』は、応永五年（一三九八）から正長元年（一四二八）にかけて、志晃《しこう》により編纂されたものといわれる。次に引く「教待和尚廟中院」の記事には、教待の神仙的・シャーマン的性格が具体的に述べられている。

教待。神通延壽仙僧。未詳姓氏。棲遅三井事慈尊者凡一百余年。清和天皇貞観元年春。智證大師与新羅山王二神。尋伝法之勝地。歩自北嶺至于三井。時一老僧出而教待。老僧一見師如旧識。師先問当寺経始。老僧応曰。我名教待。享年已今一百六十有二。寺成先我寿者殆二十歳。又有檀家大友都都牟麻呂。来具語寺事且曰。待嘗審説師之誕育及遊学。（中略）既而待入於伽藍東北石窟中不復見。後師建一宇于窟上。以為之廟。中院師問新羅神。老僧今俄隠何也。神言。待弥勒菩薩応化也。（中略）大友氏曰。吾与待師檀之契久焉。嘗見其行業。平日不赴堂斉。毎或遊湖濱。或至水渓。摭得龜鼈。以当斉供。其動靜云為之間。悉是非常事而已。師聞此言。乃率衆至待之旧房。北院遺跡唯見龜鼈残骨積而如山。近而視之。皆悉藕蓮之類。而無他種。大衆於是始而歎異。其積骨之処。後遂為岳。形亦似龜。故名曰龜岳岳邊有小流。懸一橋。待常食龜鼈已。投残骨於流。其骨忽蘇而為郡龜。小橋下連声而鳴。因而此橋呼曰鳴橋。

ここでは、老僧教待について、まず、「寺成先我壽者殆二十歳」とあり、寺の建てられる前からこの地にいた地主神的老翁であったことがうかがえる。地主神的教待には、神仙的かつシャーマン的イメージが強い。教待が神仙的老翁としてとらえられていることは、みずから百六十二歳の仙僧であると語っていることから明らかである。一方、シャーマン的イメージというのは、亀や鼈《すっぽん》の残骨が積みあげられ亀岳と呼ばれるほど大量に残されていたというくだりから知ることができる。亀は長寿の象徴としての霊的動物であり、占いにも用いられてきた。その歴史は、中国の殷代までさかのぼる。亀殻を焼いてそこにあらわれたひびによって吉凶を占うことを亀卜《きぼく》という。『万葉集』に亀卜のことがみえるが、神奈川県三浦市の間口洞窟から五世紀のものと推定される亀卜の遺物が出土していることから、そのころすでに日本に亀卜が存在していたことがわかる。平安時代では朝廷の大事にさいして亀卜を行った場所が今も京都御所南殿の東廊の下に残っているという。このように老僧教待伝承には、神仙的性格とシャーマン的性格の二つの要素がみえるのである。

③近江寺縁起・感応寺縁起と牛頭天王

牛頭《ごず》天王は、元来疫病に利益がある神として信仰されてきた道教系の神であるが、寺社縁起や開山伝承のなかでは、仏教を守護する神として出てくる。特に、近江寺や感応寺の縁起には、牛頭天王が翁の姿であらわれるので興味深い。日本の修験文化に道教が流れ込み、仙人や神仙に近い翁をつくりあげていたと思われるからである。

明徳三年（一三九二）の奥書がある『播州近江山近江寺縁起』は法道仙人が千手観音を近江寺に安置し、牛頭天王に導かれて伽藍を建立したという、近江寺の由来が説かれている。近江寺由来譚にまつわる牛頭天王の出現譚は、次のようである。

　孝徳天皇大化二祀於江州湖水有物恠光明夜夜悩漁人日日驚母子于時仙人遊化彼国以道眼見唯有一桜木浮矣、既知霊木誓以之刻千手大悲像安置于霊区故被取彼投□□其木瓢然刹那到従是東山頂此所今日本津道亦飛空迅来於此三拝彼木而躬負追煙霞徘徊矣、忽然遇一老翁駕黄牛、翁見彼木殷勤乞之仙人辞曰、我先誓為菩薩御衣木倍加復話来由（此所号日木見）翁唯唯而誘引一草堂告仙曰此地字如意山宜岩飾属已不見道躊躇而眺望悠悠矣、於越修千手宝鉢之法（今号大宝、寺即是也）一日又老翁来詣于此顧眄曰若於心如何欲遂営講乎、否、道曰諸我将未為定也、箕星好風軍星好雨思願不同修法切祈向上之名山而已唯願入于異人之老翁莞爾曰善哉君強覔於勝地豈其拒之乎、乃赴西南山阿斉哉、霊雲靄靄今異香芬芬焉、加之聞法華読誦声愕然倶与欲捜其所崆峒寂莫渓水潺潺更無有人、翁語説此境古仏霊迹仙君其日肋乎、我主斯山稔尚矣、即牛頭天王也言已失形也

この縁起の大略は以下のようである。孝徳天皇大化二年（六四六）、江州の湖水に光り輝く一本の桜木が浮かんだ。それが霊木であることに気づいた法道仙人が、千手観音を刻み安置しようと、桜木を背負い霊区を求めて歩いていたところ、黄牛に乗った一人の翁に出会った。仙人は、老翁につれられ、如意山の一草堂につき、千手宝鉢の法を修した。ある日、また老翁があらわれ、寺院建立のための勝地を教えてくれた。老翁は、西南山に赴くと、霊雲がかかり香りが漂う場所があり、法華読誦の声が聞こえるところがあるという。そこは、老翁が支配する場所であると言い、みずから牛頭天王と名を告げて姿を消した。引用文には記していないが、縁起の続きをみると、「基址伽藍大成用彼桜木手彫千手大士尊容以安之」とあり、法道仙人は、翁に教えられた場所に伽藍を建立し、霊木で千手観音を彫刻して安置したという。法道仙人の前にあらわれた翁の牛頭天王は、山の地主神として、自分の支配していた場所を伽藍地として譲ったのである。

また、『元亨釈書』巻第二十八所収「感応寺縁起」には、牛頭天王が釣竿を持って河中に出ていた老翁として描かれている。感応寺の由来とともに牛頭天王の出現を説く全文を示せば次の通りである。

感応寺者。一演法師嘗持二観世音像一。欲下得二勝地一安上之。広求二霊区一。貞観中到二平安城東北鴨河西岸一于時此地揺震。紫雲降垂。蓮花粉乱。奇香薫郁。演喜而搆二伽藍一以レ故号二感応寺一。一日老翁持二釣竿一出二河中一。語レ演曰。我此地之主也。自レ今応レ為二護伽藍神一。我有二神力一。能除二魔障一去二疫病一。又結二好夫婦一。調二適産育一。所謂牛頭天王者也。我好レ眠。一歳三百六十日。只五月五日醒。余日皆臥。端午之朝初起。向レ天吐レ気。其気或為二雲霞一。或為二雨露一。触レ万不レ同。其所レ触。或為レ薬。或為レ毒。或為二悪瘡一。或為二疾疫一。皆是有情之業感也。非二我強為一也。言已形隠。演録二神言一奏レ朝。求二黄門侍郎藤長良一就二其地一。七日夜行道念誦。以報二神徳一。

一演《いちえん》法師が観世音像を持って、伽藍地をさがし求めていた。貞観年中、平安城の東北にあたる鴨河の西岸にいたって漂う霊気を感じたので、そこに伽藍を建立し寺号を感応寺としたという。そして、ある日、一人の老翁が釣竿を携えて河中に出ていた。老翁は、この地の主であるが、これから伽藍を守護する神となると語る。そして、みずから邪気や疫病を祓い流し、好い夫婦の縁を結ばせるなどの利益があると告げる。また、老翁は一年中眠っているが、端午の朝には起きて、天に向かって気を吐くという。気は、雲や露にもなり、触ると薬や毒となったり、悪瘡や疫病にもなると言い残し姿を消した。老翁は、みずから明かしているように、牛頭天王であった。牛頭天王は、鴨川の西岸あたりの地主神であったが、一演法師が霊場をさがしもとめた時に、自分が支配していた霊地に法師を引き寄せ、伽藍地として譲ったと解釈できる。牛頭天王は伽藍が建立された後にあらわれて、伽藍の守護神となることを告げるのであった。

以上、近江寺や感応寺の縁起は、共通して翁の牛頭天王を地主神としている。そして、地主神である牛頭天王が、伽藍地を案内したり、譲ったりして、仏法側の守護神と化していた。このように、中世の寺社縁起や開山伝承においては、地主神があらわれ、護法神となることが多い。また、翁の地主神は、白衣老翁、白髭老翁、釣をする翁などと描かれることも多い。少ない例ではあるが、牛頭天王のように黄牛に乗ってあらわれる翁神もいる。こうした翁の形象をもつ神が地主神とされるのは、伽藍が建立される以前からの長い年月、その地を守ってきた土着の神としてのイメージを描き出す必要があるからと考えられる。そこには、神仙的道教的思想がかかわってくるだろう。白髭老翁や釣をする老翁など、日本の翁神のパターン化された形象は、神仙的世界のそれと共通する。また、翁と密接な結びつきをみせる仙人も、神仙つまり道教系の修験者なのである。悠久な時間の象徴である地主神が翁として形象化されるにあたって、修験道のなかに入り込んだ道教・神仙思想的発想が影響を与えたことを看過することはできないだろう。

二　道祖神と翁

翁が神仏の化身としてあらわれる例についてみてきたが、神よりは人間に近い下級の神といえるような翁たちがいる。特に、卑賤なイメージをもつ翁たちは、能の翁面の野卑な表情に通じるところがあり、翁説話の広がりのなかで翁猿楽の成立を考えるための手がかりとなる。

翁の形象をとる下級の神とは、道祖神である。道祖神は、塞《さい》の神とも言い、村や町の境界に祀られ、疫神をとどめたり、旅人を守護したりする神である。こうした道祖神が、翁の姿をとってあらわれるのである。『法華験記』第百二十八話は、紀伊国美奈倍郡の道祖神の話であるが、翁の道祖神が下劣な神のかたちを捨て、苦界から離れて、浄土往生できる尊い身に生まれ変わったという内容が述べられている。その大略は、次の通りである。

天王寺の僧沙門道公《しゃもんどうこう》は熊野に参詣して寺に帰る時、紀伊国美奈倍郡の海辺の大きな木の下で一晩休むことになり、真夜中ごろ奇異なことに出合った。馬に乗った者二、三十騎がやってきて「樹の下の翁侍ふかと」翁を呼び出し、翁に対して速やかにお供することを命じた。すると、翁は、馬の足が折れて乗れないので、今夜は参れませんと答えた。これを聞いて馬に乗っていた者たちがみんな通り過ぎて行った。不思議に思った道公が、夜が明けてから木の下をまわってみると、朽ち古びた道祖神の像がおいてあった。そして、その前に板に書いた絵馬があったが、足のところが破損していた。道公は、絵馬の足を糸でつづって補正し、もとのところに置いた。その日の夜、前の日のように馬に乗った者たちがやってきて、今度は翁も一緒に馬に乗って出かけていった。それから、夜が明けたころ、翁が帰ってきて、道公に対して、

この数十の騎の乗りたるものは行疫神なり。我は道祖神なり。国の内を巡る時、必ず翁を前使となす。(中略)上人の馬の足を療治せるに依りて、この公事を勤めたり。この恩報ずべきこと難しといふ。(中略)今この下劣の神の形を捨てて、上品の功徳の身を得むと欲す。(中略)この樹の下に住りて、三日三夜、法華経を誦せよ。経の威力に依りて、我が苦の身を転じて、浄妙の身を受けむといへり。

という。翁の道祖神は、行疫神たちの先払いの役を勤めることになっているが、馬が足に怪我をしたため、休むことになっていた。ところが、道公が足を治療してくれたおかげで道祖神は役割を果たせたというのである。道祖神である木の下の翁は、疫神が国中を巡る時には必ず前駆となるのが公事《くじ》であったと言い、先払いの役を果たしている。縁起の末尾には、道公が道祖神の言葉に従って三日三夜、一心に『法華経』を誦すことにより、道祖

神は観音の浄土に転生することができたとある。以上は、苦界の下級神が法華経聴聞の功徳《くどく》によって解脱するという内容の仏教説話ではあるが、村の境界に民衆によって祀られた道祖神が下賤の翁として描かれているところが興味深い。

『宇治拾遺物語』巻一においても、道命《どうみょう》の法華経読誦の霊験譚にちなんで、下級の道祖神が登場する。そこでもやはり道祖神は下賤なイメージの翁として描かれている。道命は、読経にすぐれた僧であったが、一方で色事にもふけっていた。ある夜、道命は和泉式部のところを訪れて寝ていたが、ふと目を覚まして『法華経』を一心に読みはじめた。八巻を読み終えた頃、人の気配がしたので誰かと尋ねた。すると、五条西洞院のあたりに住む翁であるという。

「こは何ぞ」と道命いひければ、「この御経を今宵承りぬる事の、生々世々忘れがたく候ふ」といひければ、道命、「法華経を読み奉る事は常の事なり。など今宵しもいはるるぞ」といひければ、五条の斎曰く、「清くて読み参らせ給ふ時は、梵天、帝釈を始め奉りて聴聞せさせ給へば、翁などは近づき参りて承るに及び候はず。今宵は御行水も候はで読み奉らせ給へば、梵天、帝釈も御聴聞候はぬひまにて、翁参り寄りて承りて候ひぬる事の忘れがたく候ふなり」とのたまひけり。

これによれば、翁は、五条の斎《さい》、つまり、五条の道祖神であった。普段、道命の読経が聞きたくても梵天《ぼんてん》や帝《たい》釈《しゃく》といった天部の神々が聴聞しているので、翁の道祖神などは、近くに参上して聴くことができなかった。ところが、今宵は、道命が和泉式部と交わったあと身を清めずに『法華経』を誦したので、梵天や帝釈が聴聞することがなく、翁が近くに参って拝聴する機会を得られた。五条の道祖神は、仏教系の神に比べてずっと下位の神格として描かれているのである。

『法華験記』と『宇治拾遺物語』の両話によると、道祖神は、境界にいる下劣な神で、化現する時は翁の姿をとる。前者において、翁の道祖神は、疫神の行列の前駆となって先払いの役を務めていた。後者においては、女性と交わってから『法華経』を誦した僧の前にやってきたが、この場合は、僧が穢《けが》れているからこそあらわれたことになるだろう。道祖神が境界にいる存在として、穢れの場にふれるという点は、猿楽者《さるがくしゃ》の位相と近いものがある。

（1）山本ひろ子『異神』（平凡社、一九九八）五八七頁。

（2）松岡心平「神仏習合と翁」（『国文学』四四巻八号）。

（3）『元亨釈書』巻第二十六

鎮窮㆓水源㆒到㆓滝下㆒。側有㆓草庵㆒。白衣老翁居焉。鎮問。住㆑此幾年。姓名為㆑誰。答曰。吾名行睿。隠㆓約此地㆒已二百歳。持㆓千手千眼神呪㆒我待㆑汝者久。今来也。我有㆓東州之行㆒未㆑果。汝暫替㆑我捿㆑此。此地又好㆑建㆓練苦㆒。乃指㆓庭前株桂㆒曰。我以㆑是擬㆓大悲像材㆒。吾若遅帰。汝先営之。言已向㆑東而去。過㆑期而不㆑返。鎮出㆑庵。尋求不㆑能㆓相見㆒。一日到㆓山科東峰㆒見㆓翁履㆒。鎮取㆑履而帰。思念。恐此翁大悲之応現也。

第四章　秦氏集団の信仰と翁の生成

八幡神と稲荷神は、翁の形象をもとる神々である。日本を代表するこの二神への信仰には、渡来集団秦氏が深くかかわっている。また、秦氏の氏神とされる松尾神の神像のなかにも古い翁の像が伝わっており、松尾神も人前にあらわれる時には、翁の姿をとる。このように秦氏が深く関与してきた日本の神祇信仰において、翁神の顕現譚が語られていることに注目したい。

秦氏は五世紀以前に古代韓国の新羅や伽耶から渡ってきた貴族的な渡来集団で、日本の文化や宗教・技術などに広く、また深い影響を与えた。特に、秦氏が祭祀していた八幡・稲荷・松尾の神々をめぐる伝承には、童子の漂着や降臨譚、母子神信仰など、韓半島の信仰伝承との共通点が少なくない。特に注目したいのは、八幡神や稲荷神の発生を説く縁起において翁と童子が互換するかたちで登場してくるという点である。翁と童子の親和は古代韓国の神話や信仰伝説、新羅花郎《かろう》（ファラン）集団の習俗などにしばしばみられる構図である。

日本の民俗や信仰伝承のなかに登場する翁と童子の互換の構造には、古代韓国、特に新羅の習俗からの影響があったのではないだろうか。その伝承の伝播を担ったのが、古代日本の信仰文化に密接にかかわっていた秦氏集団であろう。

一方、日本固有の神ではなく、外来のいわゆる渡来神は、翁の形象をとる場合が少なくない。そして、その多くは、韓半島経由の神々である。渡来の護法神として強力な霊威をもっていた新羅明神や赤山《せきざん》明神、摩多羅《またら》神は、本来古代韓国の山岳信仰に由来する神であったが、高僧の入唐求法《にっとうぐほう》にともなって来臨している。その来臨譚において、これらの渡来神が、老翁の姿をとってあらわれるところに注目したい。

中世に翁神が集中してあらわれるのは、このような韓半島からの渡来文化の影響によるところが大きかっただろう。日本の基層文化形成においてはもちろん、中世における翁神信仰の成立においても、古代韓国からの影響が強かったのではないだろうか。以下、韓半島からの渡来文化と深くかかわっている日本の翁神をめぐる信仰について述べていきたい。

一　秦氏にかかわる信仰と翁

(一)八幡信仰

①八幡縁起と韓半島の信仰伝承

秦氏の文化圏と八幡神成立

渡来集団秦氏が密接にかかわっていた八幡や稲荷、松尾信仰などには、渡来文化の影響が濃厚であるが、そのなかでも、古代韓国の文化が日本にどのようなかたちで流れ込んできたのかということを具体的に追究できるのが八幡信仰である。八幡信仰は、新羅系渡来集団が持ち伝えた信仰習俗が基礎となって成立したが、その事情は縁起のなかから克明にたどることができる。

八幡信仰が発生した北九州は、古代から新羅系の渡来集団が住み着き、渡来文化が栄えていた地域である。中国の『隋書』倭国伝巻八十一、列伝第四十六には、「明年上遣二文林郎裴清一使二於倭国一。渡二百済一。行至二竹島一。南望二耽羅国一。経二都斯麻国一。逈在二大海中一。又東至二一支国一。又至二竹斯国一。又東至二秦王国一。其人同二於華夏一。以為二夷洲㆒。疑不㆑能㆑明也」とある。この記録は、隋の大業四年（六〇八）に隋使裴世清《はいせいせい》が来朝した時の順路を書いているものであるが、百済から九州へ上陸した隋使らが、筑紫国とされる竹斯《つくし》国からさらに進み、東にある「秦王国」にいたるまでの経路が記されている。「秦王国」とは、秦人の居住地の意味であり、その位置は豊前国とするのが通説である。(1) また、平野邦雄・泊勝美氏らによって紹介されているように、『正倉院文書』大宝二年（七〇二）所収の豊前国の戸籍のうち、上三毛《かみつけ》郡塔《とう》里・上三毛《かみつけ》郡加自久也《かじくや》里・仲津《なかつ》郡丁《てい》里のものが残っているが、そのなかには秦部・勝《すぐり》姓(2)を併せて秦系に属する人が八割以上におよぶ。『隋書』や『正倉院文書』の記録をとってみても、豊前国の周辺は、新羅系の渡来集団である秦氏が勢力をのばしていた地域だったことが容易に推察できる。

さらに、渡来集団秦氏が密集していた豊前国には、韓半島の信仰習俗が直接入ってきていたと考えられる。その事情をよく示しているのが、『豊前国風土記』の次の逸文である。香春《かわら》の郷の地名起源説話のなかの「新羅国神」の渡来を語る伝承である。

昔者、新羅の国の神、自ら渡り至来りてこの河原に住みき。便即ち名けて鹿春の神と曰ひき。

ここには、河原に来臨した「新羅国神」が「鹿春《かはる》の神」といわれたとされており、その神は、香春岳の一ノ峰の香春神社に勧請されていることが記されている。当社の神官である赤染氏は、「秦氏と同族、または同一の生活集団を形成した氏族で、恐らく新羅系帰化人」(3)であるとされ、新羅系の渡来集団が密集している豊前の香春に新羅国神信仰を持ち伝えたのが韓半島からの渡来集団、特に、秦氏族である可能性をうかがわせる。こうした新羅国神の来臨と連動すると考えられるのが、豊前における八幡神の出現である。八幡神もまた、秦系辛嶋《からじま》氏が祝《はふり》や禰宜《ねぎ》として奉祀してきた神である。

八幡信仰の古伝承を集大成した鎌倉末期の『八幡宇佐宮御託宣集』（以下『託宣集』とする）巻五には、八幡神に関して、

辛国の城に始て八流の幡を天降して、吾は日本の神と成れり。

とある。八幡神が初めて「辛国の城」に八流の幡と天降り、「日本の神となった」というくだりは、八幡神の渡来神としての外来性を物語るものである。八幡神が「辛国《からくに》」という名前からして韓半島的な場所に降りてくるのである。八幡信仰の縁起類のなかで最も古い『宇佐八幡宮弥勒寺建立縁起』（以下『建立縁起』とする）には、「辛嶋勝乙日即為㆓其祝㆒焉」「以㆓辛嶋勝意布売㆒為㆓禰宜㆒也」「以㆓辛嶋勝波豆米㆒為㆓禰宜㆒」とあって、八幡神を奉祀してきたのが辛嶋勝乙日《からしまかつのおとひ》・辛嶋勝意布売《からしまかつのいふめ》・辛嶋勝波豆米《からしまかつのはつめ》などの秦系辛嶋氏の人々であり、「辛国」にあらわれた八幡神と秦氏族の間には深いかかわりがあったのである。八幡神と新羅国神は、国外からやってきて、「辛国」や「河原」という渡来集団の居住地と思われる場所に出現したと伝承される点や、辛嶋氏と赤染氏という秦系氏族によって祭祀された点で類似する神である。八幡神や新羅国神が、秦氏集団が集中している豊前へ来臨するとされることは、秦氏集団の渡来にともなって彼らの信仰習俗が日本にもたらされたことをうかがわせ、そこには、渡来信仰の土着化の現象が書きとどめられていると考えることができよう。

こうした八幡縁起伝承からは、八幡神の成立に秦氏族が直接かかわってきていることが十分に考えられる。し

かし、その一方、八幡神の本源をめぐる言説は多元的であり、八幡信仰の成立に関しては決して単純にはいえないものがあるだろう。『建立縁起』には、八幡神がまず「辛国」に天降った後、各地を移動し「御許山馬城嶺」に示現したとする神の巡幸説がある一方、八幡神を応神天皇の御霊とし、当初から「御許山馬城嶺」にあらわれたとする別系統の伝承が、一つの縁起のなかでともに語られている。そして、『託宣集』巻五でも、八幡神の外来説と八幡神の応神天皇御霊説が共存している。このように、八幡神の成立に関して、系統を異にするような言説が共存して語られる背景には、神職団として八幡信仰を担ってきた宇佐・辛嶋・大神《おおが》の三氏族の信仰伝承が絡みあっているという状況の反映と見ていいだろう。『建立縁起』冒頭の一文には「定二大神朝臣・宇佐公両氏一任二大少宮司一以二辛嶋勝氏一為二祝禰宜一」と、大神・宇佐・辛嶋氏の三氏族が宮司や祝・禰宜として奉仕していたことが、端的に示されている。八幡信仰の成立を明らかにするためには、この三氏族が八幡神成立にどのように関与してきたかを考察することが重要であると思われる。

八幡神の成立に関する先行研究は少なくないが、そのなかでも『八幡信仰と修験道』などの中野幡能氏の業績は最も大きく、氏によって八幡信仰に関する問題の多くが解明されたといっても過言ではない。特に大神・宇佐・辛嶋氏三氏族の八幡神の成立へのかかわりを説くなかで、なによりも渡来系の辛嶋氏信仰との関係を前面に出している点が注目される。氏は、八幡信仰において、日本固有の神祇信仰が大陸の民族宗教をどのようなかたちで受容し発展させたかについて問題にしつつ、その一つの要素として、辛嶋氏の祖神伝承が八幡の縁起に流れ込んでいることについて論じている。特に、『扶桑略記』や『東大寺要録』に見られる、八幡神があらわれる時に鍛冶翁と童子の姿をとるという伝承が問題となる。中野氏は、菱形池の鍛冶翁伝説が、渡来系辛嶋氏の宗教文化と土着の宇佐氏の宗教文化とを融合した時の伝承であるとし、鍛冶翁が韓国系のシャーマンであるとする。八幡神の鍛冶翁としての顕現を、古代韓国からの渡来文化の影響とみているのであるが、こうした氏の見解は、翁としてあらわれる八幡神に関するもっとも重要な視点といえる。

また、八幡信仰の形成における宇佐・辛嶋・大神の三氏族の関連を明確に論じている逵日出典氏の『八幡宮寺成立史の研究』も見逃せない研究である。氏は、中野氏を含む先学の論考をふまえた上で、八幡信仰の成立と三氏族の関連を次のように説く。すなわち、宇佐における神体山信仰といえるような原初信仰があって、その上に、新羅系の渡来集団の一派である辛嶋氏が、道教と仏教が融合した朝鮮系巫覡《ふげき》信仰を宇佐の地にもたらしたとする。そして、宇佐・辛嶋両氏族の信仰が融合し、宇佐に特異な宗教的土壌が培われていったが、そこへ、大神氏が宇佐の地に入り、応神霊を付与したと、説明している。こうした流れは、今までの八幡信仰研究の主張と大きく変わるものではないが、土着の信仰としての宇佐の神体山信仰に深くふれている点は新しく、氏の研究の特徴でもある。宇佐氏の神体山信仰、即ち宇佐南方の御許山の頂上には三巨石があって、これが磐座《いわくら》・磐境《いわさか》であり、ここに神が宿るという御許山信仰を八幡信仰成立以前の宇佐地方における原初信仰としてみているのである。

以上のように代表的な八幡信仰の研究では、八幡神の成立にとって辛嶋氏の信仰文化からの影響が大きいことが説かれている。とりわけ、大陸系シャーマニズムの色の濃厚な信仰伝承が生まれてくる背景を辛嶋氏系の信仰文化からの影響だと説明している。こうした主張は妥当であるが、八幡信仰伝承の源流としての辛嶋氏系の信仰伝承の実態を韓半島のそれと照らしあわせて具体的に論及してきたとはいいがたい。八幡信仰の縁起伝承では「母子神信仰」や「日光感精」説話、「童子の降臨」説話など、大陸系の信仰伝承が中軸として働いている。特に、八幡神が鍛冶翁としてあらわれ、童子に変じるという神の顕現譚が取り組まれることにより、シャーマニスティックな八幡信仰世界はより強力なものとなる。このように八幡信仰世界を構築していくモチーフとなるものが、古代から韓半島を経由し日本に、とりわけ北九州の秦氏文化圏に流れ込んだ大陸系信仰文化だろう。八幡縁起に流れ込んだ韓半島からの信仰伝承について詳しく考えてみよう。

母子神信仰

八幡縁起のなかで最も早い『建立縁起』には、大神氏系と辛嶋氏系の伝承とみられる八幡神の発生縁起が二種類収められている。その一種は、大神氏系の伝承とされるが、次のようなものである。

右大御神者、是品太天皇御霊也。磯城嶋金刺宮御宇天国排開広庭天皇欽明天皇也御世、於二豊前国宇佐郡御許山馬城嶺一、是嶺在今𠮷二反歌宮南方御許山六人行者記云、即以二此三之石一為二三所身一、以二三之鉢水一為二三身之意一、乃至宇佐郡御許山嶺、為二鎮護王城一、為二三柱石躰一向二丑寅方一而顕坐、文、私曰、三所石躰并正像末三鉢、此時同出現給歟、始顕坐、爾時大神比義、歳次戊子、私曰、相二当欽明天皇二十九年一、或記曰、同御宇卌二年辛卯化顕云云、両説歟、始建二鷹居社一而奉レ祝之、即供二其祝一孫多乎若此三字誤歟、義理不レ通、経二多年一歟、更改移二建菱形少椋山社一矣、以上弘仁六年十二月十日神主正八位下大神清麻呂解状也

八幡神は品太《ほんた》天皇（応神天皇）の御霊として、欽明天皇の時、宇佐地方の霊山とされる馬城嶺に顕現した。そして、戊子年に大神比義《おおがひぎ》が鷹居《たかゐ》社を建てて奉り、みずから祝となったとし、のちには菱形少《ひしかたのお》椋山《くらやま》の社殿に遷座したとされる。この記述は、文末の割注に「以上弘仁六年十二月十日神主正八位下大神清麻呂解状也」とあるように、弘仁六年（八一五）の神主大神清麻呂解状によるもので、大神氏に伝わる伝承として知られる。このような大神氏系伝承において注目されるのは、八幡神を応神天皇の御霊とする説が縁起の真っ先にあげられている点である。通説では、新羅との外交問題で悩まされるなかで、元の八幡神に、北九州に新しい守護神として普及していた応神天皇の神格が与えられたといわれている。なかでも、中野氏は、神功皇后・応神天皇という母子神信仰が新羅と最も緊張関係にあった古代筑前を中心にして起こってきたとし、それを鼓吹していた氏族が北九州の

大神氏であり、大神氏の一族が応神天皇の信仰を辛嶋氏の宗教体制のなかに持ち込んだと述べている。[4] 氏は、神功皇后の新羅遠征譚を例にあげ、神功皇后・応神天皇という母子神信仰が鼓吹されたものとみている。

三品彰英氏の場合は、神功応神伝説を海童型物語の類型とみている。三品氏の論著には、[5] 八幡神と応神天皇が結びつくのは神功皇后を媒介としてであるという卓見が述べられている。氏は、八幡伝説のうちでも古いかたちを伝える大隅正八幡の「日の御子の漂着」のような「海の母神と御子神」という民間伝承がすでにあり、そうした海童型物語を素材として、記紀の記す応神誕生譚が神話的に語られたとする。さらに、記紀が記述する神功・応神伝説は、御子の漂着譚のような民間伝承を媒体として八幡神と結びつくのであり、そこから八幡神即応神説が導き出されたというのである。続けて氏は、大隅八幡縁起は、海の母神と御子神の漂着譚であり、御子の漂着譚が韓半島の童子漂着や日光感精、母子神信仰などと深くかかわっていることを指摘した。

まず、母子神信仰を骨子とする八幡伝説が古代韓国に伝わる信仰伝承と酷似していることに注目したい。建武二年（一三三五）の奥書をもつ『惟賢比丘筆記』所収「大隅正八幡宮本縁事」には、大隅正八幡宮における八幡神顕現説が次のように書かれている。

震旦国陳大王娘大比留女、七歳御懐妊、父王怖畏をなし、汝等未幼少也、誰人子有慥申べしと仰ければ、我夢朝日光胸覆所娠也と申給へば、弥驚て、御誕生皇子共、空船乗、流れ着所を領とし給へとて大海浮奉、日本大隈磯岸着給、其太子を八幡と号奉、依此船着所を八幡崎と名、是継体天皇御宇也、大比留女天筑前国若椙山へ飛入給後、香椎聖母大菩薩と顕給へり、皇子大隈国留りて、正八幡宮祝れ給へり震旦《しんたん》国陳大王の娘である大比留女《おおひるめ》は、夢中で日光にあたって妊娠し、七歳で男子を産んだ。畏れた大王がその話を聞いてから、母子を空船《うつほふね》に乗せて流し、母子は、大海に浮んで、日本の大隅磯に流れ着いた。その太子を八幡と号し奉り、母大比留女は、筑前国の山へ飛んで行って、香椎聖母《かしいしょうも》大菩薩としてあらわれた、という。

一方、古代韓国の最も古い歴史書『三国史記』(一一四五年成立)巻第十二・敬順王条には、

政和中、我朝遣尚書李資諒、入宋朝貢、臣富軾以文翰之任輔行、詣佑神館、見一堂説女仙像、館伴学士王黼曰、此貴国之神、公等知之乎、遂言曰、古有帝室之女、不夫而孕、為人所疑乃泛海抵辰韓生子、為海東始主、帝女為地仙、長在仙桃山、此其像也、臣又見大宋国信使王襄、祭東神聖母文、有娠賢肇邦之句、乃知東神、則仙桃山神聖者也、然而不知其子、王於何時

とある。宋の政和年中(一一一一~一七)、つまり、高麗の睿宗王時代、『三国史記』の著者でもある金富軾《キムブシク》が使臣として宋に入った時の話である。金富軾が佑神館に詣でた時、堂に祭られている女仙の像に出会った。そこで、使臣の接待官である王黼は、女仙像を指して、「貴国の神であるが、知っているか」と聞き、女仙像にまつわる伝説を語ってくれた。すなわち、ある王室の娘が独身なのに身ごもった。人に疑われたので、海に浮かんで辰韓にいたり、太子を生んだが、その太子が海東の最初の王となり、王女は地仙となって、仙桃山(慶州の西側にある山とされる)に住んでいたという。これと同様の内容が仙桃聖母に関する逸話として、十三世紀半ばに刊行された『三国遺事』第五巻、第七感通・仙桃聖母随喜仏事条にも見えている。『三国遺事』は、仙桃山に住む仙女が黄金を渡して安興寺の仏殿修理を手伝ったこと、この仙女は中国皇帝の皇女であったが新羅の仙桃山にとどま

り新羅国を鎮護したという話の後に、『三国史記』に見られるような皇女の流離譚を載せている。さらに、この記録のなかには「始到辰韓也、生聖子為東国始君、蓋赫居閼英二聖之所自也」と記され、聖母（皇女）が始めて辰韓に来て生んだ子が東国の王となったとし、それは、新羅初代王となった赫居世《かくきょせい》と、皇后となった閼英《あつえい》であろうと付け加えている。

こうした皇女の流離譚、または母子の漂着譚とみられるような仙女の仙桃聖母伝承と酷似したものが新羅王朝の神話として伝えられている。『三国遺事』第一巻、第二紀異・四代脱解王条には、新羅二代南海王の時、鶏林の阿珍浦に舟が流れ着いたが、なかには一つの櫃《ひつぎ》が載せられていた。櫃を開けてみると、一人の童子が入っており、出自を次のように述べる。

我本龍城国人（中略）父王含達婆、娉積女国王女為妃（中略）産一大卵、於是大王会問群臣、人而生卵、古今未有、殆非吉祥、乃造櫃置我、并七宝奴婢満載於船中、浮海而祝日、任到有縁乃地

龍城国(6)含達婆王と后の間の子である王子脱解《だっかい》は、大卵として生まれたが、卵生であったため不祥事とされ、櫃に入れられ、船に乗せられて流されたというのである。

以上の『三国史記』や『三国遺事』と八幡縁起にみられる母子漂着伝承を比べると、王女が夫もなく妊娠し、母子ともに、あるいは、王子だけが船に乗せられて流された点、また、漂着した母親は山へ入って聖母と呼ばれるという共通点がある。さらに、先に記した「大隅正八幡宮本縁事」には、大比留女について、「筑前国若椙山へ飛入給後、香椎聖母大菩薩と顕給へり」とあって、仏教的仙女として描かれているが、韓半島側に伝わる仙桃

聖母の場合も仏教と強く結びついている。先に述べた『三国遺事』の仙桃聖母譚冒頭に「我是仙桃山神母也、喜汝欲修仏殿願施金十斤以助之」とあり、聖母が仏殿修理を喜び金を与えて手伝ったという記述がみえるのである。このように古代の韓国と日本においては、母子の漂着譚が母子神信仰や神話を語るものとして共通して伝わっており、両国の神話伝承が緊密な交渉をもっていたことがうかがえるのである。

日光感精

『惟賢比丘筆記』所収の「大隅正八幡宮本縁事」が記録された年代は、八幡伝説のなかでも比較的新しいものであるが、その中心にある日光感精や漂着譚を話素とした神話伝承は、すでに記紀時代から用意されていた。そのなかでも『日本書紀』と『古事記』に記された天之日矛《あめのひぼこ》(『日本書紀』には、天日槍とある)伝承は、古代の韓国と日本を、特に、両国の神話世界を結びつけるものとして注目される。天之日矛伝承は、新羅王子の渡来を伝えているが、『古事記』には、王子が本国にいた時の話として、

> 新羅国に一つの沼有り。名は阿具奴摩と謂ひき。此の沼の辺に、一賤しき女昼寝しき。是に日蛇の如く耀きて、其の陰上に指ししを(中略)故、是の女人、其の昼寝せし時より妊身みて、赤玉を生みき。

という記事が載っている。すなわち、新羅国に一つの沼があって、その沼の辺りで昼寝をしていたある賤しい女が、日光に射されてから赤玉を生んだ、というのである。のちに赤玉は美麗な乙女に化したが、小船に乗って難波に流れ着き、天之日矛は乙女を追いかけて日本に渡来してきたという。卵生の乙女については、割注に「比は難波の比買碁曾の社に坐す阿加流比買神」とあって、比買碁曾《ひめごそ》社に祀られているという。この伝承は、海の母神と御子神の漂着譚という点では異なるものの、渡来人の起源譚のなかに日光感精の伝説が含まれており、さらに、

それがはっきり韓半島とかかわる話として記されているというところが重要である。実際、こうした日光感精譚を、古代韓国の神話のなかで見い出すことは難しくない。たとえば、次のような高句麗の始祖神話である。

我是河伯之女、名柳花（中略）為日光所照、引身避之、日影又遂而照之、因而有孕、生一卵（中略）母以物裹之、置於暖処、有一児破殻而出(7)

柳花《りゅうか》という女が日光に照らされて孕み、卵を生んだが、卵から一人の童子が出てきたという。同神話では、日光感精の意味を、天帝が日光を照らして男児を産ませたこととし、その子を天子と書いている。日光により卵が生まれるという話は、記紀の天之日矛伝承と共通する。女が日光により懐妊し、卵を生み、卵が人に化するという神話伝承が両国の歴史書に共通して伝わっているのである。また、両伝承においては、沼の辺りと「優渤水《ゆうぼっ》」という池を背景としており、水辺を聖地としている点でも一致する。このように日光感精や母子の漂着譚が、韓半島の信仰伝承と深いかかわりをもって語られてきており、その流れの上に、大隅正八幡縁起が成立してくるのであろう。

童子の降臨

韓半島の始祖神話を含めた説話の世界では、天孫・天子が卵生、あるいは、童子の姿で降臨すると考えられていた。新羅の始祖赫居世と四代王脱解もはじめ卵形であらわれ、童子と化した。また、『三国遺事』第二巻、第二紀異・駕洛国記条には、駕洛国《からく》（伽耶《かや》国）の始祖伝承として、

誰紫縄自天垂而着地、尋縄之下、乃見紅幅裏金合子、開而視之、有黄金卵六（中略）而六卵化為童子

とあって、天から金色の箱が降りてきたが、そのなかには六つの卵が入っており、さらにそれが童子と化したとある。こうした伽耶の始祖伝承と類似した伝承が、金閼智《きんあっち》の顕現譚である。新羅脱解《だっかい》王の四年、月城（慶州）で奇異なことが起こった。すなわち、『三国遺事』第一巻、第二紀異・金閼智条には、

見大光明於始林中一作鳩林、有紫雲従天垂地、雲中有黄金櫃、掛於樹枝、光自櫃出、亦有白鶏鳴於樹下、以状聞於王、駕幸其林、開櫃有童男、臥而即起、如赫居世之故事、故、因其言、以閼智名之、閼智即郷言小兒之称也

とある。林のなかに大きな光が見え、そこには紫の雲が天から地まで届いており、雲のなかに黄金の櫃があって枝に掛かっていた。櫃のなかから光が出ており、白鶏が樹の下で鳴いている。このことを奏聞された王が林へ行き櫃を開けると、伏していた童子が起きあがるのであった。まるで赫居世の故事のようだった。櫃から出てきた童子を閼智と名づけたが、閼智は、小児をさす言葉であるという。以上の閼智説話の場合は、卵生譚は含まれておらず、直ちに童子として降臨することになっている。

また、高句麗の前身である古代国家扶余には、山中の石の下で見つかった少子に王位を継承させたという伝説がある。つまり、『三国遺事』第一巻、第二紀異・東扶餘条によると、扶餘の王解夫婁《かいふうろう》には子孫がなく、王位継承の問題で悩んでいたため、山川の神を祭り後継者の祈願をした。その帰りに、

所乗馬至鯤淵、見大石相対涙流、王怪之、使人転其石、有少児金色蛙形

という奇異なことが起こった。王の乗っている馬が「鯤淵《こんえん》」にいたり、大石を見て涙を流したので、石を退けてみると、金色の蛙のかたちをした小児がいたのである。小児を見つけた王は「喜曰、此乃天賚」と、すなわち天から賜ったものと喜んだ。この少児は後日、太子となり王となった。このような伝承のなかで、天から賜った小児があらわれた場所が、山中の「鯤淵」という池辺であったことに注目される。李民樹氏の訳著『三国遺事』(8)では、「鯤淵」について「大きい池」と言い、「白頭山の天池を指す説がある」としている。天子の降臨が山中の水辺とかかわって語られるもう一つの例が、赫居世の神話である。卵形で降臨して小児と化した赫居世は『三国遺事』第一巻、第二紀異・新羅始祖赫居世王条に「楊山下蘿井傍、異気如雷光垂地」とあるように、楊山下の蘿井《らせい》という水辺に雷光を放して降臨した。また、『三国遺事』同箇所には、赫居世の后となった閼英も「閼英井」という水辺で生まれたと伝えている。

このように、聖なる人物が山中の水辺にあらわれることが、八幡神のあらわれ方と重なるのは興味深い。『建立縁起』には、八幡神の出現について、「於二豊前国宇佐郡御許山馬城嶺一」とあり、馬城嶺にあらわれたことになっているが、それ以後の『扶桑略記』や『東大寺要録』が伝える八幡神縁起には、「宇佐郡厩峯菱潟池之間」とあって、山中の菱潟《ひしかた》池の近くとなっているのである。正応三年（一二九〇）から正和二年（一三一三）にかけて執筆された神吽の『託宣集』では、八幡神の発生をめぐって、「宇佐郡厩峯菱潟池之間」の顕現説が引かれているが、その他にも、八幡神が宇佐郡菱形山に天童としてあらわれ、「辛国城に始めて八流の幡と天降りて、我は日本の神となれり」と出自を語ったと記されている。八幡神が山中の水辺にあらわれたり、天童として天降ったという説が、韓半島における説話の構造と似通っており、両国の伝承は深くかかわっているように思われる。こうした記述から、八幡神と応神天皇が結びつく以前から存続してきた、辛嶋氏の信仰伝承の基層にあったものが鮮明に浮かびあがってくる。

②辛嶋系八幡縁起と巫女伝承

『建立縁起』には、前述した大神氏系の伝承とは別の系統とみられる八幡神の顕現伝承が、異説として次のようにあげられており、辛嶋氏のような秦氏族が八幡信仰に直接関与していたことがはっきり示されている。

一曰、大神者初天国排開広庭天皇御世、宇佐郡辛国宇豆高島天降坐、私曰、延喜式第十神名下云、大隅国会於郡韓国宇豆峯神社云々、若此御事歟、従レ彼大和国膽吹嶺移坐、従レ彼紀伊国名草海嶋移坐、従レ彼吉備宮神島移坐、従レ彼豊前国宇佐郡馬城嶺是嶺在二今坐菱形宮南方一、始現坐、是大菩薩者、比志方荒城潮辺移坐、爾時家主上祖辛嶋勝乙日大御神之御許参向、長跪候二其命一、爰大御神成二託宣一、遂請二御命一以上家主解状詞也、古任二禰宜祝一輩也、乃静二精神一、斎謹而以候二霊託一、知二神之受不受一、蓋是宗廟儀則也云々、

続いて、次のようにある。

一曰、被二神祇官一大御神潮辺堀二出泉水一御浴、在二郡之西北角一、大御神坐二其処一御口手足洗浴、爾時豊前国坐神崇志津比咩神以奉二酒一矣、囙レ茲今号二酒井泉社一私曰、同所酒井社・泉社各別二社坐也云々、従レ彼宇佐河渡有社移坐、私曰、移坐之二字、以二今案一加レ之、古本無レ之、是瀬社事歟、依二宇佐河之瀬一号レ然云々、又此所名二驛館一也、驛路之故也、移坐二字若落字乎、同郡之東北角也。従レ彼鷹居社移坐、已上七字、以二今案一加レ之、依二前後之文心一也、爾時大御神於二其処一化二成鷹一御心荒畏坐、五人行三人殺二人生、十人行五人殺五人生給、爰辛嶋勝乙目倉橋宮崇峻天皇也、欽明天皇第十二皇子也、御宇天皇御世、自二庚戌一治世三年也、迄二任子一同五年也、并三歳之間、祈禱和二大御神心命一立二宮柱一

奉二斎敬一、曰以名二鷹居社一、辛嶋乙日即為二其祝一焉、国符裁判状偁、辛嶋勝乙日、八幡大神現坐之日、倉橋朝廷任二禰宜一、辛嶋富民、同朝廷任レ祝云々、同時以二辛嶋勝意布買一為二禰宜一也、次禰宜近江大津朝庭御世、天智天皇也、従二鷹意社一小山田社移坐、即禰宜辛嶋勝波豆米立二宮柱一奉二斎敬一矣、元正天皇、養老四年、大隈・日向両国有二征罰事一、大御神託二波豆米一宣、隼人等多殺報、毎レ年放生会可レ修レ之、云云、私曰、天平宝字五年始於二宇佐宮一修二放生会一也、又大御神託二波豆米一宣、吾今坐小山田社其地狭溢、我移二菱形小椋山一云云、曰レ茲天璽国押開豊桜彦尊聖武天皇是也御世、神亀二年正月廿七日、切二撥菱形小椋山一、奉レ造二大御神宮一、即奉レ移レ之、遷坐日不詳也以二辛嶋勝波豆米一為二禰宜一、波豆米事自二前日一為二禰宜一歟、然者爰為二禰宜一之由如何

以上の記述には、八幡神の発生縁起が、「一に曰く」として二種収められている。二つの異説は内容上緊密につながっており、ともに辛嶋氏系の伝承とされる。辛嶋氏に伝わる伝承は、先に記した大神氏系のそれとは、内容上の相違が大きい。大神氏伝承が、八幡神を品太天皇御霊、つまり応神天皇の御霊としているのに対し、辛嶋氏伝承には、八幡神を応神天皇と結びつける説はみられない。また、大神氏伝承は、八幡神をはじめから馬城嶺に顕現したとしているが、辛嶋氏伝承では、はじめ宇佐郡辛国宇豆高島に天降ってから、各地を神幸し、最後に馬城嶺に顕現したとしている。鷹居社の造立をめぐっては、大神氏系は、戊子年に大神比義により立てられたとし、彼をもって初代の祝としている。これに対する辛嶋氏系の伝承では、鷹居社の造立を崇峻天皇（五八七〜五九二）とし、辛嶋勝乙日が祝となっている。さらに、辛嶋氏伝承では社名の由来として、八幡神が鷹居社に鎮座のさい、鷹と化し「五人行くと三人が殺され、二人が生き残り、十人行くと五人が殺され、五人が生き残った」という恐ろしい説話が語られ、巫女辛嶋勝乙日が三年かけて祈り、荒々しい八幡神の心は和らいだと伝える。

以上でみてきたように、『建立縁起』のなかで語られる八幡神発生に関する伝承は、大神氏と辛嶋氏系では大

きな相違をみせる。辛嶋氏系伝承が異説として、大神氏系の伝承に付随したかたちをとっているが、大神氏系のものより詳細で具体的な叙述となっており、『建立縁起』で語られる「八幡神顕現伝承及び小椋山遷坐にいたるまでの祭祀伝承は、その殆どが辛嶋氏系伝承でつらぬかれている」(9)ように考えられる。また、八幡信仰の中心に秦系辛嶋氏の巫女集団があって、渡来の秦氏集団の巫俗信仰が直接かかわっていると思われるのである。

さきの辛嶋氏系伝承のうち二つ目の縁起によると、辛嶋勝乙日《からしまかつのおとひ》・辛嶋勝意布売《からしまかつのいふめ》・辛嶋勝波豆米《からしまかつのはつめ》ら秦系辛嶋氏の女が祝や禰宜として奉斎していたことが記されている。辛嶋勝乙日は、鷹居社を立て、祝として奉斎し、その時辛嶋勝意布売が禰宜を務めていたとある。また、八幡神が小山田社、再び小椋山に神幸した時は、辛嶋勝波豆米が禰宜として祀っていた。『建立縁起』の執筆目的は「辛嶋氏の禰宜としての重要性を強調するため」(10)だったという見解もあるように、代々八幡神に奉仕する秦系辛嶋氏の巫女伝承が詳細に語られるのである。

さらに、『建立縁起』によると、八幡信仰における重要神事である放生会の創始には、禰宜波豆米が直接かかわっていたことがわかる。養老四年に大隅・日向両国に対する征伐があったが、波豆米が「隼人らを多数殺したのに報いるため、毎年放生会を行うべし」という八幡神の託宣をうけたのが放生会の始まりとなったという。これと関連する記事として『扶桑略記』には、養老四年九月、大隅・日向両国で乱逆があったので、朝廷は宇佐宮に祈請し、禰宜辛嶋勝波豆米が神軍を率いて両国を征伐したという記事がみえる。また、『託宣集』五巻には、「禰宜辛嶋勝波豆米大御神之御杖人女官名也立御前。行幸彼両国」とあって、波豆米が八幡神の御杖人として日向・大隅に赴いたと記している。一方、こうした波豆米は、住吉明神の託宣を受け、新羅外征に出る神功皇后に重なると思われ、興味深い。

このように放生会の創始と結びついたかたちで波豆米の逸話が語られているのは、秦系辛嶋氏の巫女らが八幡信仰の中心におかれ、密接にかかわっていたことを端的に示してくれるものである。『建立縁起』には、この他に辛嶋勝久須売《からしまかつのくすめ》・志奈布女《しなふめ》・與曽女《よそめ》という巫女の名がみえる。また「(辛嶋勝久須売を)補二禰宜一、爰雖レ経二数年一、無二託宣一、仍天平宝字七年、解二去之一、以二其子志奈布女一補レ之」とあって、辛嶋勝久須売が禰宜を務めて数年経っても託宣をうけることができなかったため、久須売を解任してその娘の志奈布女を禰宜として任じたと言い、八幡神を祀る禰宜職が辛嶋系の女の間で世襲されていた。こうみてくると、八幡信仰においては、巫女が信仰の中枢にかかわっており、比較的女性の影が濃いという特徴があることがわかる。

③シャーマン的鍛冶翁

『建立縁起』成立以後の『扶桑略記』や『東大寺要録』などが記す八幡神の発生縁起においては、八幡神と応神天皇を結びつける説が通説とされる一方、『建立縁起』にはなかった八幡信仰独特の縁起譚が新たに加わっている。十二世紀前半以前に成立したとみられる『扶桑略記』には、八幡神の翁としての顕現について、次のように記される。

> 八幡大明神顕二於筑紫一矣。豊前国宇佐郡廐峯菱瀉池之間。有二鍛冶翁一。甚奇異也。因レ之大神比義絶レ穀。三年籠居。即捧二御幣一祈言。若汝神者。我前可レ顕。即現二三歳少児一云。以レ葉託宣云。我是日本人皇第十六代誉田天皇広幡八幡麿也。我名曰二護国霊験威身神大自在王菩薩一。国々所々垂二跡於神明一。初顕坐耳。一云。八幡大菩薩初顕二豊前国宇佐郡馬城峰一。其後移二於菱形小倉山一。今宇佐宮是也。(11)

宇佐郡廐峯（馬城峯）の菱瀉池の辺りに、鍛冶翁が出現した。甚だ奇異だったので、大神比義が三年間穀を絶って祈願したところ、たちまち三歳の少児として化現し、みずからを誉田天皇広幡八幡麿（応神天皇）と称し、名を護国霊験威身神大自在王菩薩と語ったという。八幡神が応神天皇や護国霊験威身神大自在王菩薩を名のる点と末尾の「一云」以下の部分は、『建立縁起』の大神氏系伝承と共通する。ところが、この伝承には、『建立縁起』には全く記されていなかった鍛冶翁の伝承が書きとどめられている。この伝承において、鍛冶翁は、八幡神の仮りの姿であり、道士やシャーマンに近い存在として描かれている。特に、翁の八幡神が小児に身を変じるという点は、道教的あるいはシャーマニズム的な色合いが濃厚に含まれているように思われる。

日本の神祇信仰において、八幡神がシャーマン的鍛冶翁としてあらわれるというような、いわゆる、神が翁の形象をとる翁神顕現譚が語られるのは、院政期から中世にかけて集中している。『伊勢物語』は、古代から「現人神」とされた住吉明神を現行する神、つまり、人の前に姿をあらわす神として描いているが、こうした住吉明神が翁としてあらわれるのが十一世紀半ばであり、住吉明神は八幡神とともに神としての翁の顕現という思想史の流れのはじまりに位置する神であった。中世翁神信仰隆盛の先頭に立っている両神は、翁と童子の両方の姿をとってあらわれるという共通点がある。八幡神は、鍛冶翁から童子に化するという両面性をもっており、または、天童として降臨するとされる。住吉明神の場合も翁であらわれる時もあれば、童子であらわれる時もあり、翁童双方のイメージをもっているのである。神が翁と童子の両様のあらわれ方をするということは、老いと若さという身体の互換を自由に行える神仙的世界に近い思考であると考えられる。

住吉明神と八幡神の翁の顕現伝承を発火点として、中世には、稲荷神をはじめ新羅明神・摩多羅神・赤山明神などの多くの神々が翁の形象をとってあらわれる。こうした中世に集中する翁神現象を説明する上で、山折哲雄氏の論考は、示唆するものが大きい。氏は、古代末から中世にかけてあらわれる、「翁」現象の発生と展開について論じるなかで、特に、『扶桑略記』の八幡神の縁起について、次のように述べる。

> この縁起にしめされている神示現の構想は、まずはじめに八幡の本地が大自在王菩薩であり、それが具体的な働きをするときは「鍛冶翁」の姿をとってあらわれるという点に存する。この場合「翁」のイメージの背後には、八幡神という「カミ」の働きがかくされているのであり、また同時にこの翁の託宣を通して、本地仏・大自在王菩薩の存在が暗示されているのであって、いわば翁はホトケ的な領域とカミ的な領域とを結びつけ媒介する「化」の存在として、山中の池の辺りに出現しているのである。これを関係図におきかえてみると、本地（大自在菩薩）→垂迹（八幡神―応神天皇と同体）→化（鍛冶翁）、ということになるであろう。[12]

つまり、翁は、神仏習合が発展する院政期や中世において、仏と日本土着の神を結びつける強力な神人的存在として活躍していたということである。これは、八幡信仰に限らず、多くの寺社縁起のなかで語られる翁の伝承にも当てはまると考えられる。例えば、『白山之記』によると、「澄又昇二右峯一見二一奇服老翁一神宇閑雅。語曰。我是妙理大菩薩之弼也。名曰二大己貴一。西刹主也。言已又隠」とあって、怪しい服装をした老翁は、白山の地主神である一方、妙理大菩薩を本地とするのである。このように、翁の出現を神仏習合理論の基調となる本地垂迹説と関係づけて考えるのは、次の逵日出典氏の場合も同様である。氏は、『扶桑略記』にみえる八幡神顕現伝承の変化を本地垂迹説の浸透によるものと説く。つまり、本地仏の設定をともなった本地垂迹説の普及は十一世紀後半から十二世紀と見られ、この間、本地仏の具体的設定に続いて本地仏の造像安置も普及し、本地垂迹説は視覚をともなって世に広く深く浸透することになったという。こうした本地垂迹説の発展を背景にして、翁と童子の登場という中世的形態をとったのが『扶桑略記』所収の八幡神の顕現伝承であると語っている。(13) このような見解は、院政期から中世にかけて集中する翁神が、神仏習合の展開と関係深いことをよく説いているものである。

ここで看過できないのは、渡来文化の影響によって生み出された八幡神のような渡来的な翁神が、中世以降の文化現象としての翁の原型にあたるということである。

中世に集中する翁と渡来文化の関係を考える上では、松岡心平氏によって提示された次のような視点が注目される。氏は、今までの翁研究の流れをふまえて、神仏習合的なところに翁の形象が出てくるとし、神と仏が結び合おうとする時に第三の新しい神々の領域が生み出され、そのような強度の霊域にいるのが翁であると論じる。一方、日本の山岳宗教には、韓半島経由の道教的シャーマニズムが強力に入りこんでいるが、このことと翁との関係は深いとし、道教が神と仏を結んで翁を産出した可能性が大きいと指摘する。(14) このような指摘には、渡来文化の影響という視点から中世に集中する翁神の由来を追求するための手掛かりが示されている。特に、翁の八幡神の顕現を考える上では、松岡氏が見通しとして提示しているように、山岳宗教と韓半島経由の道教が融合して展開される修験文化と深く連関していることを看過することはできない。

八幡本来の縁起ではみられなかったシャーマン的鍛冶翁の顕現譚が、十二世紀になってから八幡縁起として書き加えられることは、日本において山林修行がはじまり、韓半島系道教の影響が強い修験文化が展開されることを背景としていると考えられる。院政期から中世にかけて修験の世界がテキスト化されるが、その時、古代韓国から影響を受けつつ土着化していた道教的シャーマニズム的宗教伝承が、テキスト上に浮かびあがってきたのではないだろうか。鍛冶翁伝承とともに語られる大神比義の五穀をたつ苦行譚も、仙人になるために行う道教の術に近いものである。『託宣集』に、大神比義が「跡を幽仙に匿し、身を化道に出す。生無く、滅無く、齢五百に余れり」とあって、仙翁として描かれているのは、八幡神成立と道教的信仰の深いかかわりを示唆している。

一方、このような大神比義の苦行譚が、韓半島の道教的シャーマニズムと共通の思想をもって語られているのは、両国の山岳信仰の近似性を示している。『三国史記』巻第四一・金庾信条が伝える金庾信《きんゆしん》の逸話には、花郎《かろう》[15]時代の少年金庾信の修行譚が次のように述べられる。

> 独行入中嶽石崛、斉戒告天盟誓曰、敵国無道、為豺虎以擾我封埸、略無寧歳、僕是一介微臣、不量材力、志清禍乱、推天降監、仮手於我、居四目、忽有一老人、被褐而來（中略）授以秘法

金庾信が新羅の三山の一つである中獄の石窟に入り、斎戒してから天に告げて誓うに「敵国は無道であり、豺《やまいぬ》や虎となって我国を侵略し、ほとんど安らかな年がありません。私は一介微臣で材力をはかることができないが、禍乱を清めることを志します。天より降臨して私に手を貸してください」という。このように斎戒して誓願をした四日目、一人の老人があらわれ秘術を伝授されるという奇瑞が起きたという。つまり、この飲食行動をつつしむことを含めた洞窟での四日間は一種の苦行であり、大神比義の行う穀断ちと同質のものと考えられる。こうした金庾信の苦行と、それによって得られた翁の神との交流の構図が、大神比義譚の構造と共通するのである。さらにこの箇所には、金庾信は中嶽石崛にあらわれた老人に、「伏乞長者憫我精誠、授之方術」と、方術を教えてもらうことを乞うたとあり、別の山奥に入って祈願した時にも「天官垂光、降霊於宝剣」と、天官神が霊威をみせたことが記されている。このように、花郎金庾信の逸話には、方術や天官神という道教系信仰の色合い

が濃く、それは、大神比義の祈願譚成立の基礎にあるものと共通するのである。

また、『扶桑略記』と同時代に書かれた『東大寺要録』巻第四、諸院章第四・八幡宮条も、八幡神が、鍛冶翁と三歳の童子としてあらわれたという伝承を次のように伝える。

筑紫豊前国宇佐郡。廐峯菱瀉池之間。有㆓鍛冶翁㆒。甚奇異也。因㆑之大神比義。絶穀三年籠居精進。即捧㆓御幣㆒祈言矣。汝神者我前可㆑顕。即現㆓三歳少児㆒立㆓竹葉㆒。託宣云。我是日本人皇第十六代誉田天皇広幡八幡麿也。我名曰㆓護国霊験威力神通大自在王菩薩㆒。国々所々垂㆓跡於神道㆒。是初顕御座。是即欽明天皇御時也。

以上は、前述の『扶桑略記』の記事とほとんど変わらない。ところが、「即ち三歳少児現し竹葉に立ち」とあり、八幡神が童子と化する時、竹葉に立っていたとする部分は、『扶桑略記』にはみえない。のちの『託宣集』になると、「於㆓竹葉上㆒宣」に変わるが、中野幡能氏は、三歳の小児が笹の葉にのって託宣をするという逸話が、韓国のシャーマニズムの影響のもとにあるとし、この縁起譚には韓文化・中国文化・日本文化が統合されていると分析している。そして、このような伝承の背景に、中国固有の信仰である道教が、韓国では南山などで巫道や中国仏教と交わりながら日本に入ってきたと指摘する。(16)

氏の指摘にあるように、古代韓国では、竹葉が霊力をもつものとされていた。『三国遺事』には、新羅時代の竹現陵の地名起源説話として、竹葉が兵士と化して戦い、新羅軍が勝利を治めたという不思議な伝承が書き残されている。すなわち、第一巻、第二紀異・未鄒王と竹葉軍条には、「久不能抗、忽有異兵来助、皆珥竹葉、與我軍並力、撃賊破之、軍退後不知所帰、但見竹葉積於未鄒陵前」とあって、新羅軍が敵軍に抵抗することができなくなると、忽ち耳に竹葉をさした兵士たちがあらわれて新羅軍と力を合わせて戦ったが、敵軍を追い返したのちに兵士たちはいなくなり、竹葉だけが未鄒《みすう》王の陵の前に積んであったという。人々は、竹葉が兵士と化したのは、先王（新羅の十三代未鄒王）の霊力だったことと知り、未鄒王の陵を竹現陵と名づけたという。竹の葉には、霊力が宿ると観念されていたのである。

このように院政期から中世にかけて新たに書き加わった八幡信仰の鍛冶翁と童子をめぐる伝承は、韓半島の神話伝承との深いかかわりを垣間見せるのである。

(2)稲荷信仰

①異相の老翁

稲荷信仰は、八幡信仰とともに日本を代表する信仰であるが、両信仰の間には、興味深い共通点がある。八幡神が鍛冶翁として顕現したように、稲荷神が人の前にあらわれる時には、翁の姿をとり、両神ともに渡来集団秦氏が深くかかわっているのである。

稲荷大社の本来の縁起譚とされる『山城国風土記』逸文には、

称ニ伊奈利一者。秦中家忌寸等遠祖伊呂具秦公。積ニ稲粱一有ニ富裕一。乃用レ餅為レ的者。化成ニ白鳥一飛翔居ニ山峯一生レ子。子化成レ稲。遂為レ社。

とあって、渡来系秦氏と稲荷神が特別な関係をもっていたことを示唆している。つまり、秦中家の遠祖伊呂具は大富豪であったが、餅を的にして射たところ、白鳥と化して飛び去り、山の峰にとまったが、そこに稲が生えて育ったので、社名をイナリとしたという。以上の伝承は、秦氏が稲荷社の創始に直接関与していたことを暗示する。時代が下って鎌倉初期の『年中行事秘抄』には、稲荷社の創立について、「此神和銅中、始顕ニ坐伊奈利山三箇峰平処一、是秦氏祖中家等、抜レ木殖蘇也、即彼秦氏人等、為ニ禰宜・祝一、供ニ仕春秋祭等一、依ニ其霊験有一、被レ奉ニ臨時御幣一」とあり、稲荷三社の起源を和銅年中（七〇八～七一五）とし、禰宜・祝の職は秦氏族が占めていたことを説いている。

一方、中世の稲荷神顕現をめぐる縁起類には、稲荷神が翁の姿をとってあらわれるという新たな伝承が書き込まれるようになる。稲荷社の縁起を記した東寺所伝の『稲荷大明神流記』には、

大和尚斗籔之時、於紀州田辺宿、遇異相老翁、其長八尺許、骨高筋太、内含大権気、外示凡夫相（中略）彼紀州之化人来ニ臨東寺南門一、荷レ稲提ニ椙葉一、率ニ両女一具ニ二子一矣。

と、空海が紀州田辺宿において偶然大明神の化身である異相の老翁に遭い、その後、老翁が稲を荷い二女と二人の童子を率いて東寺に来影したことが述べられている。後文によると、老翁は、空海の勧請によって東寺の鎮守神となったとある。神仏習合の立場から書かれた『稲荷大明神流記』は、後世に書かれる稲荷社関係の縁起類に大きい影響を与えたが、とりわけ、稲荷神の老翁顕現譚が共通して伝わっている。

また、稲荷社の祭礼である稲荷祭においては、猿楽系統の諸芸が行われていたが、そのなかには、老翁が若い女性とペアとなって出てきて、滑稽な物真似をする場面がある。藤原明衡（九八九～一〇六六）の『雲州消息』

には、稲荷祭での老翁の芸について次のように記している。

又散楽の態有り。仮に夫婦の体を成して、衰翁を学んで、夫となし、玉女を摸して、婦となせり。始には艶言を発し、後には交接に及べり。都人、士女の見る者、頤を解き、腹を断たずといふことなし。軽々の甚しきなり。

ここには、衰弱した老翁と若い女の間で扇情的な言葉が発せられ、情を交わす場面が演じられており、それを見ていた都の人々が大笑いした、とある。このように稲荷社にかかわる老翁の滑稽な物真似が、翁芸の流れとしてすでにあったということは注目に値する。さらに、能の起源にある翁芸には、呪術的な機能をもつ「総角やとんど　尋ばかりやとんどや　坐して居たれども　参らうれんげりやとんどや」という歌が含まれている。この曲は、古代歌謡催馬楽《さいばら》の「総角や　とうとう　尋ばかりや　とうとう　離りて寝たれども　転びあひけり　とうとう　か寄りあひけり　とうとう」という「総角」を転用したもので、そこには、「寄りあひけり」とあって男女が睦みあうことを連想させる情愛表現がみえる。翁芸には、稲荷祭の老翁の物真似のように直截的ではないが、翁の詞章として情愛表現が含まれているのである。両芸に共通している情愛表現がもつ意味は、民俗芸能において男女が睦み交わす場面が、多産が豊饒につながるという古代思想に根をおいていたことと同様、呪的機能をもつものとして解することができよう。

一方、東寺所伝の縁起と相違点をもっている縁起に、『稲荷記』がある。正慶元年（一三三二）書写という奥書をもつ『稲荷記』の冒頭には、延暦三年甲子、魏国より、日本国に移りまします時、御在所なくして、山背国の管愛宿の郡に御経廻、御体いねをになはせ給によりて、世俗に稲荷の神となつけたてまつる。（中略）大明神被レ仰ての給はく、われは魏国の大臣也、しかるに来朝する事は、日域の無福種の衆生を化度せむかためなり。

とある。稲荷大明神については、日域の無福種の衆生を化道するために魏国より来朝したと言い、外来神と書かれている。このような伝承によると、稲荷神の本源は、仏法守護のため来朝した新羅明神や赤山明神・摩多羅神というような渡来系の神々、また、秦系辛嶋氏によって担われてきた八幡神と通じるものがある。いずれも土着的ではない神で、仏法守護の神という点で重なるのである。また、稲荷神が日本国に移ってきた時に、居所がなくて移動をしたことになっている点も、八幡神が鎮座地を転々することと共通している。八幡縁起によると、八幡神が辛国宇豆高島に天降ってから各地を神幸し、最後に馬城嶺に顕現したことになっている。こうした神幸は、外来神が日本の地に簡単には定着しなかったことを象徴的に語るものであり、ここには、外来信仰が土着する一つの過程が示されていると考えられる。

②龍頭太説話

『稲荷大明神流記』には、翁の稲荷神顕現譚につづいて「龍頭太事」が書かれている。「龍頭太事」は、稲荷社の竈家《へついけ》とよばれた荷田氏の祖とされる龍頭太にかかわる伝承である。この伝承は、聖無動院道我により相伝されたものを同じく東寺の学僧である権律師融然が書写したもので、鎌倉末期以前にはすでに流布していたとされる。(17)『稲荷大明神流記』に記された「龍頭太事」を示すと、次のようである。

或記云、古老伝云、龍頭太は、和銅年中より以来、既に百年に及ふまて、当山の麓にいほりを結て昼は田を耕し、夜は薪をこるを業とす、其の面龍の如し、顔の上に光ありて、夜を照す事昼に似たり、人是を龍頭太と名く、其の姓を荷田氏と云ふ、稲を荷ける故なり、然に弘仁の比に哉、弘法大師、此の山をとめて、難行苦行し給けるに、彼の翁来て申て曰く、我は是当所の山神也、仏法を護持すへき誓願あり、願は大徳常に真密の法味を授け給ふへし、然者愚老忽に応下の威光を耀て長く垂迹の霊地をかさりて、鎮に弘法の練宇を守るへしと、大師専服膺せしめ給て、深く敬を致し給ふ、是以其の面顔を写て彼の神躰とす、種々の利物連々に断絶する事なし、彼の大師御作の面は、当社の竈戸殿に安置せらる、毎年祭礼の時、神輿相共に出したてまつる、仍当社に荷田の社とて鎮座しましますは、彼の社壇也、今の神官、肥前々司荷田の延種は、龍頭太の余胤也

この龍頭太説話のなかでまず考えるべきは、龍頭太が、龍頭をして、「顔の上に光ありて、夜を照す事晝に似たり」といわれるような怪異な神として描かれていることである。それは、山の神であると同時に荷田太夫とも一体となっている多面性をもった複合的神人としてあらわれている。さらに、この伝承によると、弘法大師空海が、稲荷山で苦行を行っている時に翁の姿をとってあらわれた龍頭太を祀り、その顔を写し取って神体としたとしている。この大師御作の面は稲荷社の竈戸殿に安置され、毎年の祭礼に御輿《みこし》とともに出御しているという。山の神龍頭太が竈神《かまどがみ》に表徴されることについて、近藤喜博氏は、山の神と竈神とのつながりを早くに説話化したものと捉え、東北地方にヤマオトコとして伝わるグロテスクな古面に関して山の神龍頭太の面との共通性を指摘している。(18) 稲荷の山の神龍頭太は、家の火所に祀られる竈神の面や家の竈所に掛けられたヤマオトコの面と関連

をもって語られているように、恐ろしい鬼のような顔であったことは疑えない。

このような竈神のあり方は、後戸《うしろど》の神や荒神のそれと共通する。家屋において竈の空間は、寺院の後戸の空間と重なり、竈や後戸という闇の空間にいる、あるいは、闇との接点にいる神は、荒神のように怖い神である反面、祝福をあたえる神でもある。稲荷信仰において、後戸の神である竈神が祀られていることは、これが猿楽の後戸神信仰に直接つながっていくことを示すものだろう。

だから『稲荷大明神流記』が伝える龍頭太説話は、金春禅竹の『明宿集』に展開される翁面伝承の世界に近似する。『明宿集』では、「翁に対したてまつて、鬼面を当座に安置したてまつること、これは聖徳太子御作の面なり。（中略）これ即、翁一体の御面なり」と伝えている。ここで禅竹がいう鬼面およびこれと一体とされる翁面というあり方は、龍頭をした奇異な面貌の龍頭太が翁として示現するという両義的な構造と相応ずるものではないだろうか。弘法大師の御作の「龍頭太の面」と聖徳太子御作の「鬼面」は、両方とも聖なる人物によりかたどられたという共通の思考をはたらかせている。それだけでなく、龍頭太が鬼のような相貌を背負いつつ山の神の翁と一体となる構造は、鬼面と翁面が一体とされる禅竹の「翁」論に相似しているのである。

また、『稲荷大明神流記』付記の「命婦事」には、

洛陽城の北、船岡山の辺に老狐有二夫婦一、夫身毛白くして銀の針をならへ立たるか如し、尾の端あかりて、秘密の五古をさしはさめたるに似たり、婦は鹿の首、狐の身あり、又五の子をたなひく、各異相せり

とあり、老狐の話が語られている。京都の北、船岡山の辺りに老狐の夫婦がいたが、夫の身の毛は白く銀の針を

立てならべたようであり、尾の端が光って、それは秘密の五鈷杵《ごこしょ》をさしはさんでいるようすであった。妻の方は鹿の首と狐の胴体をもっており、五匹の子供を連れていて、それぞれ異相であった。このように『稲荷大明神流記』には異相の稲荷老翁や山の翁神の話につづき、怪異な老狐譚が書かれ、常に老いのイメージが貫流している。

一方、秦氏の末裔としての意識が強い禅竹は、深い稲荷信仰をもっていて、稲荷に詣でその参籠記を書いている。それが『稲荷山参籠記』で、その冒頭では、

稲荷上御社、尾薄。中御社、龍頭太根本の御神其御面あり。大師御作へついどのにあり。是又根本の社人、先祖、荷太嶋田之太夫云々。生ながら文殊の浄土に至。然ば神といわゝる。今、命婦の御社の南に、北向なる小宝殿にて御在す。

と、まっさきに龍頭太のことをとりあげている。稲荷社の根本の神である龍頭太の御面がつたわっていること、それは弘法大師御作の面でへついど（竈殿）に安置されていることなどが書き留められている。このように、『稲荷山参籠記』では、龍頭太の面の話が強調されていて、禅竹の興味が、龍と翁が互換する龍頭太説話に直接向かっていることがわかる。

『明宿集』のなかに稲荷の翁の言及がないことなどの点についてはまた別に考えなければならないが、ここでは、秦氏を名乗る禅竹が稲荷神に深く心を寄せ、参籠記を記し、特に龍頭太に興味を示していることに注目したい。

（3）松尾信仰

①秦氏と松尾社

秦氏は松尾神を氏神とし、松尾社を奉斎してきた。『本朝月令(19)』所引『秦氏本系帳(20)』「松尾祭事」には、松尾社が秦忌寸都理《はたのいみきのとり》と秦氏の女により創建されたとし、松尾社の成立に渡来氏族が直接かかわっていたことが伝えられている。『秦氏本系帳』の松尾社創建伝承は、次の通りである。

秦氏本系帳云。正一位勲一等松尾大社御社者。筑紫胸形坐中都大神。戊辰年三月三日。天二下坐松埼日尾一。（又云日埼岑。）大宝元年川辺腹男秦忌寸都理。自二日埼岑一。更奉二請松尾一。又田口腹女。秦忌寸知麻留女。始立二御阿礼平一。知麻留女之子秦忌寸都駕布。自二戊午年一為レ祝。子孫相承。祈二祭大神一。自レ其以降。至二于元慶三年一。二百三十四年。

松尾社の祭神は筑紫胸形に坐す中都大神で、戊辰年三月三日、松埼日尾に天降ったとされる。のちの大宝元年、秦忌寸都理が日尾より松尾に勧請し、秦知麻留女《はたのちまるめ》が御阿礼《みあれ》を立てて祀り、戊午年から知麻留女の子の秦忌寸都駕布《はたのいみきのとがふ》が祝となって、代々松尾神を奉祀してきた。以上においては、秦忌寸都理が筑紫胸形の中都大神、つまり、今の福岡の宗像神社の三女神のうち中津宮に坐す神を勧請したことが語られている。松尾大社の祭神は、市杵島《いちきしま》姫命《ひめのみこと》と大山咋神なので、市杵島姫神が宗像から勧請されたことになる。秦都理に関しては、『江家次第』（一一一一年成立）第六松尾祭頭注に、「大宝元年、秦都理、始建二立神殿一、立二阿礼一、居二斎子一供奉、天平二年預二大社一者」とあり、『伊呂波字類抄』（一一四四～八一年成立）所収『本朝文集』にも「大宝元年、秦都理始建二立神殿一立二阿礼一居二斎子一供奉、天平二年預二大社一」という所伝があって、大宝元年、秦都理によって初めて神殿が設けられたことが伝えられている。中村修也氏によって指摘されているように、松尾社蔵の『松尾社神主東本家系譜』に「徳山秦都理」と書かれ、「大宝元年文武天皇依勅命秦都理承松尾神殿造立神主也」と注記されており、また、松尾大社所蔵の他の由緒書等に共通して秦忌寸都理の名がのっていることから、秦都理による神殿建立は史実であり、[21]秦氏が松尾社の創建に直接携わっていたことはまちがいないだろう。

　秦都理が宗像神の三神のうち市杵島姫命を勧請したということであるが、ここでは、宗像神が海の神である点に注目したい。宗像神は、大陸との交渉が頻繁になるなかで、航海の守護神として崇められていった神であった。『日本書紀』神代上第六段（一書第二）には、宗像三女神を奉祀する宗像神社の由緒として、天照大神が宗像三女神に「汝三の神、道の中に降り居して、天孫を助け奉りて、天孫の為に祭られよ」という神勅を下したとある。この記録には、宗像神が「天孫を助け奉」るとあって、大和政権の守護神とされていたことが示されているが、さらに、宗像神が「道の中に降り居して」とあって、海という境界において大和を守り、または、海路を守護するという海神の性格を持っていることがわかる。

　『日本書紀』別の本文（一書第三）には、宗像三女神について「海の北の道の中に在す。号けて道主貴と曰す」とある。日本古典文学大系『日本書紀』の頭注には、道の中とは、「朝鮮への海路の途上の意であろう」と言い、さらに、「沖つ宮のある沖の島は、下関・対馬北端・釜山（韓国の南方）を結ぶほぼ一直線にあり、沖の島と中つ宮のある大島との間は約五十キロである」と指摘している。つまり、宗像三女神は、「北部九州と朝鮮半島とを結ぶ航路の守護神[22]」として活躍していたのである。

　深溝徳穂氏は、秦氏が渡来人として、大陸との交通上、宗像神を「道主神」として信奉するようになったと述べているが、[23]氏の論考は、秦氏と宗像神との結びつきを考える上で示唆にとんでいる。海を渡ってきた渡来の秦氏が、宗像神を信仰する理由は、宗像神が韓半島と北九州の航路を守護する海神であったことと深い関係があるだろう。

さて、松尾社祭神の一座である大山咋神《おおやまくいのかみ》は、『古事記』に「大山咋神、亦の名は山末之大主神。此の神は近淡海国の日枝の山に坐し、亦葛野の松尾に坐して、鳴鏑を用つ神ぞ」と記される。大山咋神を含め、韓神《からのかみ》・曾富《そほ》理神《りのかみ》・白日神《しらひのかみ》・聖神《ひじりのかみ》など、『古事記』の大年神の神系に見える蕃神は、秦氏によって祀られていたとされるが、[24]そうした大山咋神が日枝の山から松尾へ遷座することが、渡来集団が直接かかわっている信仰における神の遊歴譚と重なるのであろう。

一方、『古事記』の鳴鏑の伝承が、『秦氏本系帳』には、

初秦氏女子出二葛野河一澣二濯衣裳一。時有二一矢一自レ上流下。女子取レ之還来。刺二置於戸上一。於レ是女子無レ夫妊。既而生二男子一也。(中略)祖父母命云。父止思人爾可レ献レ之。于時此児不レ指二衆人一。仰観行指二戸上之矢一。即更為二雷公一。折二破屋棟一。升レ天而去。故鴨上社号二別雷神一。鴨下社号二御祖神一也。戸上矢者松尾大明神是也。是以秦氏奉二祭三所大明神一。而鴨氏人為二秦氏之聟一也。秦氏為二愛聟一以二鴨祭一譲二与之一。故今鴨氏為二禰宜一奉レ祭。此其縁也。

と記されている。秦氏の女子が葛野河《かどのがわ》で洗濯をしていたところ、一つの矢が流れてきたので、これをとって戸上に刺しておいたところ妊娠し、男子を産んだという。秦氏の女は、松尾明神の化した矢と通じて男子を産んだこ

とになるが、これと同様の伝承が賀茂別雷神社（上賀茂社）にもある。『釈日本紀』所引の『山城国風土記』逸文には、賀茂別雷命の誕生神話を語るものが丹塗矢《にぬりや》伝承にちなんで次のように語られている。

賀茂建角身命、丹波の国の神野の神伊可古夜日女にみ娶ひて生みませるみ子、名を玉依日子と曰ひ、次を玉依日売と曰ふ。玉依日売、石川の瀬見の小川に川遊びせし時、丹塗矢、川上より流れ下りき。乃ち取りて、床の辺に挿し置き、遂に孕みて男子を生みき。（中略）謂はゆる丹塗矢は、乙訓の社に坐せる火雷神なり。

玉依《たまより》日売《ひめ》が小川で遊んでいた時、川の上から丹塗矢が流れてきたので床の辺りに挿しておいたが、遂に孕み男子を産んだという。このように、同類の説話が、一つは秦氏の祭祀に、もう一つは賀茂氏の祭祀にまつわる伝説として語られているのである。両伝承において、矢は天神、または雷神の象徴であり、天神もしくは雷神との神婚による御子神の誕生譚とみることができよう。もう一つの丹塗矢伝説が『古事記』神武天皇・皇后選定条に伝わる三輪の大物主神《おおものぬしのかみ》神話[25]にみられるが、三輪の大物主神が「丹塗矢に化りて、其の大便為れる溝より流れ下りて、其の美人の富登を突きき」とあって、河を流れることはないが、ここでもやはり丹塗矢が神婚を物語るための象徴的なものとして用いられている。

賀茂別雷神社の開創伝承である丹塗矢伝説と対応する祭儀は、賀茂祭の祭神来臨として知られる御阿礼《みあれ》神事《しんじ》であるが、丹塗矢の伝承は、松尾大社に伝わる秦氏の「阿礼」祭儀とも関係ある。『秦氏本系帳』には、はじめに秦知麻留女が御阿礼を立てて斎女となり、代々秦氏の女が祝となって奉祀してきたとある。また、『本朝文集』や『江家次第』にも、「立二阿礼一居二斎子一供奉」とあり、「御阿礼」を立てて斎女が奉祀したと伝えられる。

ここでいう「阿礼」について、三品氏は、賀茂祭にのみ用いられている特殊な言葉である「御阿礼祭」の「阿礼」とみて、さらに、「阿礼」の祭儀が韓半島の神話伝承と関係深いことについて論じている。[26] すなわち、古代韓国の王者出現の神話と儀礼について考察するなかで、新羅や伽耶の王妃が神聖な水と深い関係にあり、水面を渡って来臨する神霊と交融し、その本質が巫女や神母の神婚伝説と変わらないことを指摘している。特に、『三国史記』や『三国遺事』が伝える新羅始祖の閼智（赫居世）の王妃閼英に関する、

竜見二於閼英井一、右脇誕二生女児一、老嫗見而異レ之、収養レ之、以二井名一名之、及レ長有二徳容一、始祖聞レ之、納以為レ妃

という記録や、

沙梁里閼英井一作二娥利英井一辺、有二雞竜現一、而左脇誕二生童女一、一云竜現死、而割二其腹一得レ之 姿容殊麗、然而唇以二雞觜一、将浴二於月城北川一、其觜撥落、因名二其川一曰二撥川一

という出自伝説をあげ、次のように述べている。

閼英の本質は、この神女が井中の雞竜から出誕したこと、および閼英（英は尊称語）という名がその井名と同じであることから考察さるべきであり、従って閼英が神聖なる水と深い関係のあったことが知られる。

（中略）この水の女としての本質は、「浴㆓於月城北川㆒」という伝説の一齣と不可分な関係にある。この北川は、「東川、一云㆓北川㆒、一云㆓閼川㆒、在㆓府東五里㆒、出㆓楸嶺㆒入㆓堀淵㆒」（『東国輿地勝覧』巻二十一、慶州条）とあるのによると、閼川のことであり、この川は赫居世の降臨を迎えるために、六部の人たちが相会して迎神儀礼を行ったところである。かかる迎神の祭儀と深い関係のある閼川で、王妃となるべき神女が水浴したことは、迎神の祭儀と閼英の本質を考える上に看過できない意義を持っている。伝説では、閼英が出誕の際この川で水浴したことになっているが、この閼英の出誕を巫女的王妃（あるいは神母）の成立と解するならば、閼英はこの閼川における水浴によって、光り来臨する神霊の妃としての資格を得るのであると考えてよい。（中略）閼川はいうまでもなくアル川であって、神秘な生命力を宿す川の意で（中略）霊威のあれ出づる川である。この川でミソギすることは、その霊威を身につけることであり、これによって邪悪は祓除され、行者の心身はともに生命づけられて行く。

三品氏が指摘するように、閼英が霊威の宿る閼川で水浴し、天から来臨する神霊（閼智）を憑依させることは、神婚伝説を意味するものであろう。さらに、三品氏は、こうした水辺の女としての巫女的王妃の神婚伝説を松尾社の創建伝承や賀茂の御阿礼祭と対応させて、興味深い論を展開させている。少し長くなるが、引用してみる。

賀茂の「御あれ祭」の由来を語る丹塗矢伝説が、秦氏の祭儀の事実と密接な関係を持っていることは、まず「御あれ祭」そのものと秦氏が深い関係を持っていることを示唆している。実際、斎宮式新造炊殿忌火庭火祭に、葛野秦氏の童女が祭儀に参与することが見え、又『寛平御記』に、賀茂臨時祭の際、まず松尾を拝するという旧例が記されており、これらの断片的資料もまたこの間の消息を伝えている。(中略)「御あれ祭」斎主を阿礼乎止売（アレ乙女）と称し、皇子がこれを勤めるのが普通になっていた(秦の斎子に当る)。祭は四月中酉日に行われるのであるが、まずその前の午日もしくは未日にアレ乙女は、加茂の河原において、禊祓の儀を行う。この行事は祭の当日の祭儀とともに祭事の中核をなすものである。ここにおいて、このアレ乙女という名が、かの閼英と同一であるとともに、河辺の禊祓の儀礼にも同一の意義を見出すことができる。上賀茂の社の西辺の流れの御手洗川を御祓河あるいは、御生《アル》河とも呼んでいるが、それは「霊威の生《あ》れます川」の意で、これまた、かの閼川と同語であって、かつ同意である。(中略)御あれ川のみそぎは、古くから京洛の男女が行って来たところであって、神の御あれに結縁して生命の安息を求め、あるいはみとしろを植えて稲の豊作を祈ったのである。ここにおいても閼川東流水の禊飲の盛況を想起せざるを得ない。右のごとく新羅の神話と土俗を、わが御あれ祭の神話と習俗に比較し、その本義と名称の類同を考察してきた。そうしてこのような両者の近似は単なる暗合というよりも、その仲介者としての帰化族秦氏の存在を考えることによって説明できるであろう。

以上のように、三品氏は、御阿礼祭の祭事形式やそれをめぐる伝承が、古代韓国の巫女的王妃の出自伝説と酷似していることを説き、その由来を新羅土俗から見い出している。さらに、その仲介者として松尾社の創建はもちろん、賀茂の御阿礼祭に深くかかわる秦氏をあげているのである。この三品氏の見解に従えば、賀茂の御阿礼祭は、古代韓国からの信仰や神話伝承などの渡来文化が秦氏によって持ち伝えられ、秦氏の信仰圏の中で日本に定着した好例と見ることができる。

②翁の松尾神

ここまで秦氏によって祀られてきた松尾信仰の縁起や祭儀が、賀茂信仰と結びつき、それが韓半島の信仰伝承や神話に由来する可能性について論じてきた。興味深いのは、秦氏や渡来文化と関係深い松尾明神もまた翁の姿をとってあらわれる神であることである。松尾大社には、神像としてかなり古いものとされる松尾明神像が四軀伝えられているが、そのなかには翁の神像も一軀含まれている。(27) さらに中世になると、松尾明神はもっぱら翁の神としてあらわれる。とりわけ、寺社縁起や由来、高僧の来歴などを広く集めて書いた『元亨釈書』（一三二二年成立）には、松尾神の翁としてのあらわれを語るものが少なくない。まず、松尾明神の顕現を巻第十二の最福寺延朗をめぐる逸話のなかからとりあげてみよう。

建久七年七月。雷拆二松尾祠後大杉一。其木覆二神殿一。欲レ斬之。其材大難レ制。恐壓二神殿一。若不レ伐。異時小風雨又自壓倒。神官与レ朗議。朗曰。莫レ慮。早伐。又杉中有二奇事一耳。已而加レ斧。其杉如二相避一。仆二殿側一。於レ是平杉中忽迸二出一漆塔一。其内又有二銅塔一。盛二舎利一。神官見之益信二朗言一。更於二祠之南一建二三層塔一。安之。池側有二大石一。白髪老人常坐二其上一。朗問。何人。屢来レ此。対曰。松尾明神也。擁二護師法一。又聴二師誦二法華一。故数来耳。又我奉二師給使者二人一。以レ是為レ信。言已不レ見。朗謂レ徒曰。二鳥来馴。子等莫レ恠。果如二神言一。其石今尚在焉。

建久七年（一一九六）七月のある日、雷で松尾社の後ろの大きな杉の木が折れそうになって、神殿を覆っていた。松尾社の神主が延朗に相談すると、早く杉の木を伐ることを勧めた。さっそく杉の木に斧を加えたところ、奇異なことに杉は避けるようにして殿側に倒れ、杉のなかには舎利が盛られた銅塔があった。そこで、新しく祠の南に三層塔を建てて、安置した。こうした縁起譚に付随して、さらに松尾神の顕現譚が語られる。すなわち、最福寺の池の側にある大石の上には常に白髪の老人が座しており、延朗が老人の素性をたずねると、松尾明神だと答える。松尾明神は、延朗と仏法を守護していると言い、二匹の鳥を使者として与えたのである。ここでは、松尾明神が白髪老人の姿をとって、池辺の大石の上にあらわれている。

松尾明神が翁として顕現する話は、巻第十四の六波羅蜜寺にかかわる逸話のなかにもみられる。

釈光勝。不レ言二性氏一。為二沙弥一時自称二空也一。（中略）也在二雲林院一。一日入レ城。有二老翁一倚二城垣一。其貌甚寒。歯牙相戦。也曰。尊老凛寒。何立レ此乎。対曰。我是松尾明神也。頃受二般若法味一。未レ上二白牛綩綖之車一以レ故貧癡之風逼二吾膚一。師善二法華一。願有レ意乎。也脱レ衣度与曰。我着二此衣一読二法華一者四十年。其妙香薫皆染二是衣一。今献之可乎。神悦受之。更披。身相温如。無二復寒気一。

この話では、六波羅蜜寺を建立した空也の前に一人の老翁がやってきたことが書かれている。すなわち、空也が雲林院にいたある日、京の町に入ると、一人の翁が町の垣に寄りかかっていた。翁は、寒さが厳しくて震えるような格好をしていた。翁は、松尾明神だと明かし、空也に『法華経』の読誦を乞うので、空也は、四十年にわたって『法華経』を読む時着ていた衣を脱いで譲った。松尾明神が喜んで法衣を着けると、体が温かくなり寒気はなくなった、という。ここでは『法華経』の奇瑞譚のなかで、翁の松尾神顕現が語られているのである。

また、巻第十の叡山明達の条には、

釈明達。姓土師氏。摂州住吉懸人。十二歳。随ニ薬師寺勝雲一出家。初名真仁。寛平元年十月二日。栖原寺勢春夢。厳尊一翁告曰。住吉真仁再来人也。昔生ニ此国一。以レ選入レ唐。稟ニ儒学一。唐帝愛ニ其才一。賜ニ姓韓名衡一。仕至ニ諫官一仍不レ帰而死。報縁未レ盡。又生ニ此方一。今出家。必為ニ明師一。化縁畢。亦生ニ彼土一。我是坂本之翁也松尾明神。

とある。栖原寺勢春の夢に、「厳尊一翁」があらわれ、明達の前世から今までの来歴について述べ、みずから「坂本之翁」であると告げる。坂本の翁は本文の割注によると松尾明神であるとされる。

以上の三つの伝承のなかで、松尾神は、すべて翁としてあらわれている。松尾神を含めて、渡来集団秦氏が祭祀する八幡・稲荷の三神が翁の姿をとってあらわれるという点で共通することは、偶然とは思えない。そこには、秦氏のような渡来集団によって持ち伝えられた韓半島系の信仰伝承の濃厚な影響のもとで、神々の翁化の現象が起ってくると推測されるのである。

(4)走湯山信仰

①神仙的シャーマン的翁

『扶桑略記』の八幡神にかかわる縁起には、奇異な姿をした鍛冶翁が三歳の少児として化現するという、シャーマニスティックな変身伝承が書かれている。このように、老いと若さの双方を含みもった構図で語られるもう一つの縁起譚が、走湯《そうとう》権現《ごんげん》の出現を説く『走湯山縁起』にみえる。

『走湯山縁起』には、高麗国の神人が神功皇后との深い契りによって、相模国大磯の海岸に円鏡として顕現したとあり、次のような縁起譚を伝えている。

応神天皇二年辛卯四月、東夷相模国唐浜磯部海漕、現二一円鏡径三尺有余一、無レ有二表裏一、順レ濤浮沈、或夜放二光明一、疑二日輪之出現一、（中略）有二一仙童一、其年三十有余、不レ知二何里人誰姓族一、唯為二其体一布帽冠首薜衲纏レ身、手提二柱杖一腰佩二剣刀一、足著二藁履一、口絶二穀漿一、只服三松葉与二茯苓一、時人号二松葉仙一、専欽二神鏡一深設二礼奠一、（中略）大鶴鷯帝廿七年八月五日、忽然此神鏡放二光明一、照二禁闕一、摂津国難波高津宮也、響驚二叡聞一、公臣奇怪、爰武内宿禰大臣奏聞云、（中略）仙童答云、神者天地之精気、人臣父母神自無レ言、若欲レ知二由来一須レ為二卜占一、又可レ推二霊託一、勅使諾二此謂一、雇二一老巫一令レ請二神託一、即時神霊附レ託而自称云、吾是異域神人也、（中略）已託宣事終、神鏡乗二飛龍之背一翔二虚空一、到二山頂一係二松朶一、爰仙童老巫并勅使等、瞻二光雲之聳一效二香郁之薫一、尋二入当山一、凡青巌側立峨々、祥樹茂生森々、履二蘿徑一跨二谷沢一、遂而攀三登日金之巓一、夫為二山之体一、望レ離白浪之海蒼々、顧レ坎翠嶺之岫峻々、水石聳湛、林花開結、乾坤虎蹲、震兌龍偃、霊湯沸涌、神崛杳洞、奇仙異人、卜宅連々、天地之間、無二地于比一之、爰宣使詣二神鏡前一蝴跪云、以二事実効一欲レ経二奏達一、其容儀如何乎、于レ時老巫変レ形示二俗体一、其長八尺、壮齢五十有余、頭戴二居士冠子一、身著二白素衣裙一、係二健陁色袈裟一、右手持二水精念珠一、左手把二錫杖一、柔和忍辱、慈悲和雅也

応神天皇の二年、相模国の海辺に流れてきた円鏡が近くの山に飛んでいって鎮座する。その山中にいた一人の仙童が穀断ちをしてこの神鏡に祈っていたが、仁徳天皇の時、神鏡の光明が宮中を照らしたので使者が派遣された。鏡の正体を明らかにするため、一人の老巫に占わせたところ、老巫に異域の神人と名乗る神が憑いた。託宣

が終わると、神鏡は飛龍の背に乗り日金山《ひがねやま》に飛翔した。走湯権現が鎮座したとされる日金山は、澤井英樹氏によれば「箱根から熱海にかけて連なる地域一帯の山並みを指して用いられたこともあったようで、『走湯山縁起』では、走湯山をも含む広大な山岳霊場を示すコスモロジーによって象徴的に表されている(28)」場所とされる。仙童や老巫、勅使がその日金山を尋ね入り、松の枝にかかっている神鏡をみつけることができた。勅使が神鏡にむかって本来の姿を示せというと、老巫は変じて身の丈八尺の俗体をあらわしたというのである。

『走湯山縁起』のなかで神がかりになった老巫はシャーマンそのものであり、仙童もそれに近い存在である。一方、権現の姿を示したのも老巫であり、実は老巫こそが走湯権現の仮りの姿であったともいえる。こうした走湯権現のあらわれ方は、八幡神の顕現伝承と類似している。つまり、八幡信仰においては、まず、シャーマン的鍛冶翁があらわれ、本体を示せといわれると、童子に身を変える。これと同じように、走湯権現もまず老巫としてあらわれ、のちに壮年の俗体として身を変えるのである。走湯権現の場合は、八幡神のように童子に身を変じることはなかったが、仙童により祀られるという点で、翁と童子は緊密に結びついている。

以上のように、八幡と走湯山の両信仰には、翁と童子の交流や神人的翁が身を変じるという巫俗的現象が書きとどめられており、共通した構図で語られている。双方ともに、八幡神や権現を祭る仙人的奉斎者の存在が欠かせないことが注意される。まず、走湯権現を祀る仙童は、「口絶二穀漿一。只服三松葉与二茯苓一」と、穀を絶ち松の葉や茯苓《ぶくりょう》だけを口にし、もっぱら神鏡を祀ったとある。一方、神彪の『託宣集』のなかでは、大神比義は「已に直なる人に非ざるなり。跡を幽仙に匿し、身を化道に出す。生無く、滅なく、齢五百に余れり。奇を示すこと、凡の如く聖の如きあり。日一千を歴て、穀を絶ち、懇祈の誠を凝す」とされ、仙人にほかならない。八幡伝承において、鍛冶翁を祀った大神比義は、穀絶ちの苦行を行っており、それは道教の辟穀という苦行が反映されていると見なすことができよう。走湯権現を祀る仙童も同様である。

一方、神鏡が飛翔して鎮座した日金山の頂は、「凡青巌側立峨々、祥樹茂生森々」と、青巌がそびえたち森林が生い茂る深い山奥であった。そこは、虎が蹲《うずくま》り、竜が伏せている霊場であり、霊湯が湧き出ていたとされる。また、遠くて暗い石室があり、奇仙異人の卜宅が絶えることなく、天地の間でこの地に比すべきところはないという。こうした日金山の頂の情景は、崑崙山《こんろんざん》のような神仙境を彷彿とさせ、道教的色合いが濃い場所として描かれていることは注目される。

『抱朴子《ほうぼくし》』金丹《きんたん》編に引かれた『太清観天経』に「上士は道を得て昇りて天官と為り、中士は道を得て崑崙に棲集し、下士は道を得て世間に長生す」とあるように、崑崙は神仙のとどまり棲むところとされる。とりわけ、道教の最古神太上老君《たいじょうろうくん》や女仙西王母も崑崙山にいるとされるが、崑崙山には竜や虎が登場する。つまり、『抱朴子』祛惑《きょわく》編によると、崑崙山には「内に五城十二楼有り。楼下に青竜白虎の蟉蛇たる有り、長さは百余里、其の口の牙は皆三百斛の船の如し」と怪異な竜と虎がいるという。『列仙伝』には、西王母が崑崙山の石室に住んでいることになっており、『列仙全伝』によれば、崑崙山にある西王母の宮殿に左には池や川があり、庭園には白玉の木や不老長生の薬の木々が林のように植えられていたとされる。竜や虎だけでなく、崑崙山の石室や池・川という要素が、走湯権現が鎮座した日金山の頂の光景と共通する。

また、神仙説話のなかで竜と虎は、神仙が天地を往来するさいの乗り物である。『神仙伝』や『列仙伝』には、仙人が竜や虎のような霊獣に乗って飛翔する話が多くみられるが、『走湯山縁起』のなかで、神鏡が竜の背に乗せられ日金山の頂に飛翔したという話も、道教の伝承と近いといえる。このように、走湯山信仰には、道教的性格が顕著にみられるのである。

②八幡と走湯山信仰伝承のかかわり

八幡信仰においては、渡来の秦氏族が神職となり、八幡神を奉祀してきた。そして、秦氏族によって持ち伝えられたと考えられる渡来的な要素が、日本土着のものへと塗り替えられたり、あるいは、渡来的なものと土着的なものの両者がせめぎあいを続けている。こうした八幡信仰と縁起伝承の構造において類似性をもって語られるのが走湯山信仰伝承である。特に、シャーマニスティックな走湯権現のあらわれは、すでにできあがっていた八幡神の顕現譚をもとにしてつくり替えられたものとも考えられる。ところが、『走湯山縁起』では、八幡信仰関係の縁起に見え隠れする渡来的要素というよりも、直接に韓半島とのかかわりを述べる言説が浮上している点に特色があるといえるだろう。『走湯山縁起』は、八幡縁起をふまえて書かれてはいるものの、もっとはっきりと韓半島が意識されているのである。

この二つの信仰の縁起伝承を比較してみよう。まず、『走湯山縁起』には「富国大守依智秦永時宿禰為二願主一」とあって、願主として秦氏の名があがっている。秦氏集団が神の奉斎に直接関与していたわけではないかもしれないが、渡来系の秦氏族と走湯山信仰のかかわりを暗示しているといえよう。

次に神の巡幸伝承である。『建立縁起』所収の辛嶋氏系伝承には、八幡神が最初に秦系辛嶋氏の居住地とされる「宇佐郡辛国宇豆高島」に天降った後、各地を神幸して宇佐郡馬城峰に顕現したとある。走湯権現の場合も、走湯権現が相模国の唐浜磯部の海浜、つまり、大磯の海岸に円鏡として出現してから、伊豆山の地日金山に移動する。さらに、権現自身が語る由来によると、

下レ自二高天原一住二月氏之境一、又以二本誓一化二出温泉一済二度蒼生一、（中略）爰如来化縁已盡催二東漸之辛一、我随レ

此亦東向、棲二宿三韓国一、高麗・百済、新羅也、爰神后討二三韓一之時、自進幸二我卜宅深沙湯之許一、誘伝（中略）然則湯
神客来達二于本朝一

とある。すなわち、権現の出自は、天上（高天原）から月氏国、三韓へと来臨し、三韓で神功皇后と会い、皇后に誘われて日本へ渡ってきた異国の神であるというのである。ここで注目されるのは、走湯権現が外来の神という来歴を持っていることである。それは、八幡神の出自について、『託宣集』巻五に、「辛国乃城尓始天天降八流之幡天。吾者日本神土成礼利」とあり、八幡神が外からやってきて、まず辛国（古代韓国から渡来した人々の居住地）に鎮座し、それから日本の神となったという来臨譚と重なるのである。

このように、ともに外国から渡来したという来歴をもつ両信仰が深いかかわりをもち、交渉していたことが、『走湯山縁起』に著しくみられる。『走湯山縁起』には、日金山に鎮座し祀られていた円鏡が忽然と光りを放って、御所を照したという記述があり、武内祝爾が驚いた帝や公卿に対して次のように奏問したとある。

先皇稚桜宮御宇、攻二三韓一時、高麗国零沛郡之深沙湯有二一神人一、与二皇后一結二契約一謂、来二影于我大日本国一、
覆二養黎元一鎮二護国家一、加レ之吾胤尊可レ宰二東征一云云、以二其厚契一降二臨此州一歟耳

ここには、走湯権現の渡来が神功皇后の外征譚にちなんで語られている。つまり、皇后が外征をしたさい、「高麗国零沛郡の深沙湯」で一人の神人に遭遇した。そして皇后との間にその神が日本に来臨して国家を鎮護するという契約が結ばれたという。武内宿禰がいうには、その契約により、高麗の神が日本にやってきたというの

である。このように走湯権現は、神功皇后を介して日本にやってきた渡来神であったが、八幡神の成立にもまた神功皇后の問題がかかわってくる。

八幡信仰は、元来、豊前国宇佐の土着の神祇信仰に渡来系の宗教文化が習合して成立した信仰であるが、新羅との外交問題に悩まされるなかで、元祖の八幡神に北九州で新しい守護神として普及していた応神天皇の神格が与えられたというのが通説である。こうして、応神天皇を八幡神として祀る応神八幡信仰が定着し、八幡宮に神功皇后を併祀してから、八幡信仰は全国に広まったのである。

一方、三品彰英氏が、八幡神と応神天皇とが結びつくのは神功皇后を媒介としてであるという卓見を提示した[29]ことについては前にもふれた通りである。繰り返しになるがもう一度とりあげると、大隅正八幡の「日の御子の漂着[30]」のような海の母神と御子神という民間伝承がすでにあり、そうした海童型物語を素材として、記紀の記す応神誕生譚が神話的に語られたという。さらに、記紀が記述する神功・応神伝説は、御子の漂着譚のような民間伝承を媒体として八幡神と結びつくのであり、そこから八幡神即応神説が導き出されたというのである。それは、走湯権現の来臨が神功皇后を介してなされたということと重なる。神功皇后伝承が、八幡信仰伝承と走湯山信仰の縁起成立の重要なモチーフとなったのである。

さらに、『走湯山縁起』巻二には、二回にわたって、神鏡が神殿から天空に飛び去るという記事がみえる。この事件に八幡神が深くかかわってくるのである。走湯権現は、「戸隠山」と「高麗国」へと、二回に渡って姿を隠したが、初めに隠れていた戸隠山から帰還したのは、八幡神が宇佐から平城京に上洛したことによる。走湯権現の帰還については、次のように語られる。

高野天皇御宇、天平勝宝年中、八幡大菩薩、自二宇佐一臨三幸洛都一、平城宮、于レ時当山震動七箇日、湯泉沸出、沈檀風薫、神鏡・神鉾、飛還在二本社之所一、見聞之人随喜無レ限、権現託二神童一云、昔神功皇后、与レ我有二深契一、然今其尊子八幡菩薩、自二本社一入二洛都一、欲二拝謁一令三神鏡・宝鉾届二上都一、云云、因之都維那、晉詔、座頭、揚舟、年預、尋察、并神職、高麗彦太、田畔戸主、鉾持、金日保持、頂三戴霊鏡一捧二神鉾一上三達洛都一、于レ時太上天皇・太后・太子、皆詣二東大寺一、以二神鏡一納二八幡社殿一、有二礼奠之義一、経二七ヶ日一神鏡下落、於二東大寺一有二万僧会一、於二当山一有二千僧会一、国史弓張蔵人統俊、書三写一切経五千箱一、令レ施三入根本堂一畢

八幡大菩薩が宇佐に来臨した時、走湯山には七日間震動があり、温泉が湧き出るなどの異変が起こり、走湯権現が鏡の姿で飛んで還ってきた。それから権現は神童に託宣して、昔神功皇后との間には契約があったこと、その御子が八幡菩薩であることを言い、都入りした八幡神に拝謁するために上京するとの意志を伝える。以上において、走湯権現と八幡神が神功皇后を媒介にして結びついていることがわかる。次は、八幡神が姿を隠してしまった時、それに呼応して走湯権現も消え失せたという記事である。

四十八代称徳天皇御宇（中略）神殿戸開、神鏡飛翔入二天雲一、見者悲傷聞者恐懼、加レ之温泉乾涸爰、住侶・職事等、以二巫婦一請二託宣一七ヶ日夜、巫女託宣云、吾是地主明神也、大神帰国悲感之心如レ春、其故当今女帝、賜二賞禄於弓削一、八幡菩薩含レ恨、太為二妖嫉一、閉二神戸一隠二音形一、而権現与二八幡一芳契最深、爰以弃レ国移二高麗一、汝等雖レ致二祈精一、輙以無二放験一、我試為二汝等一渉二高麗一、再奉レ請二権現一、云々、住僧・社職雖レ憑二地主明神託宣一、神鏡不レ還湯泉無レ沸涌

称徳天皇の代、神殿に祀られていた神鏡が飛翔し、天に飛び去るという事件が起きた。巫女に憑いた地主明神の託宣によると、女帝が弓削（道鏡）に賞禄を与えたことに八幡菩薩が怒り、戸を閉ざして姿を隠したので、八幡神と深いつながりがある走湯権現も山から高麗へと姿を消したのである。権現が走湯山からいなくなると、温泉が湧くことはなくなった。以上の出来事は、走湯権現が八幡神との間に深いつながりをもつことにより、生じたものである。このように、権現と八幡神が結びつくのは、『走湯山縁起』の所々で説かれているように、応神天皇（八幡神）の母、神功皇后との間に結ばれた厚い契りによるものであった。

八幡と走湯山信仰の間には、神の顕現譚をはじめとして伝承の上での共通点が少なくなく、修験文化が広まるなかで、八幡的伝承の雛型が走湯山信仰に移っていたと考えられよう。ただし、『走湯山縁起』には、韓半島にいる神が神功皇后によって連れてこられたことが明示されており、八幡縁起に潜在していた神功皇后のモチーフが『走湯山縁起』の世界でははっきりと表に出てきていることがわかる。八幡縁起においては古代韓国とのかかわりが押さえられがちに記述される傾向だったのに対し、『走湯山縁起』ではそれが明示されているという違いがあるといえる。

二　渡来の翁神

(一)翁神の船中影向

これまで述べてきたように、中世の神が人の前にあらわれる時は、翁や童子の形象をとる場合が多い。とりわけ、翁の姿をとる神の顕現譚は、八幡・稲荷・松尾・走湯山信仰のように渡来集団秦氏にかかわる信仰、または、渡来的な色合いの濃い信仰伝承において顕著であった。一方、外国から直接やってくる神々が示現する時にも翁の姿をとる場合が少なくない。新羅明神や赤山明神のような渡来神は、ともに翁の形象をとって船中にあらわれるのである。このように、渡来神の来臨譚において翁神の出現が語られるという点が注目される。

まず、園城寺（三井寺）において護法神として祀られている新羅明神の示現譚である。『本朝続文粋』所収『園城寺龍華会縁起』では、

祖師智証大師、承和年中、為レ受二持仏法一、渡海入唐。（中略）入堂義淳、瀉瓶事畢之後、遂帰二本朝一、有二一老翁一、現二於船中一曰、我是新羅国明神也。為二和尚一護二持仏法一、期以二慈尊出世一、作二是言一畢、其形不レ見矣。和尚帰朝之日、公家令三所持仏法門運二納于大政官一、于レ時前日老翁来伝、此日本国有二一勝地一、宣建二立一伽藍一安二置此仏法一。遂到二近江国滋賀園城寺一。

と、その船中影向《ようごう》譚を伝えている。すなわち、智証大師円珍《えんちん》入唐求法の帰り、船中にあらわれた老翁は、「私は新羅国の明神である」と、みずからの素性を語り、のちに園城寺に鎮座したことが記されている。このように新羅明神は、円珍の入唐求法にかかわって日本にやってきた渡来神で、老翁の形象をとってあらわれる。さらに、新羅明神の図像には、中世のものとして園城寺や京都聖護院蔵の画像などがあり、また、平安期の木像として三井寺新羅善神堂に秘仏として祀られている新羅明神像などがあるが、(31) いずれもあご髭を長くし、幞頭《ぼくとう》冠に唐様の装束をつけた異様な形象をしている翁の姿である。

一方、比叡山鎮守の護法神である赤山明神は、慈覚大師円仁《えんにん》の入唐求法にかかわって渡来したと伝えられ、新羅明神の来臨譚とも重なる。『慈覚大師伝』（九三九年成立）には、円仁帰朝のさい、航路を守護してくれた唐の

赤山明神を勧請し、比叡山に赤山明神社を建立したという縁起譚が書かれている。すなわち、「大師祈願。海会諸尊、当処山神、必施二冥助一。令レ遂二本願一。若適帰二本国一。当下建二立禅院一。弘二伝法門一。資中益山神上。此山盛伝二禅法一。故発二此願一」とあって、大師が当所（赤山）の山神に、もし本願がかなえば、本国に禅院を建立して仏法を弘め、山神の利益にこたえようと思いますという祈願をしたのがきっかけで、円仁帰朝ののち赤山明神が勧請されたのである。このような赤山明神は、本来は、唐の赤山法華院において祀られていた山神であった。赤山明神の由来について貞応二年（一二二三）に成立した『日吉山王利生記』には、

赤山と申は、慈覚大師大唐より伝法帰朝の時、飄風浪をあげ舟楫海にしづみぬべかりければ、本山に向ひて護法山王を念じ奉られけるに、不動毘沙門舟のへに顕れ給のみならず、赤衣の俗白羽の矢を負て出現せり。是は震旦国赤山と云山の明神なり。本地は泰山府君にて御す。大師帰朝ののち、叡岳の西坂本にぞ勧請せられける。

と記されている。すなわち、慈覚大師帰朝のさい、波風で舟が沈みそうになり、比叡山に向かって護法山王を念じたところ、不動明王や毘沙門天だけでなく、赤衣の俗人が矢を背負って舟の舳《へ》に出現し、みずから赤山の明神であると名乗ったという。これは、唐の赤山という山の明神であり、その本地は、泰山府君《たいざんぶくん》である。大師が帰朝したのち、比叡山に勧請されたという。このように、赤山明神は、唐国の赤山の神であったのだが、大師の帰朝にともない来臨した神であるとされるのである。特に、ここでは、赤山明神が、不動明王や毘沙門天のような仏教界の守護神とは違う、「俗」としてあらわれるところが注目される。これは、渡来人集団が深く関与し、渡来

文化の影響が濃厚な松尾神や稲荷神が俗の領域にいる神としてあらわれることと共通性がある。

『慈覚大師伝』や『日吉山王利生記』では、赤山明神が老翁の姿であらわれることについては伝えていないが、後年の縁起資料『赤山明神縁起』には赤山明神が老翁として描写されている。すなわち、明州の山神・赤山の廟社に参拝した慈覚大師の前に、夢か現《うつつ》か化人の老翁があらわれて、

我是明州之山神也。此山洞化来、送一百万歳之星霜、我従劫初成以来、未曾聞如此之妙法音。

といった。「私は明州の山神である。この山の洞に化現してから百万歳の年月を過ごしたが、いまだこのような妙法の声を聞いたことがない」と、山神は大師との邂逅を喜んだという。また、前にもとりあげた『源平盛衰記』巻十に「賢聖の障子のあなたに、赤衣の装束したる老翁あり。左の脇に弓を挟て、大なる鏑矢をさらりさらりと爪よると聞し召しければ（中略）我は是れ比叡山の西の麓に侍る老翁也。世には赤山とぞ申し侍る」とあって、老翁が赤衣の装束をし、弓と鏑矢を持ってあらわれる。

一方、光宗の『渓嵐拾葉集』（一三一七～一九年頃成立）によれば、慈覚大師円仁の帰朝の時に船中に影向した神は摩多羅神である。すなわち巻三十九の「常行堂摩多羅神事」には次のようにある。

示云。覚大師自二大唐一引声念仏御相伝《アリテ》帰朝之時、於二船中一有二虚空声一告《テ》云。我《ヲハ》名二摩多羅神《ト》一。即障礙神也。我《ヲ》不二崇敬一者、不レ可レ遂二往生《ノ》素懐《ヲ》一云。仍常行堂《ニ》被二勧請一也云云。

慈覚大師が唐で引声念仏《いんぜいねんぶつ》を学んで帰朝の途中、船中の虚空から声がし、私は摩多羅神で、障礙《しょうげ》神であると言い、私を奉斎しないと浄土往生はかなわないといったので常行堂に勧請したという。『渓嵐拾葉集』では、摩多羅神が大師の前に姿をあらわすことはなく、中世の摩多羅神が翁の姿をしていることについては記されていないが、今に伝えられている神像や画像は、中年から初老の姿で画かれている。特に、摩多羅神は芸能の神であり、さらに、芸能者の崇める翁と結びついていく。(32)なかでも、山本ひろ子氏は、天台系寺院では常行堂の阿弥陀仏の後方である後戸に摩多羅神を「秘め斎き奉り」、修正会とそれに続く延年は、この神を本尊として実習されたと言い、「後戸」（後堂）という特殊な仏堂空間と後戸猿楽との結びつきから、摩多羅神が後戸の護法神、また芸能神とされると指摘する。(33)これらの言説は、能の翁の成立を考えるうえで、非常に大事な論点であるが、渡来の翁神とは、また別の視点での考察が必要となるので、翁と芸能的摩多羅神をめぐる問題については別稿にゆずりたい。

（2）渡来神の本領

翁の新羅明神と赤山明神は、高僧の入唐求法にともなって日本に渡ってきたとされるが、両神が本国においてどのような神であったのか、その由来については、ほとんど伝えられていない。新羅明神や赤山明神の由来をめぐっては、両神が「本質的にはシナの土俗的護法神として同一(34)」であり、また、両神が「中国では赤山法花院において新羅系の求法者が祀っていたというので、円仁はこれを赤山神と称し、円珍はこれを新羅神と呼んだ(35)」という指摘がある。これら新羅明神と赤山明神が本来同一神であったとする指摘は、さらなる論証を要する説ではあるが、両神が新羅の人々の信仰する神であり、または、新羅系の神であった可能性は高い。

円仁の『入唐求法巡礼行記』は、九世紀東アジアの国々が深い交流をしていたことをいきいきと伝えており、円仁と新羅の人々との親交をうかがわせる記述も多い。そのなかでも、円仁が新羅系信仰の濃厚な赤山法華院に長期滞在しており、新羅の宗教世界にふれ、新羅僧と交流していたことは注目される。八三九年六月七日の条には、赤山院が「本張宝高初所建也」とあり、張宝高という新羅の勇将によって建てられたとある。こうした新羅系の寺である赤山院では、新羅の習俗に従って宗教儀礼が行われており、そうした新羅風の法会に円仁が参加していたことが、次のように記されている。

山院起首講法花経限。来年正月十五日為其期。十方衆僧及有縁施主皆来会見。（中略）僧等其数卌来人也。其講経礼懺皆拠新羅風、俗但黄昏寅朝二時礼懺且依唐風自余並依新羅語音、其集会道俗老少尊卑惣是新羅人、但三僧及行者一人日本国人耳。

これは、八三九年十一月十六日条の記録であり、新羅の風俗による『法華経』講義についての記述である。経を講じ礼仏懺悔する方法が新羅の風俗によって行われており、早朝と夕刻の二回を唐の風習に従う以外は、すべて新羅の言葉によってなされていたという。また、この集会に集まった仏僧や世俗の人、年老いた人や若い人、身分の高い人や低い人の全員が新羅人であり、円仁の一行四人だけが日本人だったという。同条から六日後の条で、経を講義する儀式について記すなかでも「講師上堂登高座間、大衆同音称嘆仏名。音曲一依新羅不似唐音」とあり、講師が高座に登る間に大衆が仏の名を唱えるが、その音律の調子は新羅風であったという。このような記録は、赤山の地が新羅人の一大居留地であり、赤山法華院が新羅人を中心に信仰をあつめていた寺院であったことをうかがわせ、さらに、円仁が新羅系の宗教儀礼に興味を持っていたことをしのばせる。

また『入唐求法巡礼行記』には、巡礼を終えた円仁が再び赤山に入り、二年余りを過ごしてから日本に向ったとあり、赤山浦から出航する十日あまり前である八四七年八月二十四日条には、神の名は明かされていないが、「祭神」という短い記録が書き残されている。小峯和明氏も指摘するように、円仁が赤山において最後に祭った神こそ、赤山明神ではなかったのだろうか。(36)『慈覚大師伝』には、このように円仁が強く意識していた赤山の山神が、叡山西坂本の赤山禅院に祀られた赤山明神の起源であると書かれているのである。ところが、こうした赤山明神の起源を語る伝承には、赤山の地が新羅人の信仰の場所であるということについては、ほとんどふれられることがなかった。比叡山の仏法の護法神である赤山明神をめぐる伝承には、新羅との関係を推測する余地はほとんどない。これは、三井寺の仏法の護法神である新羅明神が、その由来を新羅国の神とし、新羅とのかかわりを明示にしていることとは大いに異なる。山門と寺門との態度のちがいだろうか。

慈覚大師円仁の帰朝から六年後、智証大師円珍が唐に渡るが、円珍の入唐求法とかかわって来臨するとされるのが新羅明神であった。新羅明神は、船中にあらわれ「我は新羅国の明神なり」と出自をはっきり語っている。山本ひろ子氏の『異神』(37)には、新羅明神に関するすぐれた論考が含まれているが、そのなかでも、新羅明神の由来を新羅や唐の山岳信仰と結びつけて論じる部分は興味深い。以下、山本氏の論考に導かれながら山神としての新羅明神の本領について述べ、中世の新羅明神の翁としての形象について考えてみることにしたい。

園城寺に伝わる縁起・伝承などが記された『園城寺伝記』（一二九九～一三〇二年頃成立）一之二「新羅明神御事」の条には、

百光坊記云。自㆓大師御帰朝㆒已来。当社明神。於㆓御本国㆒御名不㆑知㆑之。而宋朝商人当朝到来之時。始知㆓

此御名一。一崧嶽　二朱山王　三嵩山王　四四天夫人

とあり、大師の帰朝にともなって勧請された新羅明神の本国における名を、宋の商人が渡来してはじめて知ることができたという。その由来が明かされないまま祀られていた渡来の新羅明神の本名は、「崧嶽」「朱山王」「嵩山王」「四天夫人」であった。同書の三之四「新羅大明神有二五御名一事」の条では、新羅明神の名として五つをあげ、「崧嶽《すうかく》、崧崧《すうし》、朱山王、四天夫人、素髪《ホシカシ神》」と記す。さらに、南北朝期の成立とされる『寺徳集』下「新羅明神問答抄」では、新羅明神の本来の名前を「松菘《しょうしゅう》」と書いている。

このように新羅明神の本名をめぐっては、若干異動が生じているが、志晃の『寺門伝記補録』（一三九四〜一四二八年頃成立）「太神異称」の条には、新羅明神の本名に関する説を「朱山王、崧嶽王、菘崧王、四天夫人、素髪翁」の五つにまとめている。続く補説には、朱山王・崧嶽王を神が中国の嵩山にいた時の名前であるとし、『新羅太神記』と『新羅太神問答抄』を引いて、菘崧王・四天夫人・素髪翁は、神が韓半島にいた時の名前であろうと述べている。このなかで、まず、中国の嵩山における新羅明神の示現譚に注目したい。『園城寺伝記』には、嵩山は、五岳の中岳にあたり、白虎の通う高い山で、石室や石床が特徴的な名山であったとされる。つまり、『開中記』を引いて、

此山之石室ニ十余之孔之瑪瑙之石床。珊瑚之玉案巍巍。皆是神霊仙人之遊戯之所也（中略）仍新羅権現之霊廟在二此所一者也。

と、神霊や仙人の住む仙境のような場所だからこそ新羅権現の霊廟となったと記される。また、『寺門伝記補録』「太神東渡」条には、円珍が嵩山を訪れた時に新羅明神が姿をあらわしたとあるが、仙境のような嵩山での神のあらわれ方が道教的・シャーマニズム的な世界を彷彿とさせる。その原文は、次の通りである。

智證大師遊二学唐地一。其国大中九年。大師往登二嵩山一詣二朱山王廟一。已到之時。天卒然起雲。大雨急至。暴風抜レ樹。渓水逆流。電光奪レ眼而飛提迅雷拂レ項而鳴奔。山谷晦冥莫レ知二左右前後一。晦冥之中有二化出者一。人頭蛇身。其相甚可二怖畏一也。忿怒跋扈大呼曰。汝僧未レ易二有漏穢身一。今至二我前一。其過難レ免。叫喚之声転レ地震二動河岳一。奇怪不レ可レ言也。(中略)雨息風斂。山上稍静。時件怒鬼改二先異形一粛爾在二乎師前一。師仰視レ之。首載二千秋霜一面揚二五徳波一。左手執二錫杖一。右手持二黄巻一。即出二微妙音声一。告言。我昔号二無戯論如来一。送二五百塵点劫一。今現二文殊師利菩薩一在二于此処一。両儀割レテヨリ来。垂二迹青丘韓地赤土一。倭国利二国家一者無レ計焉。今復将東渡衛二護師之教法一令法久住於世。語已形隠焉。

円珍が嵩山の新羅明神の霊廟に詣でると、突然大雨と暴風で樹木が倒れ、渓谷の水が逆流し、雷が鳴るなど、奇異が起るなか、人頭に蛇の身をした怪異なものがあらわれた。やがて、山上が静まり返ると、先の怒鬼が奇異なかたちを改め、長い年月を象徴するような白髪に皺寄った顔をし、錫杖と黄巻を持った姿になっていた。そして、韓地と倭国の両方に垂迹することを述べて姿を消したのである。そして、のちに円珍帰朝にさいし、「素髪翁現二海上一。告言。我是新羅国神云々」と、新羅明神が「素髪翁」として海上にあらわれたとある。

嵩山において新羅明神が、人頭蛇身の怒鬼としてあらわれ、つづいて錫杖を執る神仙的老翁へと身を変じる。

このように、鬼と翁がうらはらの関係をもってあらわれるのは、まさに、能の起源にある翁と共通する世界である。繰り返しになるが、世阿弥の言葉を記した『申楽談儀』には、秦河勝が賜った聖徳太子御作の鬼面が大和猿楽四座のなかでもことに古い伝統をもつ金春系の根本の面であるとあり、金春禅竹の『明宿集』には、この鬼面と翁面が一体であることが次のように述べられている。

　翁に対してたてまつて、鬼面を当座に安置したてまつること、これは聖徳太子御作の面也。秦河勝に猿楽の業を被㆓仰付㆒し時、河勝に給ひける也。是則、翁一体の御面なり。諸天・善神・仏・菩薩と初めたてまつり、人間に至るまで、柔和・憤怒の二の形あり。これ、善悪の二相一如の形なるべし。さるほどに、降伏の姿、怒る時には、夜叉・鬼神の形と現はれ、柔和・忍辱・慈悲の姿を現はす時、面貌端厳にして、本有如来の妙体也。然者一体異名なり。

すなわち、能の翁・翁面は、善悪の「二相一如」「一体二名」の両義性や両面性を持っているということである。新羅明神もこうした鬼と翁が裏腹な関係にある両義性をもってあらわれるのである。

一方、新羅明神は、嵩山だけでなく、天台山や泰山というような漢土の霊場・霊山にもあらわれていると認識されていた。すなわち『園城寺伝記』「新羅明神変化三国済度衆生事」の条に「漢土之霊場奉㆑祝㆓此神㆒。晨旦於㆓天台山㆒者。現㆓朱山王㆒守㆓王位㆒。攘㆓疫鬼㆒。或出㆓現嵩山㆒。或垂㆓跡泰山寺㆒」とある。このように中国において活躍していた新羅明神が日本の叡山に鎮座するのであるが、中国でも日本でもない新羅の神として登場するところに注意しなくてはならない。第三の領域である新羅に仮託して、強力な霊威がやってくる、それが翁の新羅明神だったのである。

『園城寺伝記』五之六「新羅明神変化三国済度衆生事」の条には、新羅明神巡歴譚が、

日域ニシテハ生二素盞嗚尊一。従二出雲国簸之川上一到二新羅国曾尸茂梨一。守二王法一化二緇素一唐大中十二年。高祖帰朝船中示レ形成二三井鎮守一焉。

のように書かれる。日本で素盞嗚尊《すさのおのみこと》として生まれた新羅明神が、出雲から逆ルートで新羅国「曾尸茂梨《そしもり》」にいたり、円珍の帰朝にさいして船中にあらわれ、三井寺の鎮守となったとされる。これは『日本書紀』神代上巻八段（一書第四）の「素盞嗚尊、其の子五十猛神を師ゐて、新羅国に降到りまして、曾尸茂梨の処に居します。乃ち興言して曰はく、此の地は吾居らまく欲せじとのたまひて、遂に埴土を以て舟に作りて、乗りて、東に渡りて、出雲国の簸の川上に所在る、鳥上の峯に至る」の部分をモチーフとしてつくられた話であろう。古代、荒ぶる神として高天原から追放された素盞嗚尊は、地上において強力な霊威を示す悪の領域にいる神としてとらえられていた。このような素盞嗚尊の伝説が、新羅明神と素盞嗚尊の同体説として中世によみがえったのである。

韓半島からの渡来集団によって担われてきた八幡神や稲荷神が翁の姿であらわれるように、韓半島、特に、新羅から中国経由で渡ってきた赤山明神や新羅明神も翁の形象をとってあらわれる。こうした翁神のなかで、八幡神は、翁と童子が互換するかたちであらわれるのに対し、新羅明神は、翁と鬼の両面性をもってあらわれる。このように、新羅明神が強大な霊威をもっている悪の神という形象をもっている点は、八幡神のあらわれ方と違っている。とはいえ、韓半島の神々が翁としてあらわれるという点で重なってくるのである。

(1) 平野邦雄「秦氏の研究(二)」(『史学雑誌』七〇篇四号)、直木幸次郎『日本の歴史2』(中央公論社、一九六五)、泊勝美『古代九州の新羅王国』(新人物往来社、一九七四)、大和岩雄『秦氏の研究』(大和書房、一九九三)、逵日出典『八幡宮寺成立史の研究』(続群書類従完成会、二〇〇三)などに言及がある。

(2)「勝《すぐり》」姓に関しては、『日本書紀』雄略天皇十五年条に「秦の民を臣連等に分散ちて、各欲の随に駈使らしむ。(中略)詔して秦の民を聚りて、秦酒公に賜ふ。公、仍りて百八種勝を領率ゐて、庸調の絹縑を奉献りて、朝廷に充積む。因りて姓を賜ひて禹豆麻佐と曰ふ」とあるのを初見とする。すなわち、諸国に分散していた秦の民が、秦酒公の支配下に置かれるようになったこと、また、秦酒公が多数の勝を率いて絹を作って貢進し、ウズマサという姓を賜ったことが記されている。この記録は、秦氏の職掌の起源を説いているものであるが、秦氏が有する姓(かばね)の一つに勝姓があったことを示すものとしても注目される。勝姓者の分布は、秦氏族の分布する地域と重なり、両者が同一郡内に並存するという特徴などから、勝姓が秦氏族に与えられた姓であり、特に秦氏系の在地首長の姓とみられている。これについては、八木充「勝姓者集団について」(『律令国家成立過程の研究』、塙書房、一九六八)、平野邦雄「九州における古代豪族と大陸」(九州文化論集『古代アジアと九州』、平凡社、一九七三)、加藤謙吉「秦氏の誕生と支配組織の成立」(『秦氏とその民』、白水社、一九九八)などを参照した。

(3) 平野邦雄「秦氏の研究(一)」(前掲注1)。

(4) 中野幡能『八幡信仰と修験道』(吉川弘文館、一九九八)第一章。

(5) 三品彰英『増補日鮮神話伝説の研究』(平凡社、一九七二)第二章。

(6)『三国遺事』の同箇所に脱解が「我本龍城国人」とある。龍城国がどこを指すかはよくわかっていない。

(7)『三国遺事』第一巻、第二紀異・高句麗条。

(8) 李民樹訳著『三国遺事』(乙酉文化社、一九九四)。

(9) 逵日出典『八幡宮寺成立史の研究』(前掲注1)六四頁。

(10) 平野博之「承和十一年の宇佐八幡宮弥勒寺建立縁起について」(竹内理三編『九州史研究』、一九六八)。

(11)『扶桑略記』欽明天皇三十二年正月条。

(12)山折哲雄『神と翁の民俗学』(講談社学術文庫、一九九一)一六三～一六四頁。
(13)逵日出典『八幡宮寺成立史の研究』(前掲注1)。
(14)松岡心平「神仏習合と翁」(學燈社『国文学』四四巻八号)、同氏「世阿弥の言説と身体」(森話社『ZEAMI』一号、渡辺守章との対談)。
(15)花郎は、新羅真興王(在位五四〇～五七六)時代に制度化された青少年集団である。戦時には戦士団として機能する一方、儀礼的宗教的意味を含む名山大川での遊娯を重要な役目とし、呪的歌舞をもって特定の祭祀に携っていた。
(16)中野幡能『八幡信仰と修験道』(前掲注4)。
(17)『稲荷大社由緒記集成』信仰著作篇解題。
(18)近藤喜博「稲荷信仰の歴史的展開」(直江廣治編『稲荷信仰』、雄山閣、一九八三)。
(19)惟宗公方(九三八～九七〇年頃)編。
(20)大和岩雄氏によると、『三代実録』元慶五年(八八一)三月二十六日条に、松尾社の祝部の氏人に「本系帳」を提出させたとあるので、この時代に書かれたものであるし、また『三代実録』元慶七年(八八三)十二月、秦宿禰・秦忌寸らが惟宗朝臣に改姓しているから、『秦氏本系帳』は惟宗家にあって、惟宗公方はそれを『本朝月令』に引用したのであるとする(『秦氏の研究』、大和書房、一九九三、三三九頁)。
(21)中村修也『秦氏とカモ氏』(臨川書店、一九九四)一五三頁。
(22)川添昭二「宗像氏の対外貿易と志賀島の海人」(海と列島文化第三巻『玄界灘の島々』、小学館、一九九〇)二八〇頁。
(23)深溝徳穂「古代ムナカタ神の起源について」(『西日本史学』十号)。
(24)西田長男『古代文学の周辺』(桜楓社、一九六四)一一九～一二三頁。
(25)『古事記』中巻
美和の大物主神、見感でて、其の美人の大便為れる時、丹塗矢に化りて、其の大便為れる溝より流れ下りて、其の美人の富登を突きき。爾に其の美人驚きて、立ち走り伊須須岐伎。乃ち其の矢を将ち来て、床の辺に置けば、忽ちに麗しき壮夫に成りて、即ち其の美人を娶して生める子、名は富登多多良伊須須岐比売命と謂ひ、亦の名は比売多多良伊須須気余理比売と謂ふ。故、是を以ちて神の御子と謂ふなり。

(26) 三品彰英『古代祭政と穀霊信仰』(平凡社、一九七三)後編第四節。

(27) 岡直己『神像彫刻の研究』(角川書店、一九六六)第三章。

(28) 澤井英樹「異域の神人と神龍――走湯山縁起の世界」(『神語り研究』三号)。

(29) 三品彰英『増補日鮮神話伝説の研究』(前掲注5)第二章。

(30)『惟賢比丘筆記』所収『大隅正八幡本縁事』

震旦国陳大王娘大比留女、七歳御懐妊。父王怖畏をなし、汝等未幼少也、誰人子有慥申べしと仰ければ、我夢朝日光胸覆所娠也と申給へば、弥驚て、御誕生皇子共、空船乗、流れ着所を領とし給へとて大海浮奉、日本大隈磯岸着給、其太子を八幡と号奉、依此船着所を八幡崎と名、是継体天皇御宇也、大比留女筑前国若椙山へ飛入給後、香椎聖母大菩薩と顕給へり、皇子大隈国留りて、正八幡宮祝れ給へり。

(31) 村山修一『本地垂迹』(吉川弘文館、一九七四)三〇八頁~三〇九頁。

(32) 代表的な論考には、服部幸雄「後戸の神」(『文学』一九七三年七月、岩波書店)、山路興造「『翁猿楽』考」(『翁の座』、平凡社、一九九〇)などがある。

(33) 山本ひろ子『異神』(平凡社、一九九八)第二章。

(34) 村山修一『本地垂迹』(前掲注32)三一〇頁。

(35) 景山春樹『神像――神々の心と形』(法政大学出版部、一九七八)三三頁。

(36) 小峯和明「円仁の旅と赤山法華院」(『立教大学日本学研究所年報』三号)。

(37) 山本ひろ子『異神』(前掲注33)。

第五章　韓半島の山岳信仰の流入

日本の山岳信仰には韓半島からの信仰習俗が大きな影響を与えたが、なかでも、新羅の信仰文化との交流は深かったといえよう。修験道の祖とされる役小角《えんのおづぬ》にまつわる伝承には、新羅との関連がはっきりと書かれており、また、北九州の彦山《ひこさん》修験の世界には新羅花郎《かろう》文化からの影響が著しい。新羅花郎文化の実態を弥勒信仰を中心に述べながら、花郎文化の流入によって形成される彦山修験の世界を明らかにしてみたい。

一　役小角と韓半島の山岳信仰

日本において修験道が発達した地域には、韓半島の山岳信仰の影が濃厚にみられる。重松明久氏は、新羅系の山岳崇拝を主とする地神信仰や山岳神聖観が、出雲から北陸一帯と畿内にかけて浸透していたと指摘しながら、白山修験道の形成にも新羅の山岳信仰が強い影響をおよぼしていたと論じる。(1)氏が指摘しているように、韓半島の山岳信仰からの影響は広い範囲におよんでいたと考えられる。まず、中央における修験の世界でも韓半島と密接な関連が見い出せるが、その代表的な例が修験道の祖役小角である。

役小角は、葛城山に住んで修行し、吉野の金峰山・大峰などを開いたとされ、道教系の呪術を駆使し、神仙に近い存在であったと伝えられている。中国で発生した神仙思想や道教信仰においては、修行により不老不死の術や神通力を得た人を、神仙または仙人と呼ぶが、日本では、こうした純粋に道教的な神仙・仙人よりは、仏教的な験者としてあらわれる場合が多く、仏教とのかかわりをもつ仙人がほとんどである。つまり、日本の仙人は、仏教的世界観に覆われ、仏教の範疇におかれる一方で、山林修行の場を中心に道教系の呪術・呪法を修め、修験文化を担ってきた。その代表が役小角である。『続日本紀』文武天皇三年五月条には、役小角をめぐる伝承が、次のように書かれている。

役君小角、伊豆嶋に流さる。初め小角、葛木山に住みて、呪術を以て称めらる。外従五位下韓国連広足が師なりき。後にその能を害ひて、讒づるに妖惑を以てせり。故、遠き処に配さる。世相伝へて云はく、「小角能く鬼神を役使して、水を汲み薪を採らしむ。若し命を用ゐずは、即ち呪を以て縛る」といふ。

葛城山（葛木山）に住む役小角は、鬼神を使役するなど呪術を使うことにすぐれていたが、韓国連《からくにのむらじ》広足《ひろたり》の誹謗により伊豆に流されたというのである。役小角が鬼神を使役して水を汲ませたり薪を採らせたことは、道教系の鬼道との関係をしのばせ、彼が神仙思想を含む道教系の宗教者であったことをうかがわせる。特に、『日本霊異記』上巻では、役小角の駆使する呪術が道教系の神仙術であることがはっきりと示され、仙人としての役小角像が浮き彫りになっている。

役の優婆塞は、賀武の役の公（中略）仙宮の賓と携り、億載の庭に遊び、蕊蓋の苑に臥伏し、養性の気を吸ひ噉はむとねがひき。所以に晩れにし年四十余歳を以て、更に巌窟に居り。葛を被り、松を餌み、清水の泉を沐み、欲界の垢を濯ぎ、孔雀の呪法を修習して、奇異の験術を証し得たり。鬼神を駆ひ使ひ、得ること自在なり。諸の鬼神を唱ひ催して曰はく「大倭国の金の峯と葛木の峯とに椅を渡して通はせ」といふ。是に神等、みな、愁へて、藤原の宮に宇御めたまひし天皇のみ世に、葛木の峯の一語主の大神、託ひ讒ぢて曰さく「役の優婆塞謀して天皇を傾けむとす」とまうす。天皇勅して、使を遣はして捉ふるに、猶し験力に因りて輙く捕へられぬが故に、その母を捉へき。優婆塞母を免れしめむが故に、出で来りて捕へられぬ。即ち之を伊図の嶋に流しき。時に、身は海の上に浮びて、走ること陸を履むが如し。体は万丈に踞り、飛ぶこと翥る鳳の如し。昼は皇に随ひて嶋に居て行ふ。夜は駿河の富岻の嶺に往きて修す。（中略）遂に仙と作りて天に飛びき。吾が聖朝の人、道照法師、勅を奉りて、法を求めむとして太唐に往きき。法師、五百の虎の請を受けて、新羅に至り、其の山中に有りて法華経を講じき。時に虎衆の中に人有り。倭語を以て問を挙げたり。法師「誰そ」と問ふに、役の優婆塞なりき。法師「我が国の聖人なり」と思ひて、高座より下りて求むるに無し。

ここでは、役小角が仙宮や仙界で遊び、四十歳を過ぎてからは巌窟にいて、葛を纏《まと》い松を食べるという仙人のような生活を営み、験術を体得した、とある。さらに、諸々の鬼神を誘って山中に橋をつくらせるなど、鬼神を自由に使役することができたという。一方、役小角は、葛木峯の一言主神《ひとことぬしのかみ》が人に憑き、「役小角が謀を巡らし、天皇を滅ぼそうとする」と中傷したせいで伊豆に流されてしまったが、配流のあとも昼夜伊豆と富士山を行き来しながら修行し、ついに仙人になって天に飛び去ったとある。「飛天」とは、同書上巻第十三条に、大和のある女人について、「その風流なる事、神仙に感応せり。春の野に菜を採み、仙草を食ひて天に飛ぶ。仏法を修せずとも、風流なるを好めば、仙薬の感応することを」とあり、神仙術の一つとして語られる。役小角も風流を好み天を飛ぶ女仙の話と同類であり、神仙術を使い、仙人となって天に飛び去ったのである。こうした伝承から、役小角は、神仙思想や道教の信仰を実践する人、もしくは仙人そのものであったと考えられる。

つづいて、仙人となった役小角が、新羅の山中にあらわれたという後日譚が書かれている。道昭が新羅の山中で『法華経』を講じた時、虎の群のなかから「倭語」で問いかける声が聞こえたので、誰かと聞けば、役の優婆《うば》塞《そく》と答えたが、その姿は見当らなかったという。一方、『今昔物語集』巻十一の四話には、役小角が「日本は神の心も物狂はしく、人の心も悪かりしかば、去りにし也。然れども、于今時々は通ふ也」といっており、自分が新羅にきているのは、日本の神の心が物狂わしく、人の心が悪いからという。それは、一言主神や韓国連広足による中傷をさしているのだろう。そして、今も時々両国の山を行き来するという。

さらに、役小角は「孔雀の呪法を修習して、奇異しき験術を証得せり」とあり、仏教の呪法をも兼修してはいるものの、実際は、道教系の呪術を修めた山林修行者であったことを思い知るのである。日本では、道教的呪術または呪法を学び、仙人を目指している人たちが、表面的には仏法を修行しているとされる場合が多い。久米仙人や陽勝仙人・法道仙人などは、仙術を修める一方、仏教と深いかかわりをもっている。こうした流れの先駆けに役小角は位置しているのである。

以上の伝承において注目したいのは、役小角と韓半島との関連がはっきりと語られていることである。まず、道昭が新羅の山で「五百の虎」を前にして説経をした時、その群のなかに役小角がいたということである。『今昔物語集』では、「五百の虎」の代わりに「五百の道士」となっているが、山神の化身とされる虎や道術を修めた道士の例は、どちらも役小角と道教的信仰との関連を明示しているだろう。そして、役小角が新羅の山を行き来することは、彼の道術譚を説くものであると同時に、そこには、両国の山岳信仰の交渉の痕跡が書きとどめられているように思われる。また、『続日本紀』には、「外従五位下韓国連広足が師なりき」とあって、役小角が韓国連広足の師となっている。韓国連広足をめぐっては、『続日本紀』の天平三年（七三一）正月条に、韓国連広足が典薬頭《てんやくのかみ》になったとあり、『家伝』下（藤原武智麿伝）には「呪禁有余仁軍・韓国連広足」とあって、呪禁師《じゅごんし》として記されている。また、『令集解』所引『古記』には、「道術符禁、謂二道士法一也、今辛国連是」とあり、辛《から》国連《くにのむらじ》（韓国連）が道術を行ったことが書かれている。こうした記録類から呪禁師として知られた韓国連広足が、道教系の呪術・呪法を行っていたのは事実と考えられるが、渡来系の韓国連広足に呪術および道術を教えたのが、役小角とされているのである。このようなところにも、日本と古代韓国の間における呪術文化の交流が想像できるだろう。

また、鎌倉初期またはそれ以前の成立とされる『諸山縁起』では、大和修験の中心霊場における縁起が説かれるなか、仙人と名づけられた多くの修行者が登場する。その一つに、異域からやってきた一人の老翁香蔵仙人が役小角の前にあらわれるという話がある。以下の通りである。

大峰より役行者出でて、愛徳山に参詣の間、発心門に一人の老者あり。値ふ。「何人ぞ」と問ふに、答へて云はく、「吾は百済の美耶山に住む香蔵仙人なり」と。云はく、「公、数万劫、法を求むること久しく御坐す。今この国の行人叶はざるか。然りといへどもこの峯ここに種々の主あり。知らず御すや。如何。熊野の御山を下向する人のその験気の利生を奪ひ取る者三所あり。未だ知らざるや。何」と。行者、「知らず」と答ふ。「我に教え給へ」と。云はく、「熊野の本主は麁乱神なり。人の生気を取り、善道を妨ぐる者なり。常に忿怒の心を発して非常を致すなり。時々山内に走り散りて、人を動かし、必ず下向する人のその利生を妨ぐ。その持する事は、檀香・大豆香の粉なり。面の左右に少し付くれば、必ず件の神遠く去る。（中略）その処は、一に発心門、二に滝本、三に切目なり。山中に何の笠をば尤もにせん。那木の葉は何ぞ。荒れ乱るる山神、近く付かざる料なり。金剛童子の三昧耶形なり。而るに不祥なるは松の木なり。この事をよく知り、末代の人に伝え御せ」と。云はく、「滝尻の上の御前は常行の地にして、善生土と云ふなり。諸仏と共にこの山に住する山人、歳久しく常に麁乱神の遊ぶを知らず。余の恠あらず。毎月一度の供、善生に返るか」と云ひて、隠れ了んぬ。願行これを記すと云々。

役小角が熊野九十九王子《くじゆうくおうじ》の一つである愛徳山に行った時、発心門で一人の老人に出会う。みずから百済国の香蔵仙人という。悪神退治の方法を教えるため、百済国の美耶山から渡ってきたのである。香蔵仙人が役小角に対していうには、熊野の地主神である麁乱神《そらんじん》が、人の生気をとり、善道を邪魔するとし、山のなかの修験者をおびやかし、下向する人の利生を妨げるという。そして、麁乱神が近づかないようにするために、大豆を粉にして顔に塗るなど、障礙神《しょうげ》を遠ざける方法を教えるのであった。それから、末代の人に伝えるようにと言い残し、姿を消したとある。麁乱神は、「忿怒の心を発して非常を致す」または、「荒れ乱るる」神とされる。香蔵仙人は、そうした荒神的麁乱神を仏法者から遠ざける方便を教える、いわば、護法神の性格をもった神人的翁である。

この話では、百済の香蔵仙人の逸話が修験の祖である役小角譚と絡めて語られ、なかでも特に、韓半島から翁の神人が直接やってきたということは注目に値する。香蔵仙人は、百済からきた仙人であったが、このように、日本の山岳信仰伝承は韓半島の道教や神仙思想とのかかわりをもって展開される例が少なくない。とりわけ、道教の流れをひく役小角の本拠地は葛城山（葛木山）であり、葛城山には、渡来僧の呪術信仰が集中している。『日本霊異記』には、葛城山を舞台にして百済僧の奇異譚などが語られるなど（第七章参照）、古くから神仙思想や呪術修行と深くかかわった宗教的霊山として知られていた。こうした葛城山には、早くから、道教的色彩をもつ一言主神が知られている。一言主神は、『延喜式』によれば大和国葛城上郡の「葛木に坐す一言神社」の神である。

記紀には、葛城山に入った雄略天皇の前に一言主神があらわれたことが伝えられるが、一言主神の伝承は、神が人の前にその姿をあらわす古い例としても注目される。『日本書紀』雄略天皇四年二月条には、一言主神のあらわれについて次のように記されている。

天皇、葛城山に射獵したまふ。忽に長き人を見る。来りて丹谷に望めり。面貌容儀、天皇に相似れり。天皇、是神なりと知《しろ》しめせれども、猶故に問ひて曰はく、「何処の公ぞ」とのたまふ。長き人、対へて曰はく、「現人之神ぞ。先づ王の諱を称れ。然して後に導《い》はむ」とのたまふ。天皇、答へて曰はく、「朕は是、幼武尊なり」とのたまふ。長き人、次に称りて曰はく、「僕は是、一言主神なり」とのたまふ。遂に与に遊田《かり》を盤《たのし》びて、一の鹿を駈逐ひて、箭発つことを相辞りて、轡を並べて馳騁す。言詞恭しく恪みて、仙に逢ふ若きこと有します。是に、日晩れて田罷《かりや》みぬ。神、天皇を待送りたてまつりたまひて、来目水までに至る。

雄略天皇が葛城山で狩をしていた時、天皇に相似した容貌の人と出会う。素性を聞かれると、現人の神と言い、一言主神と名のる。天皇は一言主神とともに狩を楽しみ、日が暮れると神に見送られ別れた。この伝承には、神仙思想や道教に関係する「丹谷」や「仙」という表現がみえ、葛城山の奥深い谷が仙境としてイメージされ、一言主神が仙人に譬えられている。一方、『古事記』下巻では、「吾は悪事も一言、善事も一言、言ひ離つ神、葛城の一言主大神ぞ」と、凶事でも吉事でも一言で言い放つ神であると言い、一言で託宣をする神として出てくる。さらに、『日本霊異記』などに見える役小角伝承では、葛城の峯の一言主神が人に憑依して讒言したとあり、一言主神は、巫俗的神人として描かれている。こうした道教的でもあり、シャーマニズム的でもある一言主神は「現人之神」、つまり、人の前に姿をあらわした神であった。人間として姿をあらわす神は、古代にあっては特異である。

さらに、『続日本紀』天平宝字八年（七六四）十一月七日条には、雄略天皇と狩猟を競う老人の話が載っている。即ち「昔、大泊瀬天皇《おおはつせ》（雄略天皇）葛城山に獦したまひし時、老人ありて、毎に天皇と相遂ひて獲を争ふ。天皇怒りて、その人を土佐国に流したまふ。先祖の主れる神化して老人と成り、爰に放逐せらる」とある。この逸話は、雄略天皇が一言主神とともに狩猟を楽しんだという記紀の伝承の異伝と考えられ、この場合、一言主神は翁の姿をとってあらわれたことになる。日本の神話世界では、神が翁としてあらわれることはほとんどないが、その早い例が韓半島の呪術信仰の影響が著しい葛城山の話であることは、大変興味深い。

以上、役小角を中心に列島中央部の修験霊場に伝わるいくつかの伝承をみてきた。そこには、韓半島の山岳信仰との関連が直截に語られていたといえよう。

二　新羅の花郎文化と彦山修験

(一)花郎文化と弥勒信仰

韓半島からの山岳信仰の影響が最も大きかった地域の一つに、北九州の彦山がある。修験の霊場としてよく知られた彦山には、新羅花郎文化の伝来が認められる。その彦山修験について述べる前に、新羅の花郎文化について考えておこう。

花郎は、新羅真興王《しんこう》（在位五四〇〜五七六）時代に制度化された青少年集団である。戦時には戦士団として機能する一方、儀礼的宗教的意味を含む名山大川での遊娯（修行）を重要な役目とし、呪的歌舞をもって特定祭祀に携っていた。『三国史記』には「相悦以歌楽　遊娯山水　無遠不到」(2)と、花郎習俗の一端を説明する記述がある。ここでいう花郎集団の「遊娯」の本質は、儀礼的宗教的意味であり、そこには新羅社会の山岳や天神崇拝の思想が反映されている。また、花郎徒が「相悦以歌楽」や「遊娯山水」のような風流的要素をもっており、超自然的霊験を体験したりするのは、彼らが新羅の巫覡《ふげき》文化と密接にかかわっていることを物語る。こうした花郎思想の背景にあるコスモロジーは、韓国古代からの天神・山神・竜神崇拝の思想であった。

なかでも、韓半島では、山神信仰・山岳崇拝の風習が重んじられ、名山大川で祭祀を行うことが国家的儀礼として重要視されていた。『三国史記』や『三国遺事』には、高句麗・新羅・百済の三国が霊山を中心に祭祀を行っていた記事が多くみられるが、特に新羅の場合が顕著である。新羅では、七代逸聖王《いっせい》が、「北巡、親祀太白山」(3)とあって、北方を巡礼し、太白山で祭祀を行っていた。また、『三国史記』巻第三十二・祭祀条によると、「三山五岳已下名山大川、分為大中小祀」とあって、国内の名山大川を大祀・中祀・小祀に分けて、祭祀していた。このように新羅の霊山が王みずからによって定期的に祭られてきた様子が次のような記録を通じて垣間見られる。

『三国遺事』第二巻、第二紀異篇、処容郎《しょよう》望海寺条である。

第四十九憲康大王之代（中略）幸鮑石亭、南山神現舞於御前、左右不見、王独見之、有人現舞於前、王自作舞、以像示之、神之名或曰祥審、故至今国人伝此舞、曰御舞祥審、或曰御舞山神、或云、既神出舞、審象其貌、命工摹刻、以示後代、故云象審、或云霜髯舞、此乃以其形称之、又幸於金剛嶺時、北岳神呈舞、名玉刀鈐、又同礼殿宴時、地神出舞、各地伯級干

ここには、憲康王が「鮑石亭」を訪れた時に「南山神」が眼前にあらわれ舞ったこと、金剛嶺を訪れた時は「北岳神」があらわれ舞ったこと、同礼殿で宴会を開いた時には「地神」があらわれ舞いを舞ったことなど、山神や地神の示現譚が記されている。『三国史記』にも同じく憲康王条に「三月、巡幸国東州郡、有不知所従来四人、詣駕前歌舞、形容可駭、布巾詭異、時人謂之山海精霊」とあって、国王の巡幸時に山海精霊があらわれ、歌舞をしたと書かれている。ことに南山神による舞は、王の目には見えても、普通の人には見えないものであったので、国王が直接舞うとともに像をつくらせたという。

この記録には、憲康王が南山・北岳山などを訪れ、新羅の三山五岳を祭る護国山神祭を行ったことが書きとめられているのであろう。新羅においては、「定期的であれ不定期的であれ国王が親祭した儀式[4]」として、一つの総合的祭儀が行われており、それは「山神信仰が民間のレベルをこえた国家的信仰[5]」であったことを示唆している。このように、国王が名勝地を尋ね国の安寧を祈願する祭儀を行うことは、花郎が山水遊娯する意義と同類のものと考えられる。

花郎の文化は、古代からの山岳信仰に根差す一方、弥勒信仰とのかかわりも深く、花郎自身、弥勒の化身ともされた。『三国遺事』第三巻、第四塔像篇、弥勒仙花・未尸郎・真慈師条には、花郎の成立について説いたあと

に、弥勒仏の化身である少年未尸郎が花郎となるくだりが詳細に語られる。この未尸郎をめぐる逸話は、花郎と弥勒信仰との深い結びつきを示してくれるものである。その原文は次の通りである。

真智王代、有興輪寺僧真慈、毎就堂主弥勒像前、発願誓言、願我大聖化作花郎、出現於世、我常親近晬容、奉以□周施、其誠懇至禱之情、日益弥篤、一夕夢有僧謂曰、汝往熊川水源寺、得見弥勒仙花也、慈覚而驚喜、尋其寺、行十日程、一歩一礼、及到其寺、門外有一郎、濃纖不爽、盼倩而迎（中略）俄而出門、不知所在（中略）寺僧欺其情蕩然、而見其懃恪、乃曰、此去南隣有千山、自古賢哲万止、多有冥感、蓋帰彼居、慈従之、至於山下、山霊変老人出迎曰、到此奚為、答曰、願見弥勒仙花爾、老人曰、向於水源寺之門外、已見弥勒仙花、更来何求、慈聞即驚汗、驟還本寺（中略）物色求之、有一小郎子、断紅斉具、眉彩秀麗、霊妙寺之東北路傍樹下、婆娑而遊、慈迓之驚曰、此弥勒仙花也、乃就而問曰、郎家何在、願聞芳氏、郎答曰、我名未尸、児孩時爺嬢倶歿、未知何姓、於是肩輿而入見於王、王敬愛之、奉為国仙、其和睦子弟、礼義風教、不類於常、風流耀世幾七年、忽亡所在

真智王代、興輪寺の僧真慈が、弥勒仏が花郎に化現することを熱心に祈願したところ、水源寺に行けば弥勒仙花（弥勒の化身）に会えるという夢を見たので、その寺を訪れた。ところが、真慈は、門の外にいた少年が弥勒の化身であることに気がつかず、少年を見失ってしまった。真慈は水源寺の僧らに教えられて南方の千山に向かい、弥勒の化身を待つことにした。昔から聖地とされてきた千山にいたると、山の神が老人と化してあらわれ、水源寺で出会った少年が弥勒の化身であったことを教える。それを聞いて、真慈は、興輪寺へと戻り、町中を回

ってその少年を探した。やがて、化粧をした秀麗な少年一人を霊妙寺の東北の路傍の樹の下で見つけたが、その少年こそ真慈が水源寺で会った弥勒の化身であった。真慈は、未尸と名乗る少年を輿《こし》に乗せて、真智王の前に連れていった。王は、弥勒の化身である少年未尸を敬愛し、国仙花郎となした。未尸は、花郎のなかでも例をみないほどの優れた人物であったが、七年後忽然と姿を消してしまった。

この伝承には、花郎が弥勒仏の化身とされ、花郎集団が弥勒を深く信仰していたことが示されている。三品彰英氏は、韓半島で弥勒信仰が栄えた原因として、弥勒信仰と新羅の土俗信仰とが密接にかかわっていたことをあげている。つまり、弥勒経伝のうち『弥勒上生経』が兜率往生を説くのに対して、『弥勒下生経』は弥勒菩薩が兜率天からこの世の大婆羅門の子として下生し、竜華樹の下において成道して三回の説法を行じたと説き、後者の現実的な面こそ新羅固有の信仰に結びつく契機を持っていたと指摘する。(6) 韓半島に中国の道教思想が輸入され早くに土着化したのも、新羅人の土着的山岳信仰が神仙思想や道教とごく近似した宗教であったからであるが、弥勒信仰との習合においても同様のことが考えられるのである。

下生した弥勒菩薩が花郎の姿であらわれるのは、韓国古代からの神観念である童子信仰、つまり、天から降ってくる神霊が童子の姿をしていることと同形である。すでに説明した通り、韓国古代の始祖伝承のほとんどが童子形の誕生譚を語っている。さらに、弥勒の化身とされる未尸郎を、樹木の下で見つけたとあるのは、もちろん弥勒の場合の竜華樹と響き合うが、神霊が樹木の下にあらわれたことを意味し、それは、新羅人にとって守護神霊は樹林に出現すると観念されたことと関係している。

現在の慶州には、新羅金氏王室の始祖である金閼智の誕生の奇跡がおこったとされる「鶏林」と呼ばれる叢林地が残っているが、ここは、以前は祭祀場や聖地であったと推定されており、(7) 新羅固有の樹木信仰を示唆する霊場となっている。こうした樹木信仰とかかわる閼智誕生神話においても、童子が神霊として天から降りてきたことになっており、神人が樹木の下に童子の姿で来臨することは、古代韓国の伝承においては珍しくない古俗であったのだ。

このような古来の神観念に弥勒の下生信仰、つまり、弥勒が竜華樹の下におりてくるという思想が結びつき、弥勒の化身が小児として観念されたのであろう。新羅人は、少年花郎に神の俗体をもとめ、花郎文化に弥勒信仰が結びつくと、すぐさま花郎が弥勒の化身とも考えられたのである。そのため弥勒の化身とされた花郎が立て籠もり修行を行う洞窟は、弥勒堂とも呼ばれていた。[8]

また、『三国遺事』第三巻、第四塔像篇、弥勒仙花・未尸郎・真慈師条の末尾には、花郎未尸郎にまつわる伝承が「至今国人称神仙曰弥勒仙花」と書かれており、神仙を弥勒仙花といった。さらに、『三国遺事』には未尸郎を「奉為国仙」とあり、また、花郎の創始を記したところに「始奉㆓薛原郎㆒為㆓国仙㆒此花郎国仙之始」とあるなど、主に花郎に対して国仙という表現を用い、花郎と神仙とを同一視する傾向が強く、花郎が仙人や神仙としてイメージされていたことが示されている。

未尸郎伝説のように、弥勒が小児としてあらわれる伝承の一つが、『三国遺事』第五巻、第七感通篇、月明師兜率歌条にもみえる。

景徳王一九年庚子四月朔、二日並現、挟旬不滅（中略）明乃作兜率歌賦之（中略）既而日怪即滅、王喜之、賜品茶一襲、水精念珠百八箇（中略）忽有一童子、儀形鮮潔、跪奉茶珠、従殿西小門而出（中略）王甚異之使人追之、童入内院塔中而隠、茶珠在南壁慈氏像前、知明之知徳与至誠、能昭仮于至聖地也如此

景徳王十九年（七六〇）、二つの太陽があらわれる異常が十日間続いたが、月明師が弥勒尊に郷歌を献じ奉ったところ、天変の奇異が治まった。喜んだ王は茶と水精念珠を与えた。その後、一人の美しい童子があらわれ、跪いて茶と念珠をいただき、西の小門を出て行った。王が怪しんで人に追いかけさせたら、童子は内院の塔中に入って隠れてしまった。茶と念珠は南の壁の弥勒像の前にあった。月明師の徳と至誠が弥勒を感動させたのである。この童子は弥勒の化身であろう。月明師が詠んだといわれる郷歌「兜率歌」は、弥勒菩薩に捧げる歌であり、弥勒も感動して童子の姿であらわれたのである。月明師の弥勒菩薩への信仰心が非常に深いことがわかる。また、この伝承には、月明師が「僧但属於国仙之徒」とあり、花郎徒に属していることになっている。僧侶と花郎集団とが深く結びついており、特に、弥勒仏を奉る僧侶が花郎徒の中心にあることについても注意をはらうべきであろう。

一方、花郎伝承のなかには、僧侶が花郎集団に属し、さらに、花郎徒の中心的存在であったことを推察させる記述が少なくない。『三国史記』巻四十七に「歃運少遊花郎文努之門」とあって、花郎文努の門徒であった歃運の伝承が記されている。そのなかに、歃運が戦地に赴き生還できないことを予言する転密という僧が登場するが、同箇所には「同門僧転密」と書かれており、転密が花郎文努の徒に属している僧侶であったことを伝えている。また、『三国遺事』には、恵宿という僧が花郎好世郎の徒から姿を消し、二十年後に花郎瞿旵公の前にあらわれたが、瞿旵公を戒めてから再び去ってしまうという話を伝える。恵宿という僧侶が、花郎徒に属していたことがわかる一方、彼が花郎瞿旵公を戒め、善導する存在であったことがわかる。また、同書には恵宿をめぐる奇異譚が一緒に伝わっているが、花郎集団に属している僧のほとんどが、霊力や呪力を持っていたことにも注意したい。

さらに、花郎金膺廉は、のちには新羅四十八代景文王となる人物であるが、膺廉が花郎出身として王位を継ぐことができたのは、範教という僧侶の先見ある教えがあったからであった。『三国遺事』第二巻、第二紀異篇、景文大王条には、景文王の花郎時代の話が次のように記されている。

王諱膺廉、年十八為国仙、至於弱冠、憲安大王召郎、宴於殿中、問曰、郎為国仙、優遊四方、見何異事（中略）王聞其言、而知其賢、不覚墮涙而謂曰、朕有二女、請以奉巾櫛、郎避席而拜之、稽首而退、告於父母、父母驚喜、会其子弟、議曰、王之上公主貌甚寒寝、第二公主甚美、娶之幸矣、郎之徒上首範教師者聞之、至於家、問郎曰、大王欲以公主妻公信乎、郎曰然、曰奚娶、郎曰、二親命我宜弟、師曰、郎若娶弟、則予必死於郎之面前、娶其兄、則必有三美、誡之哉、郎曰、聞命矣、既而王択辰、而使於郎曰、二女惟公所命、使帰以郎意奏曰、奏長公主爾、既而過三朔、王疾革、召群臣曰、朕無男孫、窀穸之事、宜長女之夫膺廉継之、翌日王崩、郎奉遺詔即位

花郎膺廉が憲安王に気に入られ、二女のうち一人を選んで結婚することになった。両親ははなはだ美しい次女の方がいいといったが、範教師が訪れ、長女を娶ることを強く勧める。範教師は「郎之徒上首」とあるように、花郎徒の上座にあたる。花郎膺廉は範教師の命に従い、即位することになる。花郎膺廉が両親よりも範教の教えに従ったことから、花郎集団において僧侶の役割が大きかったことがわかる。これとほぼ同じ内容の話が『三国史記』第十一巻、新羅本紀第十一、憲案王四年（八六〇）の条にも載っている。そこには、範教師という名前はみえないが、花郎膺廉が結婚相手の選択に悩んでいる時、興輪寺の僧にアドバイスを求めたとある。

『三国史記』や『三国遺事』にみられる花郎伝承のなかには、花郎と僧侶が緊密に結ばれている例が少なくな

い。景文大王の花郎時代の記録でみたように、僧侶が花郎徒の上座として位置づけられている例は、花郎集団と仏教との深い関係を示すものであり、花郎集団は弥勒信仰を中心とする共同体であったといってもよい。

『三国遺事』第二巻、第二紀異篇、景徳王・忠談師・表訓大徳条に、三月三日の日に、忠談師という僧侶が王に出迎えられ、王のためにお茶を献じ、郷歌「安民歌」を詠んで奉ったという内容の逸話が記されている。この記録によると、忠談師は、以前から花郎耆婆郎を賛美した郷歌「詞脳歌」を歌ったことで知られていたらしい。そこには、

僧毎重三重九之日、烹茶饗南山三花嶺弥勒世尊、今茲既献而環矣

とあり、忠談師は毎年三月三日と九月九日に、南山の三花嶺の弥勒世尊にお茶を献じている。また、『三国遺事』第三巻、第四塔像篇、生義寺・石弥勒条には、生義という僧が夢告を受けて石の弥勒を発見し、南山の三花峰で祀ったという伝承が書かれており、その末尾に割注として、「忠談師毎歳重三重九、烹茶献供者、是此尊也」とある。生義が発見した石の弥勒こそは忠談師が献じていた弥勒世尊であった。両伝承によると、当時、この南山の三花嶺が弥勒信仰の聖地とされたことが明らかである。かつてこの場所は新羅の山岳信仰の霊地として山の神々があらわれる霊場でもあった。

『三国遺事』第二巻、第二紀異篇、処容郎・望海寺条の末尾に、南山の神が王の前にあらわれ舞を舞ったが、神の姿が見られるのは王だけであったとある。その山神があらわれたという霊場が南山の鮑石亭であった。鮑石亭は、花郎孝宗郎が修行したとされる場所でもある。つまり、「孝宗郎遊二南山鮑石亭一(9)或云三花述」とあるが、割注に

みられる「三花述」は南山の嶺を意味し、鮑石亭はその山麓に設けられていたとされる[10]。三花嶺は、弥勒仏が奉安されていた霊場であると同時に花郎の修行地でもあったのである。さらに、同条には南山の山神の形象を書かせたと言い、その絵から山の神々の舞が「霜髯舞」と呼ばれたとある。霜髯は白い髭をさすので山神が翁の姿をとってあらわれたことがわかる。鮑石亭は、花郎が修行する場所でもあり、山神が顕現する霊場でもあって、童子と翁神によって特徴づけられる霊地であった。

また、前にもとりあげた『三国遺事』第三巻、第四塔像篇、弥勒仙花・未尸郎・真慈師条には、真慈が弥勒仙花を尋ね千山という霊山にいたると、翁に変じた山神があらわれたという。翁は、真慈が探しもとめる弥勒仙花である未尸郎との再会に寄与するが、古代韓国においては、弥勒信仰の霊場に翁の山神があらわれることは珍しくない。弥勒の化身としての少年花郎と翁の神とがここでも深い関係にある。

花郎における弥勒信仰の高まりは、花郎金庾信に従う集団を「竜華香徒」と呼んだり、花郎竹旨郎の誕生説話に弥勒が登場していることなどからうかがうことができる。さらにいえば、花郎徒が最も盛んだった七世紀初め頃に最も多くつくられた弥勒半跏思惟像は、花郎集団の求めた弥勒の姿であったのではないだろうか。

この説の主唱者である田村圓澄氏は、次のように論じている[11]。

新羅の花郎集団は、弥勒の同信者であったが、では、その弥勒は、どのような姿であらわされたか。私は、半跏思惟像がそれであったと思う。半跏思惟像と結合した弥勒信仰は、六世紀後半以降に、朝鮮半島に伝えられたと考えられるが、あたかも花郎の制度が成立した真興王（五四〇～五七五）の時代にあたる。そして花郎が美貌の男子であり、また花郎集団が青少年の集まりであったことは、半跏思惟像との関連を推察させるからである。半跏思惟像、すなわち太子像は、出家入山前の悉達太子をあらわしており、数多い仏・菩薩像のなかでも、実在の人物像であった。花郎集団の人々は、半跏思惟像に、かれらの首領の花郎をみたのであった。

新羅においては、美少年の花郎は弥勒の化身とされていたが、その花郎が美しい少年を彷彿とさせるような半跏思惟像と結びついていた可能性は十分考えられるだろう。つづいて、氏は、

半跏思惟像の像顕は、花郎の制度が確立された真興王の時代から新羅が三国を統一した金庾信の時代までの間、すなわち、六世紀後半から七世紀前半までの約一世紀間に集中している。

と指摘し、統一新羅時代に入って、半跏思惟像の像顕が衰退することが、半跏思惟像と花郎制度とが不可分の関係にあったことを示していると述べる。

一方、花郎がイメージされる半跏思惟像が日本の広隆寺金堂の本尊として伝わっていることは注目に値する。秦氏が創建に直接かかわっている広隆寺（蜂岡寺）において半跏思惟像を中心においた弥勒信仰が展開されることになるからである。広隆寺の創建は、『日本書紀』推古天皇十一年（六〇三）条に、

十一月の己亥の朔に、皇太子、諸の太夫に謂りて曰はく、「我、尊き仏像有てり。誰か是の像を得て恭拜らむ」とのたまふ。時に秦造河勝進みて曰はく、「臣、拝みまつらむ」といふ。便に仏像を受く。因りて蜂岡寺を造る。

と記されている。すなわち、秦河勝《はたのかわかつ》が聖徳太子から賜わった仏像を本尊とし、広隆寺を建立したというのである。さらに田村氏は、『広隆寺資財交替実録帳』の「桧皮葺五間金堂壱宇」の条に「金色弥勒菩薩像壱軀居高二尺八寸所謂太子本願御形」とあるのをあげ、秦河勝が聖徳太子より賜った仏像は弥勒であり、この半跏思惟像こそ創建以来の広隆寺金堂の本尊であったと指摘した。このように、広隆寺金堂の本尊の「宝冠弥勒」といわれる半跏思惟像が、聖徳太子や秦河勝と直接にかかわっていることは興味深い。この他に、弥勒の半跏思惟像が安置されているところは、四天王寺や中宮寺などであるが、これらの寺院は、すべて聖徳太子建立による寺であり、秦氏と縁が深いところである。日本の弥勒信仰受容の背景に聖徳太子や秦河勝がかかわっており、さらに、花郎文化と密接な弥勒信仰が秦氏の信仰のなかに組み込まれていく点は注目される。

(2)彦山修験に流れ込んだ花郎文化

北九州の彦山には、新羅花郎の文化が直接入ってきていたと考えられる。花郎文化を受け入れることで成立したであろう彦山修験文化の特徴はどのようなものであろうか。

彦山修験の中心には、法蓮がいる。前にもふれた翁の八幡神は、大神比義の託宣により姿をあらわす一方で、宇佐にほど近い彦山（英彦山）において仙人的修行を行う法蓮の前にもあらわれた。現存する彦山最古の縁起書『彦山流記』は、彦山権現の由来や僧侶・修行者の修行譚などを詳しく伝えるなかで、彦山信仰の中心的な存在であった法蓮の修行譚を詳細に書き記し、さらに、法蓮と八幡神との交流を語っている。

『彦山流記』によると、彦山には修行窟として四十九の洞窟があり、各洞窟には彦山三所権現とともに守護天童が安置されているという。そして、彦山そのものは兜率天と考えられ、四十九の洞窟は弥勒のいる兜率天の四十九院に擬せられた。法蓮についても弥勒の化身と説いており、彦山と弥勒信仰の深い結びつきがうかがえる。

こうした彦山における法蓮伝承が、次に示す『彦山流記』「第一般若窟又号玉屋」条に具体的に書き記されている。

第一般若窟又号玉屋者、権現為㆔利益㆓日本辺鄙之群類㆒従㆓摩訶提国㆒如意宝珠持来当山般若窟納㆑之給、住侶法蓮上人聞㆓此宝珠事㆒、籠居十二年間一心不乱一字一句無㆓散心㆒読㆓誦金剛般若経㆒、十二年間如法如信只一巻読得。三所権現法楽八幡大菩薩祈誓彼宝珠勤行之間、白髪老翁時々来上人奉仕志丁寧也。上人問㆑翁云、何処来。翁云、此御山辺候者也。上人又云、汝奉仕心懃、師檀契約非一世二世事、曠劫多生約束也、我此宝珠於㆓行出㆒、無㆓是非㆒可㆑与㆑汝云々。翁聞㆓此言㆒悦去了。其後如㆑願巌窟清水流出、付㆓彼水㆒倶利迦羅含㆑珠来吐㆓出之㆒。上人悦豫心満㆓五体㆒随喜涙浮㆓双眼㆒、合㆓定恵掌㆒指㆓出左袖㆒、信楽衣表納㆓無價宝珠㆒畢。仍先参㆓富山上宮㆒、次詣㆓宇佐八幡宮㆒給。爰豊前路自㆓霊山㆒廿余町許下有㆔三町許坂㆒、彼坂中先翁来遇任㆓約束㆒乞㆓件宝珠㆒。上人云、我多年間捨㆓身命㆒砕㆓肝膽㆒行出之玉也、何輙汝可㆑与㆑之哉云々。翁云、上人無㆓一言㆒既持㆓五戒三帰㆒給、又師檀契約不㆑浅、何変㆑誓惜㆓此珠㆒給哉、返々口惜事也云忘㆑師去畢。依㆑之彼坂云㆓師忘㆒。上人日比約束令㆓変改㆒之叓我不㆓能覚侍㆒之処、翁又来云、責㆓心行㆒与㆓許可言㆒云。上人恐向㆑翁与㆑之云。翁悦今遂㆓本意㆒云失畢。爰上人恠思見㆓神珠㆒無㆑之。爰上人忽発㆓悪心㆒顕㆓強盛忿心㆒、誦㆓火界呪㆒結㆓火印㆒投㆓翁逃去前㆒。般若智火炎焔熾四方山悉焼㆑之、翁進不㆑堪速帰来。仍彼山云㆓焼尾㆒。翁向㆓聖人㆒云、実我八幡大菩薩也。吾日本国為㆓静謐㆒令成㆓鎮守㆒忽得㆓此珠㆒日本一州併可㆓利益㆒云々。又慈尊出世為㆓結縁㆒立㆓伽藍㆒号㆓弥勒寺㆒為㆓神宮寺㆒、分㆓宮領八十庄㆒可㆑為㆓彼供田㆒、件寺別当可㆑奉㆑成㆓上人㆒也、契約従㆓分身㆒至㆓仏身㆒互可㆑助㆓行化㆒云、大菩薩得㆓此珠㆒宇佐宮珠殿自納㆑之云々。

これは法蓮伝承を代表する記述であり、大陸の信仰伝承との関係を考える上でもっとも注目される箇所である。その大略は以下の通りである。彦山権現が摩訶提《マカダ》国から衆生の利益のため日本にやってきて、当山の般若窟に如意宝珠を納めた。この宝珠のことを聞いた法蓮上人が、洞窟に籠って十二年間一心不乱に『金剛般若経』を唱えた。法蓮が参籠する間に白髪の翁が時々訪れて、奉仕していた。法蓮が翁にどこからきたのか聞くと、この山の辺りにいる者であるという。そして法蓮は宝珠が出てきたら翁に与えるという。これを聞いた翁はとても喜んで去っていった。やがて、願望が成就し、ついに巌窟より清水が流れ出し、口に宝珠を含んだ倶利迦羅《くりから》（竜王）がこれを吐き出した。法蓮は感涙を流しながら宝珠を受けとって、まず当山上宮に参り、次に宇佐八幡宮に参詣した。豊前路の霊山より下にある坂で先の翁が再びあらわれ、かの宝珠を乞うが、法蓮は、長年身命を捨ててつらい修行を経て得られたものなので渡すまいという。翁は、再び宝珠を乞うが断わられ、消え失せる。すると宝珠がなくなっていた。怒った法蓮は火の呪術などを用いて翁を呼び戻す。このように法蓮と翁が宝珠をめぐって対立していたが、結局、翁は、みずから八幡大菩薩だと告げ、宝珠は宇佐宮の宝殿に納められることになった。法蓮は宇佐宮の神宮寺としての弥勒寺の初代別当となり、二人は「従二今身一至二仏身一互可レ助二行化一」と契りを結んだという。法蓮上人と八幡神が契りを結んで和解することが、彦山と八幡信仰の深いかかわりを示していると思われる。

以上の法蓮伝承のなかで注目されるのは、修行窟に籠もる法蓮上人とその霊場にあらわれる翁神の関係である。法蓮は、洞窟に籠り十二年間『金剛般若経』を読みつづけ、「身命を捨てて肝膽を砕く」苦行を行うが、これは新羅の花郎の習俗に類似している。たとえば、花郎の修行地としてしばしば「金蘭窟」という洞窟があげられ、新羅の将軍金庾信も花郎時代に中嶽の石窟で斎戒修行したことが伝わっている。特に、花郎金庾信が洞窟に籠り修行している霊場に、翁の神が顕現し霊力を与えたという逸話は、法蓮伝承における翁のあらわれと共通する。前にとりあげたものだが、改めて『三国史記』の記事を引いてみる。

独行入中嶽石崛、斎戒告天盟誓曰、敵国無道、為豺虎以擾我封場、略無寧歳、僕是一介微臣、不量材力、志清禍乱、推天降監、仮手於我、居四目、忽有一老人、被褐而來（中略）授以秘法

花郎金庾信が新羅の三山の一つである中嶽の石窟に入り、心身を慎しみ清めて修行していたら、忽ち一人の老人があらわれ、秘法を伝授してくれたという。このような金庾信の修行譚は、法蓮が彦山玉屋といわれる洞窟で修行し、その霊場で八幡神と交流するということと極めて類似しているのである。

法蓮は、彦山修験の「実質的創設者」[12]とされるが、法蓮についての最初の史料『続日本紀』大宝三年（七〇三）九月二十五日条によると、「施二僧法蓮豊前国野四十町一。褒二醫術一也」と、豊前国の野四十町を賜わって医術を褒められたとある。さらに、同書養老五年（七二一）六月三日条にも、「詔曰。沙門法蓮、心住二禅枝一。行居二法梁一。尤精二醫術一。済二治民苦一。善哉若人。何不二褒賞一。其僧三等以上親。賜二宇佐君姓一」とある。医術に優れた法蓮が、それをもって民衆の病気を治したので賞賛され、宇佐の姓を賜わったのである。五来重氏は、法蓮の宗教について次のように論じる。

彦山は半島にちかい立地条件にめぐまれて、朝鮮へはたやすく往来できたので、密呪や神仙術をまなんで医療にすぐれた行者を輩出したのだとおもわれる。それが豊国法師であり、法蓮であった。

法蓮は豊国法師であり、韓半島系呪術の修行者であったという指摘である。また、

「禅枝早茂、法梁惟隆」（『続日本紀』神亀四・十二・十）の語が示すように禅行（山中修行）の徒の集団の棟梁として、彦山修験を統率していた。そして法蓮みずから玉屋谷の般若窟に住み、その他の修行者も彦山四十九窟といわれる洞窟を寺として住んだ。

と言い、法蓮が彦山の修行者を統率したとし、彦山の洞窟修行について言及している。[13] このような指摘からも明らかなように、法蓮の宗教形態は、まさに、新羅花郎の習俗と重なるのである。特に、法蓮が修行者を統率することが、青少年集団を率いて山岳修行を行う花郎の姿と共通する。法蓮自身は花郎のように童子性をもっているとはいえないが、彦山四十九窟にはいずれも天童が祀られており、彦山修験の世界において童形の神が重んじられていることに注目される。新羅の信仰伝承においては、神霊が童形であらわれる場合が多く、さらに、天から降りてくると概念されていた。こうした童形の天孫降臨思想が、花郎文化の中核にあって、それが彦山修験の世界に反映されているように思われる。また、彦山そのものが兜卒天とも考えられ、弥勒信仰が根強い場所である彦山には、弥勒信仰と結びついた花郎文化が移植されたのではなかろうか。

法蓮の修行形態が花郎のそれと近いことは、『三国遺事』に記された宝叱徒太子の伝承と比べることでさらにはっきりと見えてくる。新羅三十一代神文王には宝叱徒・孝明の二太子がいたが、長男にあたる宝叱徒は、王位継承も拒み、山での修行をやり遂げて一生を終えた人物とされる。『三国遺事』第三巻、第四塔像篇、溟州五台山宝叱徒太子伝記条には、宝叱徒・孝明両太子をめぐる修行譚が次のように伝わる。

新羅浄神太子宝叱徒、与弟孝明太子、到河西府世献角干家一宿、翌日踰大嶺、各領一千人到省烏坪、累日遊翫、太和元年八月五日、兄弟同隠入五台山（中略）結草庵而居、兄弟二人礼念修行、五台進敬礼拝、青在東台満月形山、観音真身一万常住、赤南台麒麟山、八大菩薩為首、一万地蔵菩薩常住、白方西台長嶺山、無量寿如来為首、一万大勢至菩薩常住、黒掌北台相王山、釈迦如来為首、五百大阿羅漢常住、黄処中台風炉山、亦名地炉山、毗盧遮那為首、一万文殊常住、真如院地、文殊大聖、毎日寅朝化現三十六形三十六形見台山五万真身伝、両太子並礼拝、毎日早朝汲于洞水、煎茶供養一万真神文殊（中略）即是有五色雲、自五台至新羅、七日七夜浮光、国人尋光到五台、欲陪両太子還国、宝叱徒太子涕泣不帰、陪孝明太子帰国即位（中略）宝叱徒太子、常服于洞霊水、肉身登空、到流沙江、入蔚珍大国撑天窟修道、還至五台神聖窟、五十年修道

新羅の浄神太子宝叱徒と弟孝明太子は、各自一千人の仲間をつれて河西府で一夜を過ごし、大峰を越えて省烏坪で数日間遊んでいたが、その合間に忽然と五台山へと姿を消した。その後、二人の兄弟は、草庵を結んで暮らしながら修行し、五方の神々を礼拝した。東方の満月山には一万の観音菩薩、南方の麒麟山には一万の地蔵菩薩、西方の長嶺山には一万の大勢至菩薩、北方の相王山には五百の大阿羅漢、中央の風炉山には一万文殊菩薩が常住している。真如院には文殊菩薩が毎朝三六の形象に変じてあらわれた。両太子は並んで礼拝し、毎日朝早く洞窟の水を汲んできて、その水で煎茶をたて、一万文殊菩薩に供養した。のち、五色の雲が五台山から新羅の首都まで七日間の昼夜を照らした。国人が光を尋ねて五台山にいたり、両太子を戻らせようとしたが、兄の宝叱徒太子は涕泣して帰ろうとしなかったので、弟の孝明太子が帰国して王位についた。宝叱徒太子は常に洞窟から湧き出る霊水を飲み、空を飛んで流沙江にいたって蔚珍国の撑天窟に入って修行した。五台山の神聖窟に帰っては五十

年間修行したという。

『三国遺事』のなかでは、宝叱徒太子を花郎とは明記していないが、宝叱徒・孝明二人の太子が「一千の徒を領して東海辺の山野に遊娯し遂に聖山五台に入ったというあたりは、花郎集会のそれと全く同一である」[14]と考えられる。宝叱徒太子らが遊山に出かけたという河西府やその大嶺は、溟州の地域（現在の江陵）を指すとされるが、溟州という場所は、古くから花郎が修練・遊行した地として有名だったところであった。『三国遺事』第三巻、第四塔像篇、弥勒仙花・末尸郎・真慈師条の花郎制定について記したなかに、「始奉薛原郎為国仙、此花郎国仙之始、故竪碑於溟州」とあって、花郎歴史の最初に登場する花郎ゆかりの地が溟州だったことがわかる。また、高麗時代文人李穀の『東遊記』（一三四九年頃成立）によると、花郎の修練・遊行地の多くに石碑が立てられていたといい、特に、李穀が江陵の地に赴いたのちに書き留めた記録のなかには、代表的な四人の花郎にかかわる四仙碑が薛原郎の伝承が語られる溟州の碑に該当すると指摘されている[15]。以上から宝叱徒太子たちが遊覧を行った五台山は、花郎の遊覧地として知られていた溟州地域に属しており、そうした五台山に宝叱徒・孝明太子が一千人の花郎徒をつれて、数日間の山入りの修練を行ったのであろう。歴代花郎は王孫や貴族出身がほとんどで、一千人を連れ山入りする宝叱徒・孝明太子のことも花郎であったとみてよかろう。

以上の伝承には、五台山に入った宝叱徒・孝明両太子は、五方の仏神に礼拝し、修行に専念したとあり、五台山に常住する観音菩薩や地蔵菩薩・文殊菩薩といった仏を奉っていたという。古代より新羅には山岳信仰が隆盛し、三山五岳の祭祀を重んじたが、仏教が浸透すると、山岳信仰の霊場は新羅仏教のメッカとなりえたのである。この伝承においても、そうした仏教と習合したのちの山岳信仰のありようが書き留められているのである。

また、この伝承でもっとも注目されるのは、宝叱徒太子が洞窟の霊水を飲み続け、空を飛ぶことができ、蔚珍国の撑天窟や五台神聖窟で修道を行ったという伝えである。こうした宝叱徒太子の神窟修験に関しては、『三国遺事』第三巻、第四塔像篇、台山五万真神条に、より具体的に記されている。その記事を示すと、次のようである。

宝川常汲服其霊洞之水、故晩年肉身飛空、到流沙江外、蔚珍国撑天窟停止、誦随求陀羅尼、日夕為課、窟神現身白云、我為窟神已二千年、今日始聞随求真詮、請受菩薩戒、既受已、翌日窟亦無形、宝川敬異、留二十日乃還五台山神聖窟、又修真五十年、忉利天神三時聴法、浄居天衆烹茶供献、四十聖騰空十尺、常時護衛、所持錫杖一日三時作声、遶房三匝、用此為鐘磬、随時修業、

宝川、つまり宝叱徒太子は霊洞の水を飲み続けることにより、晩年には空を飛ぶことができたという。宝叱徒太子が仙術を修めた神仙のような性格も持っていたことがわかる。そして、空を飛んで蔚珍国の撑天窟にいたり、そこで昼夜仏経(『随求陀羅尼経』)を読んでいると、その前に窟の神があらわれた。窟神は、二千年前から撑天窟にいたというが、読経を聞いて仏教に帰依したのち、窟とともに姿を消したという。その後、宝叱徒太子は五台山神聖窟に移り、五十年間修行を行ったが、そのあいだ、忉利天の神が示現するなどの霊験があらわれ、太子は神聖な力により守られ修行に専念することができたのである。

ここには、霊山を中心にした神仙的な窟信仰が仏教と集合されたかたちで書き留められている。太子の前に窟の神があらわれたというくだりは、花郎時代の金庾信が洞窟で修行をしていた時に老翁の神が顕現したという伝承を思わせる。花郎の宗教形態においては、洞窟修行にともなって、神との交流がしばしばあったとみられる。

このように、洞窟修行を続ける花郎の前に神が顕現することが、彦山縁起の法蓮伝承とも重なるのである。また、宝叱徒太子が窟に籠り『随求陀羅尼経』を読み続けることが法蓮の修行形態とも似ている。

花郎の宗教形態と彦山修験の間には、共通点が少なくないが、彦山の四十九窟のなかでも第一玉屋に籠って修行する法蓮を弥勒の化身といっているのは、花郎が籠る窟が弥勒堂と呼ばれており、花郎が弥勒信仰と深くかかわっていることと関連しているのだろう。

以上見てきたように、彦山を中心にした九州の霊山には、花郎集団の習俗でみられるシャーマニズムや神仙思想が大きな影響を与えたが、特に、彦山修験文化には、花郎の弥勒信仰と近似した宗教形態がみられ、花郎文化が強力に入り込んでいることを示唆している。

なお、中野幡能氏は『彦山流記』に「但踏出当山事教到年此藤原桓雄」とあって、継体二十五年「藤原桓雄」が彦山を開山したことが書かれていると指摘し、「藤原桓雄」の名は、韓半島の建国神話である檀君神話における「桓雄」からきたものであろうという。[16] 檀君神話は、天神である桓因の息子「桓雄」が太白山頂の神壇樹の下に降臨し、そこから生まれた天孫「檀君」が韓民族の始祖となることを伝えている。このような神話伝承は、韓民族が古くから天神を祀る固有信仰をもっていたことをうかがわせ、同時に、それは、山岳信仰を中心に形成されていたことをよく示している。また、中野氏は、「北部九州、特に豊前国における両白山の信仰は、古くは太白山・小白山の信仰、つまり、中国や朝鮮の慶尚北道、江原道の境にある太白山、小白山の信仰で、その神も、太白山上にあらわれた桓因、桓雄、檀君の三神に関係があるのではあるまいか」と言い、桓雄が太白山に降りてきたという韓半島の古俗による白山信仰が、彦山古来の信仰であると指摘する。[17] このような事情は、韓半島の山岳信仰が日本へ伝播され、修験道の成立に少なくない影響を与えていたことを物語っている。

（1）重松明久『古代国家と道教』（吉川弘文館、一九八五年）第十一章。
（2）『三国史記』巻第四、真興王三十七年条。
（3）『三国史記』巻第一、逸聖王五年条。
（4）尹栄玉『新羅詩歌の研究』（韓国螢雪出版社、一九九二年）一一九頁。
（5）崔仁鶴「花郎と通過儀礼」（新羅文化宣揚会編『花郎文化の再照明』、韓国書景文化社、一九八九年）二〇一頁。
（6）三品彰英『新羅花郎の研究』（平凡社、一九七四年）第四章。
（7）李殷昌「新羅人の伝統的信仰・思想と花郎道」（前掲注5）三五二〜三五四頁。
（8）『東遊記』。
（9）『三国遺事』第五巻、第九孝善篇、貧女養母条。
（10）三品彰英『新羅花郎の研究』（平凡社、一九七四年）一四〇頁。
（11）田村圓澄「半跏思惟像と聖徳太子信仰」（田村圓澄・洪淳昶編『新羅と飛鳥・白鳳仏教文化』、吉川弘文館、一九七五年）。
（12）中野幡能「英彦山と九州の修験道」（中野幡能編『英彦山と九州の修験道』、名著出版、一九七七年）一一頁。
（13）五来重「彦山の開創と熊野信仰」（同右）一一三頁。
（14）三品彰英『新羅花郎の研究』（前掲注10）二二七頁。
（15）『東遊記』

江陵存撫使星山李君、候于鏡浦、方船歌舞中流、日末西、上鏡浦台、台旧無屋、近好事者為亭其上、有古仙石竈（中略）東有四仙碑、為胡宗旦所沉、唯亀趺在耳、飲餞于寒松亭、亭亦四仙所遊之地

（16）中野幡能「求菩提山修験道の起源とその展開」（前掲注12）。
（17）同右。

第六章　翁と童子――韓日比較文化論――

能の源流にあたる翁舞《おきなまい》においては、老体の神と童子がペアとなって登場する。神霊や貴い存在が翁と童子の姿をとりペアとなったり、翁が童子に、あるいは童子が翁に変身したりするのは、信仰世界ではしばしばみられる現象である。こうした翁と童子の出現は、日本だけに限られたことではなく、韓半島の信仰伝承においても共通してみられる。両国における翁と童子の顕現譚を照らし合わせながら、その背景を追及することは、翁舞の成立やその起源を考えるための一つの重要な視点となるだろう。以下、韓日比較の立場から、翁と童子についてみていくことにする。

一　翁と童子の互換

八幡神と稲荷神が人の前にあらわれる時は、翁の形象をとる。さらに、翁が童子へと変身するか、あるいは、翁が童子を率いて登場するということは、これまで見てきた通りである。八幡神の発生を説く縁起の一つである『扶桑略記』の記事では、八幡神が初め翁の姿をとり、のち三歳の童子に化身してみずからの出自を名のる。同じように、『稲荷縁起』において翁の稲荷大明神は稲を荷い杉の葉をさげて東寺に示現するが、この時、異相の老翁は二人の子を引き連れている。八幡神の出現時には翁が童子に変身するのに対して、稲荷神の場合は二人の子を率いて出現するという相違が見られる。しかし、これは、八幡神と稲荷神が現世にあらわれる時は「翁の姿をとり同時に、童子的世界と親縁な結びつきをもかいまみせている」(1)ということであり、本質的に違いはないのである。また、走湯権現《そうとうごんげん》の場合は、まず、権現が老巫としてあらわれてから、仙童により祀られ、そののち童子に身を変じている。

このような翁神顕現譚、特に八幡神と走湯権現の発生を説く縁起においては、翁が童子に身を変じるというシャーマニズム的な変身が見えるが、こうした神の変身のあり方は日本在来の信仰には見い出せないものである。特に、このような神の変身を見届ける毅断ち修行の仙童のあり方と、修行する花郎の習俗は近いものがある。

先にもふれたが、『三国史記』巻第四一、金庾信条には、金庾信の花郎時代について次のように記されており、花郎の山岳修行の様子がよくうかがえる。

公年十五歳為花郎(中略)独行入中嶽石崛、斎戒告天盟誓曰、敵国無道、為豺虎以擾我封場、略無寧歳、僕是一介微臣、不量材力、志清禍乱、惟天降監、仮手於我、居四日、忽有一老人、被褐而来、曰此処多毒蟲猛獣、可畏之地、貴少年爰来独処、何也、答曰、長者従何許来、尊名可得聞乎、老人曰、吾無所住、行止随縁、名則難勝也、公聞之、知非常人、再拝進曰、僕新羅人也、見国之讐、痛心疾首、故来此、冀有所遇耳、伏乞長者憫我精誠、授之方術、老人黙然無言、公涕涙懇請不倦、至于六七、老人乃言曰、子幼而有并三国之心、不亦壮乎、乃授以秘法曰、慎勿妄伝、若用之不義、反受其殃、言訖而辞行二里許、追而望之、不見、唯山上有光、爛然若五色焉、建福二十九年、鄰賊転迫、公愈激壮心、独携宝刀、入咽薄山深壑之中、焼香告天、祈祀若在中嶽、誓辞仍寿、天官垂光、降霊於宝剣、三日夜、虚角二星光芒赫然下垂、剣若動揺然

花郎金庾信が新羅の三山の一つである中嶽の石窟に入り、斎戒して誓願をした四日目、一人の老人があらわれ、秘術を伝授されるという奇瑞がおきた。また、金庾信が新羅王都の近くとされる咽薄山中を深く分け入り天に祈願したところ、宝剣に天霊の威力がとりついたという。

この伝書で、花郎金庾信の飲食や行動をつつしむことを含んだ洞窟での四日間は、一種の苦行であり、走湯山の縁起伝承にみるように穀断ちをして神鏡を祭っていた仙童や、八幡縁起において鍛冶翁に仕えた神主の大神比義の穀断ちの苦行と変わらない。また、苦行をともなう祈願を行うことによって、花郎金庾信の前に超自然的な現象がおき、老人の神があらわれたが、花郎の前に神霊が示現し、霊力にとりつかれるということは、もっとも本質的な花郎の機能の一面を示唆している。このような巫的または仙人的花郎の奇蹟譚は、八幡や走湯山の縁起で、仙童や大神比義の祭りにより翁神が示現し、奇瑞がおきたという話と酷似しているのである。

このような新羅の習俗にみられる童形の花郎と翁神との交流の構図は、じつは、新羅の脱解《だっかい》や処容《しょよう》説話という神話伝説のなかにも見い出せるのであり、花郎的実態が神話に投影されたことを示唆するものである。

古代韓国の新羅人にとって神霊は樹木の下に出現する一方、海上からやってくるものであった。海上からやってくる神人は、時に小童の姿で海浜に来臨するものとしても神話化されていたが、意外なことに海からやってきた童子の姿の神人はいつしか翁に化し、なおかつ護国の神として祀られるようになる。『三国遺事』第一巻、第二紀異篇・四代脱解王条には、

脱解歯叱今、南解王時（中略）至於鶏林東下西知村阿珍浦、時浦辺有一嫗、名阿珍義先、乃赫居王之海尺之母、望之謂曰、此海中元無石嵓、何因鵲集而鳴、拏船尋之、鵲集一船上、船中有一櫃子、長二十尺、広十三

尺、曳其船置於一樹林下、而未知凶乎吉乎、向天而誓爾、俄而乃開見、有端正男子、并七宝奴婢満載其中、供給七日、廼言曰、我本龍城国人、我国嘗有二十八龍王、従人胎而生、自五歳六歳、継登王位、教万民修正性命、而有八品姓骨、然無揀擇、皆登大位、時我父王含達婆、娉積女国王女為妃、久無子胤、禱祀求息、七年後産一大卵、於是大王会問群臣、人而生卵、古今未有、殆非吉祥、乃造櫃置我、并七賢奴稗載於船中、浮海而祝日、任到有縁之地、立国成家、便有赤龍、護船而至此医矣、言訖、其童子曳杖率二奴、登吐含山作石塚、留七日（中略）時南海王知脱解是智人、以長公主妻之（中略）脱解、在位二十三年、建初四年己卯崩、葬疏川丘中、後有神詔、慎埋葬我骨、其髑髏周三尺二寸身骨長九尺七寸、歯凝如一、骨節皆連鎖、所謂天下無敵力士之骨砕、為塑像、安闕内、神又報云、我骨置於東岳、故令安之

とある。竜城国の王子として生まれた脱解は卵生であったため不祥事とされ竜城国から追放される。卵形の王子は櫃《ひつ》に入れられ、船に乗せられて流されるが、赤竜に護られながら海路を渡って南海王の時に新羅国の阿珍浦に着いた。一人の嫗《おうな》が船を発見し、木の下において櫃を開けてみると、一人の童子が入っていた。同書の「駕洛国記」によれば、「忽有玩夏国、含達王之夫人妊娠、弥月生卵、卵化為人、名曰脱解従海而来、身長三尺、頭一尺」とあって、脱解は卵のままではなく、すでに三尺の童子となって海を渡ってくることになっている。南海王は、脱解が知恵のある人だと知り、娘婿にして王位を継がせた。脱解は、在位二十三年で崩御し、その骨を砕いて塑像をつくり宮廷に安置したが、神託により東岳に安置しなおした。また一説として、

崩五二十七世文武王代、調露二年庚辰三月十五日辛酉夜、見夢於太宗、有老人貌甚威猛、曰我是脱解也、抜

我骨於疏川丘、塑像安於吐含山、王従其言、故至今国祀不滅、即東岳神也云

という内容が伝わっている。すなわち、死後の脱解が恐ろしい姿の老人として王の夢にあらわれ、自分の骨を掘り出して塑像をつくって吐含山に安置せよといったので、それに従った。それ故、脱解が新羅の霊岳吐含山に奉祀され国家的祭神として重んじられることになったというのである。説話のなかで神人脱解は、童子と老人の両方の姿をとってあらわれる。吐含山は「(新羅)王城の東南にそびえ、東海に面する方面の高峰であり、東海竜神の宮居にはふさわしい霊岳」(2)であり、三山五岳の祭祀を重んじる新羅人にとっては王都の東方を鎮護する山である。それゆえ、仏教の隆盛時代になってからは新羅仏教のメッカとなり得たのであろう。

脱解伝承は、海神に関する護国信仰の本質があらわになった伝説であるといえるが、こうした脱解伝承と深い思想的関係を持つもう一つの伝承として処容郎説話がある。『三国遺事』第二巻、第二紀異、処容郎・望海寺条では処容の出現について次のように記している。

第四十九、憲康大王之代、自京師到於海内、比屋連墻、無一草屋、笙歌不絶道路、風雨調於四時、於是大王遊開雲浦、王将還駕、書歇於汀辺、忽雲霧冥曀、迷失道路、恠問左右、日官奏云、此東海龍所変也、宜行勝事以解之、於是勅有司、為龍創仏寺近境、施令已出、雲開霧散、因名開雲浦、東海龍喜、乃率七子現於駕前、讃徳献舞奏楽、其一子随駕入京、輔佐王政、名曰処容、王以美女妻之、欲留其意、又賜級干職、其妻甚美、疫神欽慕之、変為人、夜至其家、竊与之宿、処容自外至其家、見寝有二人、乃唱歌作舞而退(中略)時神現形、跪於前日、吾羨公之妻、今犯之矣、公不見怒、感而美之、誓今已後、見画公之形容、不入其門矣、因此、

国人門帖処容之形、以僻邪進慶、王既還、乃卜霊鷲山東麓勝地置寺、日望海寺、亦名新房寺、乃為龍而置也

新羅四十九代憲康王（在位八七五〜八八六）が開雲浦付近で雲と深い霧のため道に迷ったが、これは東海竜のしわざだと聞いて竜のために近くに寺院を立てるよう命じた。すると、たちまち雲霧が晴れ、喜んだ東海竜が七人の息子を率いて王の前にあらわれ舞楽を献じた。それから竜の子のなかの一人が王に従って都へ行き、王政を補佐した。この竜童が「処容」である。処容は、美しい妻をもらって都にとどまっていたが、ある夜、帰宅してみると、人と化した疫神と妻が一緒に寝ていた。処容は、美しい妻を疫神に寝取られたことに気づき、その疫神を追い払うための歌舞を行い、退いた。すると、疫神が処容の前にひざまずき、罪を犯したのに怒らないことに感動したと述べ、これからは処容の姿が描かれたものを見ただけでも、その場所に立ち入らないと誓った。これによって人々は、処容の姿が描かれたものを門に貼り、「辟邪進慶」、つまり邪鬼を追い払って慶事を迎えいれたというのである。

『三国遺事』が伝える処容伝説は、処容を東海竜神の子として東海岸に出現する神人と説明している。憲康王時代、王政を輔佐するために入京した童形の竜神処容は、歌舞の得意な神であり、それによって疫神を駆除する辟邪《へきじゃ》の神として信仰されてきた。新羅初期の政治形態にあっては、音楽歌舞の祭祀を主宰する「シャーマン的指導者により政治的権力が掌握されて」(3)いた。この意味において、歌舞することで辟邪進慶する処容神が憲康王の政治を輔佐したという伝説は、古代思想の断片をとどめているのであり、「古代的祭政観念の存続」(4)を読みとることができるであろう。

ところで、辟邪神処容は原形の竜童の姿を変え、処容翁として観念されるようになる。新羅以降、高麗朝の漢

詩文の世界では、処容を「処容翁」や「仙翁」などと書いており、また、『世宗実録』地理志（蔚山条）という正史の、

在郡南三十七里開雲浦中世伝新羅時有人出其上、状貌奇怪、好歌舞時人謂之処容翁、今郷楽有処容戯

という記録をみると、処容が老翁としてあらわれることは明らかである。この条には、以下のようなことが記されている。すなわち、新羅時代にある人が開雲浦に出現したが、奇怪な容貌をしており、その奇怪な人は歌舞をよくしたので、時の人に処容翁と呼ばれた。また、今の「郷楽」には処容（仮面）戯があるという。ここには、開雲浦を舞台にした処容舞の由来が書かれているのであろう。このように、処容は、歴史的な変遷にともない竜童から翁へ化するという二面性をもってあらわれている。処容神の行う辟邪進慶の呪的歌舞は、国家的祭儀の場を舞台にすることにより一種の祝禱芸たる舞となり、同時に処容は厚徳な老翁と形象されるようになるのである。

竜童として出現した脱解や処容が翁に姿を変えて出てくるという伝説、花郎が山の修行を通じて老人の神と交流するという伝説は、八幡神や稲荷神、走湯権現の縁起にみる翁と童子が互換する説話と同類のものと考えられる。翁と童子の交流という新羅習俗にみられるシャーマニズム的山岳信仰の伝承が、渡来集団により移入され、それを保持しつづける秦氏によって、いくつかの秦氏関係の山岳信仰や神社信仰の縁起のなかで日本古来の縁起とは異なったかたちで生成してきているのではないだろうか。

二　脱解・処容伝説と秦河勝伝説の近似性

(一)童子漂着譚

新羅にやってきた神人は、時に童子の姿をしていたが、古代韓国では来臨する神や始祖を童子としてイメージする例を多くの神話伝説のなかにみることができる。なかでも代表的なのが、先に述べた脱解伝説である。竜城国の王子脱解は、卵形、または童子の姿で船に乗せられ、海路を渡ってきた。この東海神人脱解は、王の娘婿となって、王権を継いだとある。『三国史記』第一巻、南解王条の方には、「至南海王五年、聞其賢、以其女妻之、至七年、登庸為大輔、委以軍国政事」とあって、脱解が知恵や徳の高い人であったため、「大輔」という位に登用され、南海王（新羅二代王）の王位を輔佐したとある。そして、死後は、翁の山神となって、新羅の護国神として祀られるのである。このように童子が船に乗って海からやってくるという童子漂着譚、政治輔佐や王権を守護するという来歴、さらに翁の守護神と化するという点にいたるまで、猿楽の歴史で語られる秦河勝伝説と共通することは、非常に興味深い。

能楽の起源伝承のなかでは秦河勝を猿楽の祖とするなど、秦氏をめぐる伝説が重んじられている。猿楽の歴史について記した世阿弥『風姿花伝』第四神儀伝には、次のような記述がみえる。

大和国泊瀬の河に洪水の折節、河上より一の壺流れ下る。三輪の杉の鳥居のほとりにて、雲客此壺を取る。中にみどり子あり。かたち柔和にして玉のごとし。是、降人なるがゆへに、内裏に奏聞す。其夜、御門の御夢にみどり子の云、我はこれ、大国秦始皇の再誕なり。日域に機縁ありて今現在すと云。御門奇特に思しめし、殿上に召さる。成人に従ひて、才智人に越えば、年十五にて大臣の位に上り、秦の姓を下さる丶。秦という文字はだなるがゆえに、秦河勝是也。（中略）彼河勝、欽明・敏建・用明・崇峻・推古・上宮太子に仕へ奉り、此芸をば子孫に伝へ、化人跡を留めぬによりて、摂津国難波の浦より、うつほ舟に乗りて、風にまかせて西海に出づ。播磨の国坂越の浦に着く。浦人船を上げてみれば、かたち人間に変れり。諸人に憑き祟りて奇瑞をなす。則神と崇めて、国豊也。

という秦河勝の伝説である。また、金春禅竹の『明宿集』にも、同様の漂着譚が次のように書かれている。

秦河勝の事。太子の御記録に記し給ふ儀に云。抑、この河勝は、昔推古天皇の御宇に、泊瀬川に洪水出づ。水上より一壺の壺流れ下る。人不審をなして、磯城嶋のあたりにて取り上げ見れば、中に只今生れたる子あり。（中略）やがて此由奏聞す。御門奇特に叡覧あて、君辺に置かれて、成長に従ひ、才智世にすぐれ、賢臣・忠臣の誉れを受く。（中略）業を子孫に譲りて、世を背き空舟に乗り、西海に浮かび給いしが、播磨の国南波尺師の浦に寄る。蜑人舟を上げて見るに、化して神となり給ふ。当所近離に憑き祟り給しかば、大きに荒るる神と申す。

生まれたばかりの子供が壺のなかに入れられて泊瀬川に流されたことや、壺から出てきた子が王政を補佐する話、また、うつほ舟に乗って西海に着き、荒神と化することなど、新羅の脱解伝説とよく似ている。特に、脱解が卵形で生まれたように、秦河勝伝説でも、流れ着いた壺のなかにいたみどり子を「柔和にして玉のごとし」と言い、卵のイメージが反映されているのは興味深い。それが、胎児を包んでいた胞衣《えな》の象徴であることは、中沢新一氏が指摘している。(5) つまり、金春禅竹の『明宿集』には、河勝伝説を記されたのち、「上に記すところの、母の胎内の子の胞衣、禅の神と申せるに符合せり」と語られているが、胞衣は、胎児にとっては「つぼ」であり、「うつぼ舟」の働きをしてくれているのである。また、脱解はのちに険しい老人の形象をとる山神となって新羅を守護するのであるが、うつほ舟に乗って坂越に着くと大荒大明神としてあらわれる秦河勝も、禅竹の『明宿集』によると、翁とされるのである。

このように、脱解伝説と秦河勝伝説は、非常に近似した構造をもって語られているのであるが、もう一つ、両伝承と思想的に深い関係にあると思われるのが、処容伝説である。処容伝説についても先にふれた通りで、竜童として出現した処容が、王政を輔佐し、のちには、呪的歌舞を行う翁の神として信仰されるという内容である。海を渡ってきた童形の神人が、王権を守護し、さらに、翁と化するという点で、脱解や河勝伝承と共通する。

特に、処容伝説と秦河勝伝説は、ともに古代の仮面劇の起源説話として語られており、芸能の成立をめぐって処容と秦河勝の位相がパラレルな関係にあることは注目される。『三国遺事』の処容説話は、処容舞成立の淵源をうかがいうる伝承であるが、そこでは、処容が呪的な歌舞を行って疫神を追い払う挿話によって歌舞の得意な辟邪神としての処容の性格が定位されており、同時に処容の面が辟邪の面として祀られるようになった由来が語られている。こうして辟邪の神となった処容の呪的歌舞が、古代新羅から国家的な儀礼として連綿と続いてきたのである。

一方、世阿弥の言葉を記した『風姿花伝』には、「上宮太子、天下少し障りありし時、神代・仏在所の古例に任て、六十六番の物まねを彼河勝に仰せて、同じく六十六番の面を御作にて、則河勝に与へ給ふ。橘の内裏紫震殿にてこれを勤ず。天下治まり、国静かなり」と能の起源が語られ、秦河勝の仮面戯が行われることにより、天下が治まり、国が安泰したと伝えている。さらに、村上天皇の御宇にも「申楽舞を奏すれば、国穏やかに、民静かに、寿命長遠なりと、太子の御筆あらたなるによて、村上天皇、申楽を以て天下の御祈禱たるべきとて、その頃、彼河勝この申楽の芸を伝わる子孫、秦氏安なり」とあって、呪的な申楽《さるがく》の芸が、秦河勝の子孫によって伝えられていることが語られている。処容と秦河勝は、王の近くに仕える者として呪的歌舞を行ってきたのであり、そこに両国の仮面戯の起源が求められるという共通点がある。

（2）処容舞と翁舞の芸能上の共通点

以上でみてきたように、処容舞と翁舞は、その背景にある説話の上で並行性をもっているが、さらに、芸のレベルでも共通性を持ち、緊密な対応関係にあると考えられる。韓国最古の仮面戯とされる処容舞は、舞う人が処容面をかぶることで神格化され、処容神の歌舞によって辟邪進慶、つまり邪気を祓い幸福を予祝する芸能である。つまり、処容舞は中国から宮中の追儺《ついな》行事が輸入される以前から行われていた土着的追儺の舞といえる。仮面を用いて歌舞を演じ、それによって辟邪進慶するという意味で、処容舞は本質において能の翁舞と共通すると考えられる。

処容の面については、現存する処容仮面は柔和な人面であるが、かつてはそれとは裏腹の恐ろしい鬼の表情をもつ面を用いていたらしい。一方、『申楽談儀』には、秦河勝に与えられた聖徳太子御作の鬼面が、大和猿楽四座のなかでもことに古い伝統をもつ金春座の根本の面であるとあり、金春禅竹の『明宿集』には、この鬼面と翁面が一体であることが次のように述べられている。

翁に対したてまつて、鬼面を当座に安置したてまつること、これは聖徳太子御作の面也。秦河勝に猿楽の業を被仰付し時、河勝に給ひける也。是則、翁一体の御面なり。諸天・善神・仏・菩薩と初めたてまつり、人間に至るまで、柔和・憤怒の二の形あり。これ、善悪の二相一如の形なるべし。さるほどに、降伏の姿、怒る時には、夜叉・鬼神の形と現はれ、柔和・忍辱・慈悲の姿を現わす時、面貌端厳にして、本有如来の妙体也。然者一体異名なり。

すなわち、善悪の「二相一如」、「一体二名」の両義性・両面性をもつのが翁面であるというのである。使用する面においても「翁」と「処容舞」との近似がうかがえる。このように両芸能には類似点が少なくないが、さらに、両芸能にともなって歌われた歌謡の詞章にも共通点がみられる。

処容説話のなかには、処容が疫神を追い払うために歌ったとされる呪術性をもつ歌一首が含まれている。その歌は「東京明期月良、夜入伊遊行如可、入良沙寝矣見昆、脚烏伊四是良羅、二肸隠吾下於叱古、二肸隠誰支下焉古、本矣吾下是如馬於隠、奪叱良乙何如為理古」であり、内容は「月の明るい夜、夜もすがら遊び回り、寝室に戻ってみると、足が四本ある、二本は我(の妻)のものであるが、二本は誰のものであろう、もとより我のものであるが、疫神が私の妻を奪ったのをどうするべきか」というものである[6]。そして、この歌を聞いた疫神は処容の前にひざまずき、以後は処容の姿が書かれた画像を目にしただけでも、その場所に立ち入らないと誓ったのであった。このような処容説話のなかにある処容歌は、疫神駆逐の機能をもつ一種の呪歌であるといえる。

こうした伝承を由来譚としてもつ処容歌は、宮中における歌舞劇として整備されていくなかで本来の機能を失いつつも現在まで歌い続けられている。高麗時代に歌われた処容歌は、新羅郷歌である処容歌を敷衍したものであるが、新羅のものよりもはるかに長い歌謡へと変化している。処容歌舞は朝鮮朝にも受け継がれ、当時の歌が朝鮮時代成立の『楽学軌範』に載っており、それによって処容の具体的な姿や辟邪神としての相貌をうかがうことができる。これを紹介すると次のようである。

新羅盛大　昭盛大
天下泰平　羅候徳
以是人生　相不語
以是人生　相不語
三災八難一時に消滅せり
ああ翁よ　処容の翁よ
花挿して頭に満ち傾けるに
ああ長命長寿に在せ広き額に
山象の如長き眉毛に
愛人相見ゆる円き瞳に
風入りて庭に盈つ丸き耳に
紅桃花のごと紅の貌に
五香を嗅ぎ給へ　開けたる鼻にて
ああ千金を喰み給へ　広き口にて

白玉琉璃の如き白き皓歯
人讃へし福盛んなれ 出たる顎に
七宝荷負ひ給へ 張りたる肩に
吉慶荷負ひ給へ 長き袖ひらに
智慧集りし有徳なる胸襟に
福智倶に足れ給へ 肥りたる腹に
紅帯び給へ 曲れる腰に
同楽太平なれ 長き脛に
ああ界面踏遍れ 広き足にて
誰が造花なる 誰か巧みなるぞ
糸もなく 針もなく 糸もなく針もなく
処容翁を誰が造りしか
可恐き人よ〔処容翁よ〕
十に諸国が皆造りし〔翁〕
ああ処容の翁を作りし人〔偉大な処容翁よ〕
李よ 李よ 縁李よ
迅く来りてわが鞋の紐を結び給へ
迅く結ばずば最期の令下るぞ

東京（慶州）の月朗かなる光に
夜の更くるまで遊びて
帰り来りて寝床を見るに
脚四本ありけり
ああ二本は我がものなれども
二本は誰がものなるぞ
この様処容の翁に見つからば
熱病神の膾のかでにぞならむ
千金を与へん　処容翁
七宝を与へん　処容翁
千金七宝も不要なり
熱病神を祓ひ給へ
山よ　丘よ　千里の外に
処容翁を避けて逃げん
ああ熱病大神の発願なるぞ(7)

この歌の冒頭では、「三災八難」を消滅させ国の太平を祈願しており、次に、処容神の容貌について称え、処容が祝福の神であることが歌われている。ここには、辟邪進慶をする処容神の神聖性がおぼろげに映し出されている。こうした祝禱する翁の処容神は、天下泰平を祈る日本の翁に近いのではないだろうか。

また、処容歌舞起源説話中の処容歌は、性的な内容をもつものであった。この点でも日本の「翁」と共通している。祝禱芸である「翁」の詞章はその内容は純然たる呪法の言葉ではなく、多くの祝言的な流行歌謡をとりいれて成り立っている。(8) そのような「翁」の詞章のなかには、

総角やとんど
尋ばかりやとんどや
坐して居たれども
参らうれんげりやとんどや

と歌われる部分がある。これは古代歌謡催馬楽《さいばら》の一つ「総角」の「総角や　とうとう　尋ばかりや　とうとう　離りて寝たれども　転びあひけり　とうとう　か寄りあひけり　とうとう」という詞章を転用したものである。このような情愛表現は、民俗芸能でも劇的表現としてよくみられる。韓半島の仮面劇を含めた民俗劇では男女が睦み交わすシーンが多く演じられるが、これは男女の交情による多産が直ちに豊饒につながるという古代的思想にその根をおいている。このような呪的な機能を有する詞章を「翁」と処容舞がともにもっている点でも両芸能の構造的類似性がうかがえる。

さらに、『三国遺事』第二巻、巻二紀異、処容郎・望海寺条の処容伝説につづく山神舞をめぐる記事には、国王の前にあらわれた山神が舞いながら、

智理多都波都波《チリダトパトパ》
と唱えたとある。これは国が滅ぶという警告の言葉であったが、呪文のように誰にも通じない難解な言葉であったために、人々は吉兆と誤解してますます生活を乱し、その結果国は滅んでしまったという。金両基氏によると、韓半島の民謡・巫歌には語義不詳の言葉が非常に多く、それは楽器の音と思われる擬音やなんらかの呪文をあらわすものであるという。例えば、高麗の有名な歌謡である「動動《ドンドン》」では「アウ動動《ドンドン》タリ」が一節の終わりごとに繰り返されて謡われる。ドンドンは太鼓の音とされるが、このような言葉は単に楽器の音を移しただけでなく重要な意味が含まれていたはずだと考えられている。(9) 処容伝説にともなって伝えられる山神の「智理多都波都波《チリダトパトパ》」という言葉も同様に考えることができ、さらに日本の翁舞で唱えられる「とうとうたらりちりやたらり」の由来も想像できるのではないだろうか。

このように処容舞と翁舞の背景にある伝承はもちろん、両芸能は、芸のレベルの上でも、決して少なくない類似点が見い出せるのである。

(1) 山折哲雄『神と翁の民俗学』(講談社、一九九一年)一九頁。
(2) 三品彰英『日鮮神話伝説の研究』(平凡社、一九七二年)二七四頁。
(3) 李昌健「新羅の固有信仰と仏教」(『永進大学論文集』十三、一九九三年)。
(4) 三品彰英『日鮮神話伝説の研究』(平凡社、一九七四年)二八五頁。
(5) 中沢新一『精霊の王』(講談社、二〇〇三年)。
(6) 処容の読んだとされる郷歌の解釈は、金完鎮『郷歌解読法研究』(ソウル大学出版部、一九九五年)参照。
(7) 訳は、印南高一『朝鮮の演劇』(民俗苑、一九九八年)による。

(8) 天野文雄『翁猿楽研究』(和泉書院、一九九五年) 四四頁。
(9) 金両基『韓国仮面劇の世界』(新人物往来社、一九八七年) 第三章。

第七章　道教的呪術文化の受容と排除

韓半島を経由して入ってきたと考えられる道教的呪術文化は、修験文化を発達させるとともに山の神としての翁を生み出す原動力となった。渡来文化のなかには、このように、日本の土着文化と融合していく場合もあるが、それとは逆方向をとる場合もある。とりわけ、芸能的な幻術は、正史のなかにあらわになることなく、芸能史のなかから徹底的に切り離されてしまい、渡来文化の排除の一側面をみせてくれる。古代から中世にかけての幻術を含めた呪術文化の展開を追及することは、日本における渡来文化の受容と排除の原理について考えるうえで、示唆的かつ有意義な作業となるだろう。

幻術とは、人の目を眩《くら》ます怪しい術を言い、大きく分けて散楽《さんがく》に含まれる芸能的なものと、道教の流れをくむ方術的なものの二種がある。芸能的な幻術は、散楽とともに渡来したと考えられるが、正史には、散楽の幻術的部分に関しての記録が乏しく、その実態はつかみにくい。散楽には、幻術・曲芸・滑稽の三つの要素があるが、そのような散楽が、シルクロードなどを経由して中国にもたらされ、漢代や六朝時代に盛んに行われていた。シルクロードを通じての文化交流がもっとも盛んだった唐代にいたると、散楽百戯といわれるほど、散楽はひときわ隆盛を極める。『東大寺要録』には、天平勝宝四年（七五二）大仏開眼供養のさいに、唐楽や伎楽《ぎがく》・天竺楽《てんじくがく》・高麗楽《こまがく》・林邑楽《りんゆうがく》・唐散楽《とうさんがく》などが行われたとあり、唐楽の一つとして散楽が日本にも渡来していたことがわかる。

奈良時代の散楽は平安時代の猿楽をへて、中世にいたって猿楽能を生み出した。中世に大成される能や狂言の母体となったのである。その散楽のなかの幻術について考えてみたい。

一方、道教系の方術的なものは、日本の裏の文化に広く浸透していたもようである。とりわけ、修験道の形成には、方術を含めた道教信仰の影響が大きい。ところが、道教系の方術的なものとしての幻術は中央政府からは忌避されていた。天平元年（七二九）には、異端を学び、幻術を修行する者を処罰するという勅が出され、道教系幻術を堅く禁ずる例がみえるのである。道教系の方術・幻術が左道（邪悪な術道）とされ、幻術を修得することが厳重に戒められたことは、幻術が世間を乱すものとして中央政権にとっても脅威とみなされたからである。

こうした状況の下で芸能としての幻術と道教の流れをくむ幻術が、どのように絡みあって展開するのか。本章では、日本古代から中世への歴史変遷のなかでおこる幻術の展開をさぐろうとする。そのさい、日本をしだいに覆っていく仏教的世界観は、平安期以降の幻術の展開を考えるうえで、大きなポイントとなるだろう。

一　幻術とそのルーツ

幻術は、東西文化交流路であったシルクロードを経由し、西方から中国に伝わった。大陸における幻術の歴史については浜一衛氏の『日本芸能の源流』[1]に詳しく、その論著に導かれながら、幻術のルーツについてふれておくことにしたい。まず、『史記』や『漢書』などの多くの正史に、幻術の百戯が西アジアから入ってきたことが書き留められている。とりわけ、『史記』巻一二三・大宛列伝には、「安息人は黎軒の善く人を眩ますを以て漢に献ず。（中略）角觝を大いにし、奇戯諸怪物を出だす。（中略）其の眩者の工を加うるに及び、角觝奇戯、歳ごとに其の変盛を増し、ますます興ること此れより始まる」とある。漢代に安息・大宛諸国、つまり西域のペルシアから「人を眩《くら》ます」芸を演じる幻人が献じられ、これより幻戯が盛んに行われるようになったといわれている。これら西アジアの幻人による幻術百戯のありさまを『後漢書』巻五十一・陳禅伝は、「西南夷撣国王、楽及び幻人を献じ、能く火を吐き自ら支解し、牛馬の頭を易う」と書き留める。西南夷撣国王が献じた幻人は、火を吐いたり、自分の身体を分解し、牛や馬の頭と取り替えるという幻術を行ったのである。後漢の張衡による『西京賦』にも、幻術を具体的に描写した記事がみえるが、その演目には、まず「巨獣百尋、是為蔓延」という幻戯がみられる。森豊氏の解釈によると、さまざまな動物や魚竜を出す幻術であるという。(2) また、自分の関節をはずし、牛馬の首を入れ替えるという術であるとされる「易貌分形」、綱渡りの「走索上而相逢」、刀を呑み火を吹く幻戯なども行われていた。

西域から献じられた幻術を含む百戯は、漢代を経て唐代にいたると、最も盛んに行われることになる。浜氏の前掲書によれば、『文献通考』巻一四七・散楽百戯の項には、漢代以来続いている幻術百戯の種目が多くあげられており、唐代散楽の仔細を知るための好材料であるとされる。それには、「大抵散楽雑戯は幻術多く皆西域に出づ。幻を善くする人の中国に至るは、後漢安帝の時に始まり、是より歴代之有り」とあって、幻術の歴史についてふれている。散楽雑戯のなかには幻術が多く、幻術が西域からもたらされたということが書かれているのである。『文献通考』に見られる幻戯は、「胸突鋒鋋」「激水化成比目魚跳躍」「化成黄竜長八丈、出水遊戯」「種瓜」「殺馬」「怪獣舎利之戯」など多彩である。特に、散楽百戯の項の冒頭に記された、

睿宗の時、婆羅門、楽を献ず。舞人倒行して足を以て舞い、刀鋒を極めてするどくし、地にさかさまに植え、目を低うして刃に就け、以て臉中を歴す。又背上に簞籞を吹き、其の腹上は曲終わってまた傷なし。又その

手を伏伸ばして、両人之を躡み、施身繞手して、百転やむなし。(3)

という記録は、婆羅門《ばらもん》が献じた幻戯についての説明である。人を鋒で刺してもまったく傷がつかず、刀の上で、篳篥《ひちりき》を吹いたり、何回も回転したりする技をみせるという内容である。『唐会要』巻三十三には幻戯として、「激水化魚竜」「秦王捲衣」「夏育扛鼎」「巨象行乳」「神亀負岳」「桂樹白雪」「画地成川」「断手足」「剔腸胃」があげられている。こうした幻戯のなかには、「胸突鋒鋩」や「呑刀・吐火」「種瓜」などのように、日本の記録にみられる幻術と同類のものも少なくない。

中国では、こうした幻戯が行われる一方、神仙思想や道教の流れをくむ幻術の世界があった。これらは、仙術・道術と呼ばれ、怪奇な術という点で、西域から入ってきた散楽系統の幻術と一脈通じるものがある。中国の神仙譚が綴られた『列仙伝』や『神仙伝』などには、玄妙な術をもつ仙人が多く登場する。まず遁身《とんしん》の術、つまり変化隠身《おんしん》の忍術にすぐれたとされる左慈《さじ》の話を『神仙伝』からあげてみる。

道を学びて、尤も六甲に明かに、能く鬼神を使役し(中略)能く万端に変化すること勝げて記すべからず。魏の曹公、聞きてこれを召し、一石室中に閉ぢ、人をして守視せしむ。穀を断つこと期年、乃ちこれを出すに顔色故のごとし。曹公自ら謂へらく、生民は食せざるの道なし。而も慈は乃ちかくのごとし。必ずや左道ならん、と。これを殺さんと欲す。(中略)慈、走りて群羊の中に入る。而して追ふ者分たず。乃ち本の羊を数ふるに果して一口を余す。乃ちこれ慈の化して羊となるを知るなり。(中略)公また吏を遣してこれを収へて慈を得。慈、隠るる能はざるにあらず、故にその神化の示すのみ。ここにおいて執を受け獄に入る。

獄吏、これを拷掠せんと欲するも、戸中に一慈あり。戸外にも亦一慈あり。孰れかこれなるかを知らず。

左慈は、遁甲《とんこう》にすぐれ、よく鬼神を駆使し、あらゆるものに変化《へんげ》することにすぐれていた。このような噂を聞いた魏の曹公が、左慈を石室に閉じ込め番をさせたが、穀を絶ってから一年して石室から出された左慈の顔色は前と同じであった。曹公は人が食べないで生きられる方法はないが、左慈がこの通りであるのは、きっと左道（邪道）であると言い、殺そうとした。左慈は走って羊の群れのなかに入った。羊を数えると一匹余るので、左慈が化けて羊となったことを知る。また公が使いを遣わして左慈を捕えた。左慈は隠れる能力だけでなく、神のような変化の術を使うのである。捕まえられて獄に入れられてからも戸の中と戸の外に分身術を使ってあらわれ、獄吏を惑わせた。左慈という仙人がみせる隠術や分身術は、得道した仙人や道士の世界ではよく語られるものである。同じく『神仙伝』に書かれた仙人玉子《ぎょくし》の逸話にも玉子がこなしたとされるさまざまな仙術が書き綴られている。

玉子は（中略）能く飄風を起し、屋を発き木を折り、雷雨雲霧を作す。能く木瓦石を以て、六畜となし、竜虎立に成る。能く形を分けて、百千人となし、能く江海を渉る。水を含みてこれを噴けば、皆な珠玉と成りて亦た変ぜず。（中略）子弟と行く毎に、各ゝに泥を丸めて馬となしてこれに与ふ。皆な目を閉ぢしむれば、須臾にして大馬となる。これに乗りて日に行くこと千里なり。また能く気の五色なるを吐き、起こつこと数丈なり。飛鳥の過ぐるを見、これを指せば即に堕つ。

玉子は、突風をおこして屋根をめくり木を折り、雷雨雲霧をつくった。木瓦石をもって六畜とし、竜虎に変えた。分身の法で百人千人になり、紅海を歩いて渡ることができた。水を含んで吹けば、珠玉となり変化しない。弟子と行くたびに各々に泥を丸めて与え、全員が目を閉じていると一瞬にして大きな馬となる。これに乗って一日に千里を行く。また五色の息を吐いて、数丈の高さにも昇らせた。飛ぶ鳥を見て指せばすぐ堕ちる。このように玉子は、変化術と分身術をはじめ、数々の不思議な術を駆使したとある。

この他に『神仙伝』に書かれた劉政という神仙も変化術にすぐれており、各種の果樹を植え即座に実が食べられるようにしたり、美女の姿に化したり、水や火をおこすこともできたという。さらに、劉政は老人にもなれば若者にもなり、大きくもなれば小さくもなったとされるが、こうした変化術のなかでもとりわけ仙人が「老人にもなれば若者にもなる」という身体互換を行っていることに注目したい。老人が若者へ、若者が老人の姿に変化することは、不老不死を求める神仙思想の根本原理と符合する話で、神仙譚のなかではしばしばみかける。同じく『神仙伝』にみられる百七十歳の焦先という仙人は、時には老け時には若返りながら二百余歳まで生きていたとあり、劉安の逸話に登場する八公（八人の老人）と呼ばれる神仙たちは老人の姿を瞬時にして童子に変じてみせたり、ふたたび老人になったりしている。髭も眉も真っ白な八人の老人たちが、桃の花のような顔色をした一四、五歳ぐらいの童子と化したのである。

このような老若互換の変化術こそ、不老不死を求める仙人が得た究極の仙術であったのだろう。それは、日本の能の源流である「翁」芸についても同様に考えられることである。つまり、老体の翁と童子の千歳《せんざい》がペアとなって舞う構造も、翁と童子の互換というモチーフをもつ道教的信仰伝承と共通するのである。

一方、植えた果樹から直ちに実がなったり、雲や霧をたたせたり、また土を集めて山をつくったりというメルヘンの世界で語られるような仙術の話は、散楽の幻戯の内容と類似している。散楽の幻術百戯と類似した例を『列仙伝』や『神仙伝』から拾うことができるが、そのなかの一つが孫博の話である。孫博は、晩年になって仙道に熱中し、墨子の術を修行したが、その結果、草木や金石を悉く火にして数里を照らすことができ、自身を火にしたり、口中から火を吐いたりしたという。それだけでなく、大木や生の草を指させば、焦げて枯れたり元通りになったとあり、数千本の刀剣を呑み込んだり、鏡を引き延ばして刀とし、刀を折り曲げて鏡にすることができたともいう。火を吐いたり、剣を呑み込むわざは散楽の幻戯として多く行われており、神仙世界における仙術のなかには散楽系統の幻術の要素も入り込んでいたように思われる。

二　幻術の日本伝来と展開

(一)『今昔物語集』に流れ込んだ幻術

それでは、日本側の幻術の世界は、どうだろうか。日本における幻術の展開、そして、その消えていくプロセスを追うさい、『今昔物語集』にみられるた幻術譚が好材料となる。『今昔物語集』の幻術譚には、芸能としての幻術と山岳宗教に入ってきた方術の両方が流れ込んでおり、幻術の話がリアリティーをもって語られているように思われるからである。まず、西アジアや中国古来の幻戯的世界とも共通する、『今昔物語集』巻二十八の四十話の「種瓜」の幻術譚をとりあげてみる。

今昔、七月許に大和の国より、多の馬共瓜を負せ烈て、下衆共多く京へ上けるに、宇治の北に、不成ぬ柿の木と云ふ木有り、其の木の下の木影に、此の下衆共皆留り居て、瓜の籠共をも皆馬より下しなどして、息居て冷ける程に、私に此の下衆共の具したりける瓜共の有けるを、少々取出て切り食などしけるに、其辺に有ける者にや有らむ、年極く老たる翁の、帷に中を結ひて、平足駄を履て、杖を突て出来て、此の瓜食ふ下衆共の傍に居て、力弱気に扇打仕ひて、此の瓜食ふをまもらひ居たり。暫許護て、翁の云く、「其の瓜一つ我れに食はせ給へ。喉乾て術無し」と。瓜の下衆共の云く、「此の瓜は皆己等が私物には非ず」（中略）翁傍に木の端の有るを取て、居たる傍の地を掘つゝ、畠の様に成しつ。其の後に此の下衆共、「何に態を此れは為るぞ」と見れば、此の食ひ散したる瓜の核共を取り集めて、此の習したる地に植つ。其の後ち、程も無く、其の種瓜にて、二葉にて生出たり。此の下衆共此れを見て、「奇異」と思て見る程、其の二葉の瓜只生ひ生て、這紲ぬ。只繁りに繁て、花栄て瓜成ぬ。其の瓜只大きに成て、皆微妙《めでた》き瓜に熟しぬ。（中略）翁此の瓜を取て食ひて（中略）下衆共にも皆食はす。瓜多かりければ、道行く者共をも呼つゝ食すれば、喜て食ひけり。食畢つれば、翁、「今は罷なむ」と云て立ち去ぬ。行方を不知らず。其の後、下衆共、「馬に瓜を負せて行かむ」とて見るに、籠は有て其の内の瓜一つも無し。其の時に下衆共、手を打て奇異がる事無限し。「早う、翁の籠の瓜を取り出しけるを、我等が目を暗まして、不見せざりける也けり」と知て、嫉がりけれども翁行けむ方を不知ずして、更に甲斐無くて、皆大和に返てけり。

大和国から多くの馬に瓜を積んで運んでいた下人たちが、宇治の北の「ならぬ柿の木」の木陰で休んでいたところ、一人の老翁があらわれて瓜を乞うが断られる。そこで、下人たちを憎いと思った老翁は、下人たちの食べ散らした瓜の種を拾い集め地面に植えた。すると直ちに双葉の芽が生え、みるみる成長し花が咲き、見事な瓜を実らせた。老翁は、この瓜をとって食べ、驚いた下人たちや行き来する人にまで与えて、立ち去る。瓜を食べ終わった翁が立ち去ったのち、運んでいた瓜がすべてなくなったことに気付いた下人たちは、老翁が目を眩ましたと嘆いたという話である。

この幻術譚については、新編日本古典文学全集の『今昔物語集』巻第二十八の頭注に唐の志怪（怪しいことを記す）小説の翻案であると指摘されている。さらに、角田一郎氏は、その術が日本に伝わった可能性は極めて少ないと述べる。[4] しかし、即座にこのように断定してよいものだろうか。『今昔物語集』には、「中国古文献ではまだ見出されていない[5]」という芸、つまり馬や牛の尻より入って口より出るという、大掛かりな幻術をはじめとして、比較的小規模の幻術、例えば、履物を子犬に変えたり懐から狐を鳴かせて出したりするなどの技が具体性をもって書き留められている。特に、幻術の修行をめぐるエピソードのなかで、陽成天皇の狂気が幻術修行と結びつけられるくだりなどは、生々しいリアリティーをもって語られている箇所であろう。こうした幻術譚については、のちほど詳しく述べることにしよう。

さらに、『傀儡子《かいらいし》記』の記事をみれば、『今昔物語集』に収録されたさまざまな奇譚が、単なる中国志怪小説をもとに構想された話ではないことに思いいたるのである。『今昔物語集』が成立する以前の、十一世紀末ごろに書かれた大江匡房《まさふさ》（一〇四一～一一一一）の『傀儡子記』には、唐散楽の幻術百戯の世界を彷彿とさせる傀儡師の芸のありさまが綴られる。すなわち、漂泊芸能集団である傀儡師の技について、

男は皆弓馬を使へ、狩猟をもて事と為す。或は双剣を跳らせて七丸を弄び、或は木人を舞はせて桃梗を闘はす。生ける人の熊を能くすること、殆に魚竜蔓蜒の戯れに近し。沙石を変じて金銭と為し、草木を化して鳥獣と為し、能く人の目を□す。

と記している。傀儡師は、人形つかいや弄剣というような曲芸をみせる一方、魚竜蔓蜒の戯に近いことをし、砂と石を金銭に変え、草木を鳥獣にするなどの人の目を眩ます幻戯を行ったのである。こうした幻術の実態は、唐散楽のそれとほとんど変わらず、奈良朝に伝来した唐散楽の幻術が連綿と受け継がれてきたことを示しているように思われる。

『傀儡子記』にみるような具体的な描写ではないが、大江匡房とならぶ平安後期の代表的漢学者藤原明衡《あきひら》（九八九～一〇六六）の『新猿楽記』にも、当時都で行われていた猿楽芸が列挙され、そのなかには幻戯的なものと思われる「唐術」(6)が含まれている。つまり、『新猿楽記』の冒頭の「呪師・侏儒舞・田楽・傀儡子・唐術・品玉・輪鼓・八玉」と雑技が記される部分である。すぐ後に数々の滑稽な寸劇がとりあげられているのとは対照的に、「唐術」と書かれているだけなので、実際どのような幻術が行われていたのかはよくわからない。この表現からみて、「稲荷祭の散楽」(7)のような公の場で行われる散楽の舞台において、幻術的なものはもはや中心ではなくなってはいるものの、芸能としての幻術が細々と続けられていたことが推測できる。公の舞台からは消え去った幻術の世界が、傀儡のような賤民芸能集団により連綿と受け継がれていたのだろう。

このように『傀儡子記』や『新猿楽記』は、平安後期の民衆的な世界を描いたものとして史料的価値も高いが、それと同時に、両方とも代表的な漢学者により書かれたものであるということが興味深い点である。特に、大江匡房の民衆的なものへの興味は並大抵ではなく、『傀儡子記』のほかにも『遊女記』や『洛陽田楽記』のような書物に下層階級の芸能の実態を具体的に書き留めている。さらに、狐が人をだます怪奇な話を集めた『狐媚記《こび》』を書くなど、匡房の怪異なものに対する関心が強かったことがうかがえる。こうした大江匡房の記す平安後期の風俗のなかでも、幻術の様子を具体的に描いたのが『傀儡子記』であった。『傀儡子記』で述べられるような幻術の実態があったからこそ、説話の世界で幻術の話がリアリティーをもって書きとどめられたのであり、『今昔物語集』に含まれる幻術譚も決して荒唐無稽な話ではなかったと考えられる。

（2）芸能的な幻術

日本古代の散楽の様子がうかがえるものに、『弾弓図』（正倉院所蔵）と『信西古楽図《しんぜいこがくず》』(8)がある。『弾弓図』や『信西古楽図』は、散楽の史的研究のうえで有力な資料とされている。とりわけ、『信西古楽図』は、散楽の演目をもっとも豊富に描いており、特に、幻術の曲技が含まれているところが注意をひく。そこにみられる幻戯は「入壺舞」「飲刀子舞」「臥剱上舞」「入馬腹舞」、またタイトルはつけられていないが、火を吐いたり、お尻から植物が芽を出しているものもある。

まず「入壺舞」は、テーブルのうえに浅い壺が一つおかれ、人が逆さまになって壺に入り、下半身を出してお り、となりには同じ情況で、人が上半身だけ出して動いてみせているものである。陽明文庫本や東京芸術大学本などには、両図に対して入壺舞と新羅楽と分けて説明しているが、本来は一対の芸だったのだろう。本図は、「伝写の間に別々の技の舞銘のようになった」(9)と考えられるが、その内容は最近のマジックショーでもよくみられるような、身体を分離してみせる、眩ます芸と同類のものであったように思われる。「飲刀子舞」と「臥剱上舞」は刀を用いる幻術である。「飲刀子舞」は刀を呑む幻術の図であり、「臥剱上舞」は突き立てられた刀の刃先に人が横たわっている図である。後者は躍動的に描かれており、人が刃の先のうえで回転をしてみせているのであろう。続いて、『信西古楽図』のなかでも非常にユニークな幻術が、「入馬腹舞」である。小人らしき人が馬の尻から入って口から出てくるという幻戯である。そして、西域人らしい顔つきの幻人がお尻から木の芽を出す図があるが、中国の「種瓜」、つまり果樹の種をまいて即座に実のらせるというたぐいの幻戯に近いものであろう。

それでは、『信西古楽図』に書かれる幻術、あるいは『傀儡子記』や『今昔物語集』にみられるような幻術が日本で行われていたとすれば、それらは、どのようなルートを経て日本に伝来したものなのだろうか。角田一郎氏は、『涅槃経』や『華厳経』などの仏典には、大道芸人の幻術の空しさを色相界の空しさに譬えて、仏法を信ずべきことを説くことが多いと指摘し、唐散楽を日本の朝廷が迎え入れるに当って、幻術の類は仏教信仰の上から斥けられたとする。その代わり、私的な渡来の幻術師があったと想定している。[10]一方、橋本裕之氏の論著では、[11]「散楽を公的に受容するさいに、幻術を意図的に排斥した可能性は大きい」と角田説を支持しながら、「公的な手続きをへて伝来したものがまったくなかったかどうか、依然として不明としなければならない」と付け加えている。

両氏のいう通り、正史の散楽に関する記録のなかには、幻術についての言及を見つけがたく、宮廷散楽の一つとして幻戯が行われていたとは言い切れない。『文献通考』に「大抵散楽雑戯は幻術多」という表現があるように、本来の散楽は幻術的要素を中心としていた。ところが、日本の場合は、『三代実録』貞観七年（八六五）七月二十三日条に「天皇、南殿に簾の中に御して、相撲を観たまひき。左右の司たがひに音楽を奏し、百戯皆作しき」という記録があって、散楽と同意に用いられる「百戯」が行われていたことはわかっても、具体的な幻術の演目を特定することはできない。つまり、こうした記録などから、『文献通考』でいうような、散楽の中心である幻術が日本の宮廷にもダイレクトに入ってきているかどうかについての実否はわからないのである。

その一方で、『本朝文粋』「散楽策問」の記録は、宮廷散楽に幻術的な要素が含まれていた可能性を示唆するものとして注目される。『本朝文粋』には、村上天皇の「弁散楽」に対し、文章得業生藤原雅材《まさき》が近衛官人の散楽人たる秦氏安の立場になって筆答した「対策」が収められており、平安時代の散楽の一端を知ることができる重要な資料とされる。まず、「弁散楽」の「仰ぎて前日の伎歌を尋ね、俯して当今の風俗を察するに、周礼旄人の学ぶ所にも関らず、また漢典遠夷の献ずる所にも殊なり」という記録から、当時の散楽の実態がうかがえる。『周礼』や『漢書』の散楽記録と対比し、(12)平安朝散楽の実態を論じているが、そのありさまが『周礼』でいう旄《ぼう》人《じん》が教える散楽とも、『漢書』が記した夷人が献上したという散楽とも異なるというのである。具体的には、十世紀に行われた散楽が、火を吐き、みずから身体を分解し、牛や馬の頭に取り替えるというような元来の幻術を中心にした散楽とは異なるということである。このように散楽の変貌を論じるとともに、散楽の中心たる幻術に対して、次のように問いかける。

月次に随ひて体を変ず、拾遺の説真とせんか為とせんか。円座に凴りて光を放つ、亜将の談毀るにあらず誉むるにあらず

月ごとに体を変化させ、円座で光を放つというような散楽の技が存在するという侍従や近衛中将の話をいかに思うのかという問いである。侍従や近衛中将は、宮中散楽を統轄しているような階級であるが、彼らに伝わる散楽の歴史のなかには「月ごとに体を変化させ、円座で光を放つ」というような幻術が含まれていたことが、語られてきたのだろう。しかし、こうした「貴族的猿楽」(13)の世界から、幻術的な要素は早く切り捨てられ、もはや存続しないものとなり、「対策」では次のように全面的に否定される。

その体月次に随ひ、光円座に朗らかなるに至りては、若し安瀆を以て、偏に体を変ずと謂はば、恨むらくは人を誨ふる情に倦まん。また相同じきを称して、巧みに光を放つとなせば、恐らくは仏に等しき罪あらん。

馮虚亡是の作、誦士の浮言より出づ。

月ごとに体を変える変化術はもちろん、円座が明るく光ることも現実には存在しない架空のもので、噂から出た説である。また、円座と仏の後背が同じかたちをしているからといって、円座から光を放つというのは、仏を冒瀆することになるという内容である。

ここで重要なのは、幻術の演技をめぐる疑問が、「否定を裏にこめて」[14]提示され、幻術の事実がことさら否定されることである。「散楽策問」の成立には、散楽に含まれていた幻術、または、その痕跡までも消そうとする狙いが反映されているように思われる。最初から矛盾した課題であったためその真意を読み取ることは難しいが、仏教側の世界観により道教の原理を排斥するという問題とまったく一致するものである。「散楽策問」の幻術に関する記事をただの虚説として片付けることができない理由もここにある。

しかし、当時の散楽に幻術的な演技がなかったのであれば、なぜ「散楽策問」において幻術が主題化される必要があるのかが問題になってくるだろう。このように、散楽の幻術的要素については、当初から公的には伝わらなかったのか、伝わったとしても散楽の幻術的要素が表舞台から早くに切り捨てられたのかの二通りの解釈が可能である。

(3)道教的な幻術

①韓半島伝来の方術

芸能的な幻術は表舞台からは早くに姿を消して衰退してしまったと解釈することは可能であるが、道教的な幻術、つまり、方術の流れは日本の裏の文化を形成する原動力となった。修験文化がそれである。

古来日本では、霊山は神聖視されて拝む対象であり、山のなかに入って修行をすることは考えられなかった。こうした日本の山岳信仰に「神仙思想や仏教、なかでも雑部密教の影響をうけて[15]」山林修行が始まり、「宗教性を前提として山岳宗教が行われる[16]」ようになったのが、修験道である。重松明久氏は修験道の成立について、卑弥呼時代以来の道教系の鬼神信仰がのちに修験道として展開したと指摘し、七世紀ごろ以降真言系仏教と習合し、修験道と呼ばれるにいたった宗教の前身に当るものこそ道教系宗教であったとする。[17]その有力な根拠の一つは、『続日本紀』文武三年（六九九）五月二十四日条に、「役君小角、流二于伊豆島一、初小角住二於葛木山一、以二呪術一称、外従五位下韓国連広足師焉、後害二其能一、讒以二妖惑一、故配二遠処一、世相伝云、小角能役二使鬼神一、汲レ水採レ薪、若不レ用レ命、即以レ呪縛レ之」とある記録である。つまり、修験道の祖とされる役小角《えんのおづぬ》が、鬼神を使役し、水を汲み薪を採らせており、命に従わないさいは、呪術でこれを縛ったという伝承である。

葛洪の『抱朴子』内篇、巻二論仙のなかにも「神仙集中有召神劾鬼之法、又有使人見鬼之伏」とあり、仙道の書物のなかには、鬼神を呼び出し、悪魂を調伏する法があると書かれているように、道教のなかには、中国古代からの鬼神信仰の影響が強かった。こうした鬼道や仙道を含んだ道教的なものが、役小角を祖とする修験道の基底をなすものであり、それが日本古来の山岳信仰を大きく変え、修験道として展開されていったのである。

また、下出積与氏も、韓国連広足《からくにのむらじのひろたり》が、師である役小角に学んだ術を道教の呪術であると論じる。[18]つまり、『家伝』下の方技の達人をあげている記述[19]のなかから、呪禁師の達人として活躍する韓国連広足の名を見い出したうえで、『令集解』（巻七僧尼令「僧尼卜相吉凶条」所引『古記』）のなかに「道術符禁、謂二道士法一也。今辛国連行是」とある法家の注に注目し、韓国連広足が道教の呪禁を行っていたとみるのである。先にもとりあげた『続日本紀』の役小角の伝承に「外従五位下韓国連広足師焉」とあったように、韓国連広足が道教の呪術を学んだのは、いうまでもなく役小角である。

両氏の説明のように、道教は、日本の山岳宗教の世界に入り込み、既存の信仰概念を超えた修験文化を咲かせた。しかし、こうした道教信仰、とりわけ、それにともなう方術のような特殊技能が、山岳信仰に輸入される以前に公式のルートを経由して伝来したという、次の記事が注目される。

> 百済の僧観勒来けり。仍りて暦の本及び天文地理の書、併て遁甲方術の書を貢る。是の時に、書生三四人を選びて、観勒に学び習はしむ。陽胡史の祖玉陳、暦法を習ふ。大友村主高聡、天文遁甲を学ぶ。山背臣日立、方術を学ぶ。皆学びて業を成しつ。

右は、『日本書紀』推古天皇十年（六〇二）十月の条であるが、ここには、百済僧による特殊技能の伝来が正史のなかに記録として書き残されているのである。この記録から、観勒により暦本や天文地理書、遁甲・方術書がもたらされ、術の伝授が行われたことがわかる。遁甲は、「散楽策問」でとりあげられていた変化術とも根を同じくするものであろう。遁甲については、『後漢書』方術伝の注に「遁甲、推二六甲之陰一而隠遁也、今書七志、有二遁甲経一」とあり、『文献通考』経籍考に「以二時日禄命遁甲等一備二陰陽一家之闕一、而其他術数、各自為レ類」とあることから、陰陽の変化により身体を隠すという意味合いを持つ仙術・方術の一つと思われる。前にも言及した『神仙伝』に載る左慈の話には、彼が六甲に精通していたという。つまり、変化隠身の忍術である遁身の術にすぐれた仙人であった。また、同書の仙人劉政の逸話によると、彼がこなしたさまざまな仙術のなかにも変化隠形術や分身術がみられる。このように遁甲術や変化術などは、神仙や道士の伝承では頻繁にみられるものである。

　こうした道教系の方術の伝来は、観勒の例がそうであったように、古代の韓半島、特に百済国を経由して輸入された可能性が大きい。古代韓国の高句麗・百済・新羅の三国に道教が伝来していたことは、『三国遺事』の記事などを通じて確認できるが、特に、観勒が渡来した七世紀前後の百済は、「仏教の名のもとに道教にかかわる特殊技能が広く包摂された、いわば仏・道未分化の状態[20]」であった。百済に対しては、古代史の『周書』巻四十九・異域上・百済伝に、「俗重二騎射一、兼愛二墳史一。其秀異者、頗解二属文一。又解二陰陽五行一、用二宋元嘉暦一。以二建寅月一為二歳首一。亦解二医薬卜筮占相之術一。有二投壺樗蒲等雑技一、然尤向二奕棊一。僧尼寺塔甚多、而無二道士一」とみえ、百済では陰陽五行思想や医薬・卜筮・占相術などが相当に発達していたことがうかがえる。そして、道士の存在が確認されない反面、僧尼・寺・塔ははなはだ多いとあるので、こうした特殊技能が僧尼らにより担われていたとみられる。『日本書紀』の記事で、観勒が方術の書をもたらし、方術を教えたとするのも「百済における仏法と道教的方術が共存したことを傍証[21]」し、仏教と道教の混交した情況を語ってくれるのである。

　重松明久・下出積与氏らによって指摘されているように、道教は、日本の山岳宗教の世界に入り込み、既存の信仰概念を超えた修験文化を咲かせた[22]。特に、百済などを経由して入ってきた方術を含めた道教的なものは、修験文化のなかに色濃く出てきている。民間にも流れ込んだ道教的な呪法は、『日本霊異記』などにも強く影を落としているのである。八世紀末から九世紀初頭には完成されたとみられる『日本霊異記』には、光を放つ僧の奇譚がいくつか伝わっている。まず、『日本霊異記』上巻第四話の願覚法師の奇譚をあげてみよう。

円勢師は、百済の国の師なりき。日本の国大倭国の葛木の高宮寺に住みき。時に一の法師有りて、北の坊に住みき。名を願覚と号ふ。其の師、常に明旦に出でて里に行き、夕を以て来りて坊に入りて居り。以て常の業とせり。時に円勢師の弟子の優婆塞見て師に白す。師言はく、言ふこと莫れ、黙然れといふ。優婆塞、窃に坊の壁を穿ちて窺へば、其の室の内、光を放ちで照り炫く。優婆塞見て復師に白す。師答へて言はく、然有るが故に、我汝を諌めて言ふこと莫れといひしなりといふ。然して後に願覚忽然に命終しぬ。時に円勢師、弟子の優婆塞に告げて、葬りて焼き収めよと言ふ。即ち師の告を奉りて焼き収め訖りぬ。然る後に、復其の優婆塞、近江に住みき。時に近江の有る人、是に願覚師有りと言ひき。即ち優婆塞往きて見るに、当に実の願覚師なり。

百済出身の円勢師は、大和葛城の高宮寺に住んでおり、寺の北の僧坊には願覚という法師が住んでいた。どういうわけか願覚は常に朝は里へ出かけ、夕方は坊内に入るという不審な日々を送っていた。ある時、円勢師の弟子の優婆塞《うばそく》がこのことを師に申しあげたら、師は黙っているようにという。優婆塞がひそかに願覚の僧坊の壁に穴を開けて覗き見ると、坊内が光に満ちて耀いていた。優婆塞がこれを見てまた師に申しあげた。師は「だから私はおまえが黙っているようにと注意したんだ」と答えた。そして急に願覚は亡くなった。円勢師は優婆塞に願覚を火葬にするよう命じた。師の命令に従い願覚法師を火葬した。のちに優婆塞は近江に住んだが、近江のある人がここに願覚がいるというので、直ちに行ってみると本当に願覚であった。

『日本霊異記』では、願覚をめぐる超自然現象を聖の変化譚としてとりあげているのである。しかし、この話が「道教系の呪術信仰のメッカ」[23]である葛城山を舞台にしていること、さらに、亡くなったはずの願覚が別の場所にあらわれるという、道士の分身術や遁身術のような奇行をみせていることに注意したい。このように、山岳修験の本拠地の一つである葛城を舞台にし、奇異な現象を示したという伝承は、山林修行の伝統を含む道教的風土のなかで語られたものと思われる。

一方、『日本霊異記』上巻第十四話は、百済の国の人である義覚法師が『般若心経』を一心に念じることにより照り輝く光が口から放たれ、部屋の壁をすべて抜け通り、外の庭のなかまではっきりと見通す霊験を示したという奇譚が書き残されている。

二つの光を放つ奇怪譚につづいて、第二十六話は、持統天皇の時、霊験あらたかな百済の禅師がいて、死にそうな病人でも呪文を唱えて祈ると生き返ったことを記す。また、百済の禅師が呪具である楊《やなぎ》の杖をとろうとして木に登る時、錫杖《しゃくじょう》の上に錫杖を重ね立てたが、二本とも倒れなかったという。このように呪具を駆使し、奇術をもっていたとされる百済系高僧の話も仏教側の霊験譚として書き留められたのであるが、これらの特殊な技能譚は、本来は道教的な色彩の濃いものであっただろう。新川登亀男氏も指摘するように、この一連の奇譚の「原型は大きく崩れてしまい、単なる仏教聖人の現報譚として骨抜きにされており、道術や道教の可能性は、見事に仏教の枠の中に溶けこんでしまった」[24]のであろう。

以上の奇行譚には、ともに百済の僧が登場する点で注目される。百済系仏教の中では道教の比重が大きく、百済僧の駆使する奇行は、神仙思想や道教の流れをくむ幻術にほかならない。七世紀の半ば、新羅に相次いで滅亡させられた百済と高句麗から日本へ天文や陰陽関係の特殊技能が伝わったが、その技能をたずさえてきた者には、僧形の人が多く含まれていたという。[25] さらに大陸から伝来した新しい方術である呪禁《じゆごん》、または呪禁師《じゆごんし》で知られた人は、木素・沙宅などという主に百済系の渡来人であった。[26]『日本霊異記』でみるような不思議な霊験を発揮する百済系僧の伝承もこのような情況をもとに語りつがれてきた話であろう。

以上、道教系の幻術が主に百済からの伝来である可能性を論じてきた。しかし、『日本書紀』皇極天皇四年(六四五)条には、高句麗とかかわる次のような興味深い記事も書き残されている。

夏四月の戊戌の朔に、高麗の学問僧等言さく、「同学鞍作得志、虎を以て友として、其の術を学び取れり。或いは枯山をして変へて青山にす。或いは黄なる地をして変へて白き水にす。種種の奇しき術、殫して究むべからず。又、虎、其の針を授けて曰はく、『慎矣慎矣、人をして知らしむること勿れ。此を以て治めば、病愈えずといふこと無し』といふ。果して言ふ所の如くに、治めて差えずといふこと無し。得志、恆に其の針を以て柱の中に隠し置けり。後に、虎、其の柱を折りて、針を取りて走去げぬ。高麗国、得志が帰らむと欲ふ意を知りて、毒を与えて殺す」とまうす。

高句麗の国に派遣された鞍作得志《くらつくりのとくし》という留学僧が数々の奇術を体得したが、帰国しようとする気持ちが知られると、殺されてしまった。同学僧の報告によると、得志は、虎を友達にし、「術」を学んでいたという。また、枯山を青山に変えたり、黄土を白い水に変えたり、さまざまな怪しい術を行っていたとされる。さらに、虎から授かった針で人の病気を治療していたともいう。ここには、留学僧得志が高句麗の地で、道教的な修行を行っていたことがはっきりと書かれている。まず、得志が神仙世界を象徴するような虎を友達にして「術」を学んでいたことは、仙人の修行譚と似通うところがある。「術」は、『名義抄』に「術・バケ」とあって、化けの意であり、(27)道教的な術としてみるのが妥当であろう。次に、さまざまな奇術を用いて病人を治療するということは、道教的方術を指すと思われる。当時の道教と仏教の習合という韓半島の情況を考えると、留学僧たちが仏教と混ざった道教の方術を学ぶことは十分あり得ただろう。得志は、このような神仙や道教的な世界で行われる方術を学んでいたに違いない。

一方、得志が「枯山をして変へて青山にす。或いは黄なる地をして変へて白き水にす」という奇術を体得したとあったが、この部分は、『傀儡子記』でみた「沙石を変じて金銭と為し、草木を化して鳥獣と為し、能く人の目を□す」という人の目を眩ませる幻術と同類である。留学僧のなかには、こうした道教的幻術を身につけて戻ってきた人も多くいたはずで、そうした法師らにより、幻術的な技が担われてきたことも考えられるのではないだろうか。

以上でみてきたように、修験の世界には、韓半島からの道教的呪術文化が直接的に入ってきていると考えられるのである。

②呪禁師

日本側の史料にみえる道教系の特殊技能に関する記録のなかにも、韓半島、特に百済との密接な関係を示すものが少なくない。とりわけ、六世紀後半、百済から経論ならびに六人の特殊技能者が派遣されたさいに、「呪禁師」が含まれていたことが注目される。その史実が、『日本書紀』敏達天皇六年（五七七）の条に、百済国の王、還使大別王等に付けて、経論若干巻、并て律師・禅師・比丘尼・呪禁師・造仏工・造寺工、六人を献る。遂に難波の大別王の寺に安置らしむ。

のように伝わっている。呪禁師は、道教系の方術士であるが、その呪禁師の由来をめぐって能勢朝次氏は、次のように指摘している。

呪禁師が我国に伝来したのは、書紀によれば、敏達天皇の六年であつて、百済より寺院関係者として渡来せしめられたものの如くである。（中略）私は百済より伝来した所の呪禁師は、仏教関係者であり、律師・禅師・比丘尼等と同例に取り扱ふべき、性質のものであつて、後世の所謂加持祈禱僧の如きものではなかろうかと思ふ。（中略）呪禁道と修験道は同一系統のものであるらしく、後世の修験道は呪禁道より生まれたものかと考えられるのである。[28]

能勢氏の説では、呪禁道に対して、道教的な側面から考える視点が欠けており、仏教関係の呪禁道より修験道が派生したというような不確実な論点もあるが、百済から伝来された呪禁関係のものが、仏教関係の呪禁道に展開されるという点には賛成したく思う。

一方、下出積与氏も、『日本古代の道教・陰陽道と神祇』のなかで、呪禁師について敏達天皇の時に派遣されたことにふれ、大陸から伝わった新しい方術である呪禁関係のものが典薬寮の専門職のなかに組み込まれ、令の官制下で一定の位置を占めるようになるという事情について述べている。典薬寮は、七世紀後半から八世紀初頭にかけて律令体制が確立されるなかで設置された官人養成機関である。主な目的は、医生・針生・按摩生・呪禁生・薬園生を養成することであった。そして、この時の呪禁師は、経呪を行う僧侶の一種であるとする佐伯有義氏の説を妥当とし、『日本書紀』持統天皇五年（六九四）十二月条に登場するような道教系の呪禁博士「木素丁武」「沙宅万首」などとは、性格を異にすると指摘している。[29] しかし、僧侶が道・仏の呪力をともに駆使している百済の状況から考えると、百済から渡来した呪禁師はやはり両道の呪力を兼備していたはずであり、その流れが仏教関係の呪禁道と典薬寮関係の呪禁道の両方面に展開したと考えられるだろう。

また、下出氏は前著のなかで、大陸伝来の呪禁が日本においてどのように展開されていたのかを『続日本紀』を中心に述べ、呪禁師の歴史を追求している。すなわち、呪禁の消滅について、

外来の呪法として仏呪とともに珍重され、七世紀末から八世紀にかけては、その技能者養成機関の官制上の整備と人員の充足に努められた呪禁が、わずか一世紀にもみたない間に公的な技能者としての活動は史上から姿を消し、関係する諸職さえも、平安初期の間に官制上から抹消されてしまった。

と指摘し、その原因として、

呪禁関係諸職の行動が次第に陰陽関係諸職のそれと混同され、やがて平安時代にはいると、陰陽道のなかに吸収され、ついには官制上からも姿をけした。

と論じている。[30] 結果的に呪禁道が陰陽道へ吸収されたという見解については、妥当だと思われる。ただ、単純に、道教系の呪禁職と陰陽職の「混同」が原因だとは考えられない。そこには、呪禁道と陰陽道の職業的類似による混同とは次元の違う問題がひそんでいるのではなかろうか。

『日本書紀』天武天皇十四年（六八六）には、百済僧法蔵が天武天皇の延命のため、白朮《おけら》を求め、かつ煎じて献上させ、これをもって天皇のために招魂したという記録がみえる。白朮は仙薬のたぐいであり、これらの神仙思想にもとづいた行為の中心に法蔵がいたと考えられるのである。ところが、持統天皇六年（六九五）二月の条では、「陰陽博士沙門法蔵」とみえるので、道教系のものが陰陽道に含まれる現象がおこっていることがわかる。さらに、本来は道教の信仰であった泰山府君《たいざんぶくん》が日本では陰陽道の主神とされるようになった例も同じ経緯でとらえられるであろう。こうした例を通じてみると、呪禁道が消え去るのは、陰陽関係の諸職と混同されたからではなく、呪禁道という切り捨てるべき道教的なものをあえて受け入れるために「陰陽道」という別の受け皿が用意されたと考えるべきではないだろうか。

三　排除される道教文化

(一)道教排除の原理

宮廷を中心にした散楽において幻術的要素が早くから切り捨てられたこと、呪禁関係者や呪禁職が陰陽道に吸収され、法制上かたちを隠して消滅したこと、[31] そこには、ともに道教排除の原理が働いていたのではないだろうか。それは、上田正昭氏や新川登亀男氏らにより指摘されているように、八世紀初頭に、「私かに左道を学びて国家を傾けむとす」[32] という理由で長屋王が密告され排斥された事件とも響き合うことなのであろう。傀儡師のような賤民芸能や山岳信仰の世界のように、中央権力の目が届きにくかったところでは、道教が自由に広まり、幻術的なものも活発に取り入れられていたと考えられるが、中央では、長屋王のころに本格的な道教排斥運動がおこるのである。

天武天皇の孫であり、高市親王の子供であった長屋王は、謀反の罪をきせられ、みずから生命を絶つ。そこには、長屋王が学んだという左道、すなわち、道教的信仰の問題がからんでくる。長屋王の道教信仰をめぐっては、新川登亀男氏の論考に詳しいので、以下、氏の論に導かれながら説明することにしたい(33)。まず、長屋王が学んだとされる「左道」とは、正しくない道、邪道のことである。氏によれば、「呪禁」をも含めた道術を恣意的に駆使し、みだりに厭魅《えんみ》におよんだり、符を用いていわゆる「道術符禁」を行ったりするのが「左道」であるという。言い換えれば、まじないの護符のような厭符《えんぷ》や妖書をつくって人を呪詛《じゅそ》すること、あるいは鬼神を自在にあやつり、かたることなどの特殊技能を学ぶことを意味するという。このように、長屋王は、左道といわれる道教的信仰に深くかかわっていたことにより、密告され、命を絶たれてしまったのである。

長屋王の死から二カ月後、この事件に呼応して出された勅は、徹底的に道教を否定する国家的政策を示しているものであった。『続日本紀』天平元年（七二九）四月三日条が伝える勅の内容は、次のようなものである。

癸亥、勅したまはく、「内外の文武の百官と天下の百姓と、異端を学び習ひ、幻術を蓄へ積み、壓魅呪詛ひて百物を害ひ傷る者有らば、首は斬、従は流。如し山林に停まり住み、詳りて仏の法を道ひ、自ら教化を作し、伝へ習ひて業を授け、書符を封印し、薬を合わせて毒を造り、万方に怪を作し、勅禁に違ひ犯す者有らば、罪亦此くの如くせよ。その妖訛の書は、勅出でて以後五十日の内に首し訖れ。若し限りの内に首さずして後に糺し告げらるる者有らば、首・従を問はず、皆咸く流に配せむ。その糺し告ぐる人には絹卅疋を賞はむ。便ち罪せる家に徴らむ」とのたまふ。

この勅は、僧尼の呪術的行為を規制した僧尼令卜相吉凶条（養老令）の「凡僧尼、卜相吉凶及小道巫術療病者、皆還俗。其依仏法、持呪救疾、不在禁限」、律の賊盗・厭魅条の「有㆑所㆓憎悪㆒而造㆓厭魅㆒、及造㆓符書㆒、呪詛欲㆓以殺㆒㆑人者」「凡以毒薬、薬人」「凡造妖書及妖言」などの僧尼令で禁止している事柄および養老元年四月壬申条の詔などで禁止している勅をふまえ、道教否定の立場をはっきりとさせている。まずは、文武百官・天下百姓すなわち俗人に関して、異端を学び、幻術を蓄え積み、または、呪詛して人を害するのを禁じている。異端は、左道と同意であり、左道の実践者には、僧侶が少なからず含まれていたという。(34)

続いては、道教系の山林修行僧や彼らが駆使する方術のような特殊技能に対しての勅禁がとりあげられている。山林にとどまり住みながら詐《いつわ》りの仏法を行う者とは、表面的には仏道修行を積んでいるが、実際は仙人になるための仙術を修めている僧侶のことを指している。日本では、「仙人と呼ばれる者達は、いずれも僧侶」(35)であり、仏教とかかわりをもっている。久米仙人・陽勝仙人・行叡居士など、『本朝神仙伝』がとりあげる仙人のほとんどが、仏法を修行していたとされるが、同時に、仙人を目指し、仙法を学んでいたのである。勅では、これら仙人になるために修行を積む僧侶らによる道術の伝授を禁じ、符書や薬を調合して毒薬をつくることで、万人をかどわかすことを禁じたのである。

薬を調合して仙薬をつくることは、神仙や道士の行う養生術である。不死不老の実現には仙薬の服用が欠かせないが、不老不死のための仙薬、つまり、丹薬は亜鉛など鉱物が含まれており、飲み方によっては死を招来する危険なものであった。「書符」とは、「符書」のことと思われ、「道術の呪文などを記した書つけ(36)」であるとされる。

このように、聖武天皇による勅定は、道教系山林修行者や道術の根絶を徹底するためのものであり、幻術を含む道教的な信仰を強く排除する立場の表明であった。このような政策のもとに、日本の権力中枢からは道教的なものすべてが排除されていったのだろう。

道教排除原理を招いたのは、これまでもみてきたように、当時の仏教的世界観によるものであった。そしてそれは、「散楽戸《さんがくこ》」廃止という能楽史上特筆される事件とも関連するのではないだろうか。『続日本紀』には延暦元年（七八二）、「勅して、雑色の張上五十四人を解却し、餅戸・散楽戸を廃む」とあり、散楽戸が廃止されたことが記されている。散楽戸に関する記事は、この箇所の他には見えないので、制定された時期や廃止理由などは明らかでない。散楽戸廃止の理由については、「殊更に楽戸を設けて保護する必要がなくなった(37)」とし、さらに、散楽戸としての「独自性が自然に消滅した(38)」とみる見解などがあるが、いずれも具体的な説明にはなっていない。

散楽戸が廃止されたのは、長屋王の変がおこり、幻術をはじめ道教的習俗を禁ずる勅が出された時から五十余年経た八世紀後半のことであった。道教排除という日本の政策に関しては、『唐大和上東征伝』（七七九年成立）に、遣唐使が玄宗に述べた、「日本君王、先不﹂崇﹂道士法﹂」という言葉が雄弁に語ってくれる通りである。また、新川氏の前掲書には、大宝令に含まれる僧尼令は、唐における道士と僧にかかわる道僧格という法に倣ったところが多いが、施行するにあたっては、道士も道観も、道教の根本聖典である『老子道徳経』もすべて無視されていることが指摘されている(39)。道教的な意味合いのものがすべて削除されているという点は、養老令の場合も同じである。このように、国家的イデオロギーが固められる七世紀末から八世紀にかけて、ますます強められる道教排除傾向のなかで、幻術的要素の色濃い散楽戸の廃止が決まった可能性が大きい。そして、このような政治的な意味合いで散楽戸が廃止された後、近衛官人の散楽は大きく変質し、唐散楽の日本化、いわゆる、散楽の猿楽への変貌がおこったのである。その流れのうえに『本朝文粋』「散楽策問」の記事もおかれるのであろう。

（2）幻術から天狗道への転生

『今昔物語集』では、幻術的世界を「外術」としてとりあげ、誡めている。外術とは、仏教を正統だとする立場から発せられる言葉で、仏法に対立する異端の外道の術をさす。当時の仏教観により、幻術を外道の術として強く排除していく風土が、『今昔物語集』のような説話の世界に如実にあらわれたのである。それはまた、天狗といわれる存在とも近いものである。『今昔物語集』巻二十の九話をあげてみよう。

今昔、京に外術と云う事を好て役とする下衆法師有りけり。履たる足駄尻切などを急と犬の子などに成して這せ、又懐より狐を鳴せて出し、又馬牛の立る尻より入て、口より出など為る事をぞしける。年来此様につけるを、隣に有ける若き男を極く□ましく思て、此法師の家に行て、此事習はむと切々に云ければ、法師の云く、「此事は輙く人に伝ふる事にも非ず」と云て、速にも不教ざりけるを、男懃に、「尚習はむ」と云ければ（中略）精進既に明日七日に満なんと為る夕に、法師来て云く、「努々人に不知せで、彼交飯の桶を、汝ぢ自持て、可出立き也。尚々刀持つ事無かれ」と誡め云て去ぬ。（中略）山の中に吉く造たる僧坊有り。男をば門に立て、法師は内に入ぬ。見れば、法師木柴垣の有る辺に突居て、咳きて音なふめれば、障紙を曳開て出る人有り。見れば、年老て蚕長なる僧の、極て貴気なる出来て（中略）房主の僧の云、「此尊は若し刀や差たる」と。男、「更に不差ぬ」由を答ふ。此僧を見るに、実に気疎く怖しき事無限し。（中略）若き僧のすでに来る時に、蜜に懐なる刀を抜きて儲て、延に立たる老僧に飛び懸かる時に、老僧急と失ぬ。其の時に見れば、坊も不見ず。（中略）法師は泣く泣く家に返て、二三日計有て俄に死にけり。天狗を祭たるにや有りけむ、委く其の故を不知ず。男は更不死ずして有けり。此様の態為る者、極て罪深き事共をぞすなる。然れば、聊かにも、「三宝に帰依せむ」と思はむ者は、努々、永く習はむと思ふ心無かれとなむ。此様の態する者をば人狗と名付て、人に非ぬ者也、と語り伝へたるとや。

外道の術を好み、それを業としている法師がいて、履物を子犬に変えて這わせたり、懐から狐を鳴かせて出したり、馬や牛の尻から入り、口から出るなどのことをしてみせた。ある若い男が法師を訪れ、このような幻術を習いたいと熱心に頼んだので、法師は、七日間精進させたのち、山中の僧坊へと案内した。この時、持ってはいけない刀を所持していたことが見破られ、術を教わることは失敗に終わった。房主の老僧の指示をうけた若い僧が、男の懐に刀をさしているかどうか探ろうと近づいた時、身の危機を感じた男が老僧に飛び掛り、その瞬間、老僧や僧坊は消え失せたのである。こうした奇術が外術とされたのであるが、法師が行った術には、『信西古楽図』の「入馬腹舞」とまったく同じたぐいのものもあるので、外術には、散楽として伝わった芸能的な幻術も含まれていることがわかる。

本話の末尾には、幻術を行っていた法師は天狗を祀っていたのではないかという疑念が綴られている。天狗は「仏典に出てくる天魔と同一のもの」(40)とみなされ、仏法を妨げる邪悪なものとされてきた。天狗譚の最後には、三宝に帰依しようとする人は怪しい術を習ってはいけないとし、このような術を行う人を人の仲間ではない人狗という伝える。本話は、道教系の仙術はもちろん、散楽系の芸能的な幻術やその修行までが、仏教側から排除されるべき外法の術であり、天狗道と相通じる世界として同一視されていたことをよく示している。

こうした幻術修行を反仏法的な行為として誡めるもう一つの説話が、『今昔物語集』巻二十の第十話である。本話は、道範という人が、信濃国で郡司の妻を寝取ろうとして男根をとられるという、奇異で卑猥な幻術譚である。怪異な幻術を習いたかった道範は、郡司に頼み込み、幻術の修行を許される。幻術の修行のために七日間かたく精進し、深山に分け入るが、この時、

大なる河の流れたる辺に行ぬ、「永く三宝を不信《しん》ぜじ」と云ふ願発して、様々の事共をして、艶《えもいは》ず罪深き誓言をなむ立けり。

ということが行われた。すなわち、幻術の修行をはじめるにさきだち、三宝を信じないと言い、仏法に反する誓言を立てさせられたのである。この部分は、『宇治拾遺物語』巻第九では、「大なる河の流るるほとりに行て、さまざまの事どもを、えもいはず罪ふかき誓言どもたてさせけり」となっており、『今昔物語集』でいう「永く三宝を信じない」という表現にはなっていない。森正人氏は両説話を対比して、『宇治拾遺物語』を外道の術の習得や使用を断罪する立場にたっていない説話集であるとし、『今昔物語集』の場合は、外道の術習得を反仏法的とすることとさらな意味付与が行われていると指摘する。(41) こうした傾向は、仏教的世界観に立つ『今昔物語集』の性格を特徴づけることであろうが、そこには、反仏法的なものを排撃するのに強い力が必要であった時代性をうかがうことができるように思われる。『今昔物語集』と『宇治拾遺物語』は、両方とも源隆国編『宇治大納言物

語』を母体とし、各々十二世紀と十三世紀の前半に成立している。その百年あまりの間に、仏教的な時代精神は大きく変化したといえよう。さまざまな天狗伝承が『今昔物語集』に集中して載せられたのは、十二世紀においての仏教界が天狗、または、それに準じる反仏法的な存在を放逐することに必死であった情況を反映しているように思われるのである。

一方、『今昔物語集』によれば、道範が行う修行というのは、川上からくるものがなんであれ、それに抱きつくということであった。最初に川上からあらわれた怪異な大蛇に抱きつくことには失敗するが、二回目の身の丈四尺の猪に抱きつくことに成功する。ところが、川上からあらわれた恐ろしい動物の実態は、実は三尺ほどの朽木であった。普通、仙道をもとめ、修行を積む人は、難行苦行をする。ところが、『今昔物語集』では、幻術の修行の様子を、滑稽で暗愚なやり方で描き、アイロニーを交えて表現している。これは、『今昔物語集』の天狗伝承のなかに、震旦《しんだん》から渡来した天狗が優れた験者に怯えて逃げ隠れ、遂には、高僧について歩いていた童子らに叩き伏せられる話（巻二十の第二話）と一脈通じるものがある。震旦の天狗は、叡山大嶽の石卒塔婆《そとば》の近くに飛び登り、老法師に化けては道の脇で待ち伏せして、やってくる人に襲いかかるつもりであった。しかし、高僧やそれに随う童子の験力を恐れ、南の谷に尻を逆さまにして隠れてしまうという情けない姿で描かれるのである。こうした笑止千万な天狗譚は、仏教の威厳を引き立たせるに適した話であり、その点は、道範の幻術修行譚と通底する。

そしてついに、道範は、幻術修行の一回目のチャンスを逃し、簡単な幻術しか身につけられないまま帰京した。その道範から、陽成天皇が幻術を学んだというので、世間の人から咎められる話が、後日譚として続く。

而るに、世の人此の事を受不申ざりけり。其故は帝王の御身にて、永く三宝に違ふ術を習て為させ給う事をなむ、皆人謗り申けり。云ふ甲斐無き下﨟の為るをだに罪深き事と云ふに、此く為させ給ひけるに、然ればにや狂気なむ御ましける。此れは天狗を祭て、三宝を欺くにこそ有めれ。人界は難受し。仏法に値ふ事又其よりも難し。其れに、適ま人界に生れて、仏法に値ひ奉り乍ら、仏道を棄て、魔界に趣かむ事、此、宝の山に入て手を空くして出、石を抱て深き淵に入て命を失ふが如し。然しば、努々可止き事也、となむ語伝たると也。

以上において、幻術を身につけることは、下賤な人でさえ深い罪を犯すこととなるのに、帝王の御身で行ったことだから、狂気となられたのだと語られる。陽成天皇が実際に幻術を学んだかどうかははっきりしないが、幻術を含む散楽雑技を好んでいたのは事実であった。『三代実録』には、陽成天皇の在位（八七六〜八八四）の間、馬芸や馬術、馬のうえの雑芸などを観覧したという記事が頻出している。

馬術は、古代から散楽雑技の演目の一つとして演じられてきた。傅起鳳・傅騰龍の『中国芸能史』によれば、中国後漢代の墓から発見された石刻壁画の「楽舞百戯図」には、走る馬のうえに立ったり、片手を走る馬のうえにおいて体を浮かせているような馬戯を行う場面が描かれている。中国では、馬術は、六朝や唐代を通じて継承発展してきたが、特に、唐代の君主はみな馬術を愛好し、軍隊では各種の馬術訓練が相当活発に行われていたとされる。また、唐初の馬術演技が描かれる『便橋会盟図』では、疾走する馬上でそれぞれ異なる騎術の動作を演じている場面が描写されており、当時の馬術の水準の高さが生き生きと描かれているとされる。(42)

古代の日本においても、馬芸の伝統は衰退することなく、公事・神事の儀式の場で行われてきた。『古今著聞集』巻第十には、「神事の庭には競馬を先とし、公事の砌には青馬をはじめとす。しかのみならず、武徳殿に御幸なりて、さまざまの馬芸をつくさる。また信濃の駒を引きて、左右の寮に給ひて、礼儀にそなへらる。およそこの芸は、乗尻の好むところなり。随身の専らにするところなり」という記事をはじめ、十六話にもおよぶ馬芸談が記されている。主に、儀式や宮中行事として騎射や競馬などにちなんだ話が書き留められているが、陽成天皇の時代にもこうした宮中行事の一環として、定期的に馬芸が行われていたのである。しかし、『三代実録』元慶七年（八八三）十一月十六日の記事の次のような出来事は、陽成天皇が宮中儀式として馬術を観覧する次元を超え、馬術に対してただならぬ興味をもっていたことを示していて注目される。

于レ時天皇愛好在レ馬。於二禁中関処一。秘而令レ飼。以下右馬少允小野清如善養二御馬一。権少属紀正直好中馬術上。時々被レ喚侍二禁中一。蔭子藤原公門侍二奉階下一。常被二駆策一。清如等所レ行。甚多二不法一。太政大臣聞レ之。遽参二内裏一。駆二逐宮中庸猥群小一。清如等尤為二其先一焉。是夜。熒惑失レ度。順行守レ房。経二三日一退去。

陽成天皇は、馬の愛好者で、宮中でひそかに馬を飼わせるほどであった。それだけでなく、時々馬術をよくする人を宮中に招いたりもした。ところが、馬を養い、馬術を行う者のなかには不法を働く者が多く、太政大臣（藤原基経）は、こうした「庸猥群小」を駆逐した。ここで注意したいのは、陽成天皇の御所に集ってきた、小野清如のような馬使いたちが不法をこととし、そのような「庸猥群小」の人たちが宮中から追われていることである。ここから、端午の節句に催されていたような四府の馬芸とは性格の異なる馬術が行われていたことが推測できるのではないか。

本条の末尾には、この夜、熒惑《けいわく》が度を失い、順行して房を守ったとある。火星の別名ともされる熒惑は、「火の精であって、これが運行するところには、兵乱・疫疾・飢旱・災火が生ずる」(43)と恐れられていた。さらに、熒惑には、人心を幻惑するという意味もあり、中国でも熒惑星が軌道を失うことは、はなはだ不吉であるとされていたらしい。この条でいう「庸猥群小」の連中が行っていた不法の真相を明らかにする手がかりの一つが、「熒惑失度」という表現ではないだろうか。つまり、人を惑わす、または、不吉な出来事を招来するという懸念すべき実態があったのであろう。

さらに、『三代実録』には紀正直が好んだものとして「馬術」とあるが、「道術」と書かれた異本もあるとされる。この部分は、前後に馬飼いの話が記されているので、確かに「馬術」を好むといった方が文脈上自然ではある。ところが、以上で述べてきた、陽成天皇の周囲でおこっている一連の事件から考えて、儀式や宮廷行事で行われる武術のような健全な馬術ではなく、駆逐すべき事態、つまり、散楽や道教系の幻術的な技をもった人々が集まっていた可能性があると考えられるのである。

また『古事談』には、陽成天皇の邪気にまつわる逸話として「璽筥を開けさせ給ひければ筥の中より白雲の起こりければ天皇恐懼せさせたまひて打ち棄てさせ給ふ」とある。玉璽の筥から白雲がおこったという話は、神仙思想の影響が強い『続浦島子伝記』にみえる「玉匣を開けば紫雲匣より出ず」という部分と響きあう。さらに、トップの貴族として道教的世界に堂々と入っていた源融《みなもとのとおる》のような人が、陽成天皇の側近にいて、なんらかの思想的影響を与えたということも十分考えられる。こうした情況から、陽成天皇の道教的なものへの傾斜、あるいは、幻術とのかかわりが想像できるのである。天平元年(七二九)四月に「幻術を蓄へ積」むことを堅く禁じた勅が出されたことについては前述した通りだが、馬使いの小野清如らの行いを指して不法といったのも、こうした道教的なものすべてを不法とする当時の国家理念と関係あったのではないだろうか。

　このような陽成天皇に対して、後代の人々、とりわけ、『今昔物語集』の編者は、狂気となったと記す。その狂気をもたらした原因を、『今昔物語集』では、帝の幻術、仏教側でいう外術修行と結びつけたのである。陽成天皇と幻術のつながりは、前述の『三代実録』の記事でいう、陽成天皇が馬芸・馬術の並大抵でない愛好者であったという事実と、その周辺を纏う道教的現象を一つの因子としているのかもしれない。

　陽成天皇が狂気となった原因は外術を修行したからであったが、外術修行は、天狗を祀り、三宝を欺くことと等しく、魔界に赴くこととされる。仏教の見地からみて、幻術を行うことは、仏教的呪力と対比される魔界の天狗の行為だったのである。仏教的世界観の内部にありながらも魔的存在である天狗と、仏教の外側にある幻術が容易に結びつくのは、両方とも仏心を惑わすものとして捉えられたからである。

　『今昔物語集』では、天狗が、外術のシンボルとして祀られ、時には、天狗道と外術とは重なる位相で語られたのであった。そのようなもう一つの例が、『今昔物語集』巻二十の三話である。


　延喜の天皇の御代に、五条の道祖神の在ます所に、大きなる不成ぬ柿の木有けり、其の柿の木の上に、俄に仏現はれ給ふ事有けり。微妙き光を放ち、様々の花などを令降めなどして、極て貴かりければ、京中の上中下の人詣集る事無限し。車も不立敢ず、歩人はたら云ひ不可尽ず。如此き礼み喤る間、すでに六七日に成ぬ。其時に、光の大臣と云ふ人有り。深草の天皇の御子也。身の才賢く、智明か也ける人にて、此の仏の現じ給ふ事を、頗る不心得ず思ひ給ひけり。「実の仏の此く俄に木の末に可出給き様無し。此は天狗などの所為にこそ有めれ。外術は七日には不過ず。今日我行て見む」と思給て、出立給ふ。（中略）大臣頗る怪く思え給ひければ、仏に向て、目をも不瞬ずして一時許守り給ひければ、此仏暫くこそ光を放ち花を降しなど有りけれ、強に守る時に、侘て、忽に大きなる屎鵄の翼折たるに成て、木の上より土に落て□めくを、多の人此れを見て、「奇異也」と思けり。小童部寄て、彼の屎鵄をば打殺してけり。

天狗は、仏に変じてあらわれ、光を放ち、花を降らせるなどして人々を惑わしていたが、聡明な光大臣（仁明天皇の皇子）により見破られる。そして、大きな糞鵄《くそとび》に変じ地上に転落した天狗は、童たちによりたたき殺されることになる。仏に変身した天狗があらわれた場所は、実らぬ柿の木のうえであるが、ここは、「瓜種」の幻術を見せて忽然と去ってしまう翁があらわれたところとも重なる。天狗の外術や道教系の幻術がともに「実らぬ柿の木」の場で展開されるという構想自体が、両者の重なり合う位相をあざやかに物語ってくれる。

以上でみてきたように、天狗は、仏に化して光を放ち、花を降らすというような外術を駆使し、人々を幻惑させていた。仏教側からみて、放逐すべきこうした邪気は、方術や幻術に連なるものであった。このように、天狗と並列であった幻術は、天狗伝承が盛んに語られる中世にいたると、天狗道のなかに回収されてしまう。実体は幻術であるが、天狗が行うものとして捉えられることになったのである。それは、『今昔物語集』のなかで語られる天狗伝承からもよくうかがうことができた。

こうした傾向は、道教的なものが陰陽道として収まっていく流れと並行するものであろう。大陸においては「陰陽思想」であったものが、日本に入ってきて、宗教としての「陰陽道」として再生する。そのなかに、道教的な方術が活躍する場も確保されるのであるが、その一方で、幻術は天狗道のなかへと転置されることになったのである。

仏教とは関係なかった幻術や方術が、仏教と接触するなかで、仏教側が用意した天狗という概念のなかに、取り込まれる。もちろん、天狗は反仏法の表象だが、反仏法というかぎりにおいて、大きくいえば、仏教的世界観のなかに回収されたと捉えることができるだろう。道教系の方術は、仏教的世界の傘の下で反仏法という明確な位置づけを与えられ、「天狗」として再生をはたしたのである。反仏教の総体が天狗としてイメージ化される時代、それが中世であった。

日本文化に流れ込んだ渡来文化のなかで、幻術は、権力に近い中央では、反仏法的なものとして排除されたが、権力から遠い裏の文化・民衆の文化においては、修験文化と融合していった。古代から中世にかけて、日本に流れ込んだ渡来文化のなかには、幻術のように、排斥される場合もあったのである。

(1) 浜一衛『日本芸能の源流――散楽考』(角川書店、一九六八年)。
(2) 森豊『シルクロードの幻術』(六興出版、一九八一年) 七九頁。
(3) 浜一衛 (前掲注1『日本芸能の源流――散楽考』) の読み下し文に従う。
(4) 芸能史研究会編『日本芸能史1　原始・古代』(法政大学出版局、一九八一年) 二九八頁。
(5) 同右、三〇一頁。
(6) 唐術は一般的に幻術・幻戯的なものとして解釈される。幻術について言及した代表的なものに、能勢朝次『能楽源流考』(岩波書店、一九三八年)、浜一衛『日本芸能の源流――散楽考』(前掲注1)、芸能史研究会編『日本芸能史2』(法政大学出版局、一九八二年)、川口久雄訳注『新猿楽記』(東洋文庫、一九八三年) などがある。
(7) 能勢朝次氏は、『新猿楽記』の背景を「稲荷祭」のさいの散楽とみる (前掲注6『能楽源流考』)。
(8) 通称『信西古楽図』として用いられているが、その成立に信西入道藤原道憲が関与していることは否定されている。また成立事情については山田孝雄氏が日本古典全集の解説で中国成立将来説と日本成立説を示した。後、福島和夫氏は日本成立説が決定的論拠に欠けている点を指摘しながら唐代成立説を支持している。ただ、福島氏も指摘しているように「本画巻に描かれたもの・ことを歴史的に明確化するためには、唐代の音楽に関する歴史的知識が不可欠であるが、研究の現段階ではこれの解明に不十分である」ことや『信西古楽図』のなかには中国側の記録で発見されないとされる「入馬腹舞」のような幻術が含まれていることなどから、中国成立説に関する疑問も残り、いわゆる『信西古楽図』の日本成立説を否定することはできないだろう（福島和夫「〔古楽図〕考」、『日本音楽史研究』6号）。

(9) 芸能史研究会編『日本芸能史1 原始・古代』（前掲注5）三〇二頁。

(10) 同右、二九八頁。

(11) 橋本裕之『演技の精神史――中世芸能の言説と身体』（岩波書店、二〇〇三年）二二五頁。

(12) 前掲注(7)『能楽源流考』二四頁には、『周礼』春官・旄人の「掌レ教下舞二散楽一、舞中夷楽上」、『後漢書』陳禅伝の「永寧元年西南夷撣国王献二楽及幻人一。能吐レ火、自支解、易二牛馬頭一」という箇所と関係があると指摘されている。

(13) 能勢朝次氏は、平安時代に行われていた賤民猿楽に対して、その演者が近衛府の官人または、貴族者流自演の猿楽であるものを一括して「貴族的猿楽」という名称で呼んでいる（前掲注7『能楽源流考』）。

(14) 芸能史研究会編『日本芸能史1 原始・古代』（前掲注5）三一〇頁。

(15) 日本史小百科『神道』（東京堂出版、二〇〇二年）六二頁。

(16) 同右。

(17) 重松明久『古代国家と道教』（吉川弘文館、一九八五年）第二章。

(18) 下出積与『日本古代の道教・陰陽道と神祇』（吉川弘文館、一九九七年）第二章。

(19) 『家伝』下

方士には吉田連宜・御立連呉明・城上連真立・張福子等あり。陰陽には津守連通余・真人王仲文・津連首谷・郡庚受等あり。暦算には山田忌寸・志紀連大道・私石村・志斐連三田次等あり。呪禁には余仁軍・韓国連広足等あり。

(20) 新川登亀男『道教をめぐる攻防』（大修館書店、一九九九年）七九頁。

(21) 上田正昭『古代の道教と朝鮮文化』（人文書院、一九八九年）九三頁。

(22) 重松明久『古代国家と道教』（前掲注17）、下出積与『日本古代の道教・陰陽道と神祇』（前掲注18）。
(23) 重松明久『古代国家と道教』（前掲注17）四三〇頁。
(24) 新川登亀男『道教をめぐる攻防』（大修館書店、一九九九年）六五頁。
(25) 同右、八二頁。
(26) 下出積与『日本古代の道教・陰陽道と神祇』（前掲注18）第二章。
(27) 日本古典文学大系『日本書紀』頭注。
(28) 前掲注(6)『能楽源流考』第一篇第三章。
(29) 下出積与『日本古代の道教・陰陽道と神祇』（前掲注18）。
(30) 同右。
(31) 景雲元年（七六七）を最後に、史上、呪禁関係者の記録はみあたらないという（前掲注18『日本古代の道教・陰陽道と神祇』）。
(32) 新編日本古典文学大系『続日本紀』天平元年二月十日条。
(33) 新川登亀男「日本古代における仏教と道教」（野口鉄郎編『選集道教と日本』、雄山閣、一九九七年）。
(34) 新川登亀男『道教をめぐる攻防』（前掲注20）一七二〜一七三頁。
(35) 松田智弘「古代日本に於ける仙人信仰について」（前掲注33『選集道教と日本』）。
(36) 『続日本紀』天平元年四月三日条の頭注（前掲注32）。
(37) 前掲注(7)『能楽源流考』五二頁。
(38) 芸能史研究会編『日本芸能史1　原始・古代』（前掲注5）二九二頁。
(39) 新川登亀男「日本古代における仏教と道教」（前掲注33）。
(40) 原田正俊「『天狗草子』を読む」（小松和彦編『怪異の民俗学』五、河出書房新社、二〇〇〇年）一三八頁。
(41) 森正人「天狗と仏法」（小松和彦編『天狗と山姥』、河出書房新社、二〇〇〇年）。
(42) 傅起鳳・傅騰龍著『中国芸能史』（三一書房、一九九三年）。
(43) 村山修一『日本陰陽道史総説』（塙書房、一九八一年）二八八頁。

引用文献出典一覧（五十音順）

（注：引用に際し、私意に表記を改めた箇所がある。）

『赤染衛門集』（新編国歌大観、角川書店）
『阿古根浦口伝』（日本歌学大系、風間書房）
『惟賢比丘筆記』（続群書類従、続群書類従完成会）
『伊勢物語』（新編日本古典文学全集、小学館）
『伊勢物語愚見抄』（続群書類従、続群書類従完成会）
『伊勢物語知顕集』（続群書類従、続群書類従完成会）
『稲荷記』（『稲荷大社由緒記集成』、伏見稲荷大社社務所）
『稲荷山参篭記』（『金春古伝書集成』、わんや書店）
『稲荷大明神流記』（『稲荷大社由緒記集成』、伏見稲荷大社社務所）
『宇佐八幡宮弥勒寺建立縁起』（神道大系、神道大系編纂会）
『宇治拾遺物語』（新編日本古典文学全集、小学館）
『雲州消息』（古典文庫、現代思潮社）
『大鏡』（日本古典文学全集、小学館）
『園城寺伝記』（大日本仏教全書、名著普及会）
『園城寺龍華会縁起』（国史大系『本朝続文粋』、国史大系編集会）
『傀儡子記』（日本思想大系『古代政治社会思想』、岩波書店）
『柿本影供記』（群書類従、続群書類従完成会）
『家伝』（群書類従、続群書類従完成会）
『玉伝深秘巻』（片桐洋一編『中世古今集注釈書解題』、赤尾照文堂）
『玉伝集和歌最頂』（日本歌学大系、風間書房）

『渓嵐拾葉集』（大正新修大蔵経、大正一切経刊行会）
『元亨釈書』（国史大系、国史大系編集会）
『源平盛衰記』（中世の文学、三弥井書店）
『江家次第』（復刻日本古典全書、現代思潮社）
『五音』（日本思想大系『世阿弥・禅竹』、岩波書店）
『後漢書』（岩波文庫『魏志倭人伝・後漢書倭伝・宋書倭国伝・隋書倭国伝』、岩波書店）
『古今和歌集序聞書』（片桐洋一編『中世古今集注釈書解題』、赤尾照文堂）
『古今著聞集』（日本古典集成、新潮社）
『古今秘哥集阿古根伝』（岡見正雄博士還暦記念刊行会編『室町ごころ　中世文学資料集』、角川書店）
『古事記』（日本古典文学大系、岩波書店）
『申楽談儀』（日本思想大系『世阿弥・禅竹』、岩波書店）
『三五記』（日本歌学大系、風間書房）
『三代実録』（国史大系、国史大系編集会）
『三宝絵詞』（古典文庫、現代思潮社）
『慈覚大師伝』（群書類従、続群書類従完成会）
『十訓抄』（新編日本古典文学全集、小学館）
『寺徳集』（続群書類従、続群書類従完成会）
『寺門伝記補録』（大日本仏教全書、名著普及会）
『釈日本紀』（国史大系、国史大系編集会）
『諸山縁起』（日本思想大系『寺社縁起』、岩波書店）
『神仙伝』（中国古典新書、明徳出版社）
『住吉大社神代記』（田中卓『住吉大社神代記の研究』、国書刊行会）
『赤山明神縁起』（続群書類従、続群書類従完成会）

『千載和歌集』（新日本古典文学大系、岩波書店）
『僧尼令』（日本思想大系『律令』、岩波書店）
『続浦島子伝』（群書類従、続群書類従完成会）
『続日本紀』（新日本古典文学大系、岩波書店）
『太平記』（新編日本古典文学全集、小学館）
『竹園抄』（日本歌学大系、風間書房）
『入唐求法巡礼行記』（中公文庫、中央公論社）
『日本書紀』（日本古典文学大系、岩波書店）
『日本霊異記』（新編日本古典文学全集、小学館）
『年中行事秘抄』（群書類従、続群書類従完成会）
『白山之記』（日本思想大系『寺社縁起』、岩波書店）
『八幡宇佐宮御託宣集』（重松明久校注訓訳『八幡宇佐宮御託宣集』、現代思潮社）
『播磨国風土記』（新編日本古典文学全集『風土記』、小学館）
『播州近江山近江寺縁起』（修験道史料集、名著出版）
『日吉山王利生記』（郡書類従、続群書類従完成会）
『彦山流記』（修験道史料集、名著出版）
『常陸国風土記』（新編日本古典文学全集『風土記』、小学館）
『風姿花伝』（日本思想大系『世阿弥・禅竹』、岩波書店）
『袋草紙』（新日本古典文学大系、岩波書店）
『扶桑略記』（国史大系、国史大系編集会）
『抱朴子』（中国古典新書、明徳出版社）
『法華験記』（日本思想大系『往生伝・法華験記』、岩波書店）
『本朝月令』（群書類従、続群書類従完成会）

『本朝神仙伝』（日本古典全書『古本説話集・本朝神仙伝』、朝日新聞社）
『本朝文粋』（新日本古典文学大系、岩波書店）
『万葉集』（日本古典文学全集、小学館）
『明宿集』（日本思想大系『世阿弥・禅竹』、岩波書店）
『山城国風土記』（新編日本古典文学全集『風土記』、小学館）
『列仙伝』（中国古典新書、明徳出版社）

あとがき

韓国での大学院生時代、偶然『謡曲大観』に出会った。五冊セットとなって並んでいるうちの第一巻を手にとって開いてみたら、目新しくて、強い好奇心が沸いてきたのを十五年あまりすぎた今も覚えている。それからさっそく能のビデオを手に入れて観てみた。それまでの私は、韓国の伝統芸能である農楽やサムルノリのような躍動的な身体のほうになじんでいたので、発散されるべきものが抑えられているような能の身体が面白く感じられた。そのビデオの能はどういう内容かわからなかったが、そこには普通ではない不思議な動きがあって、その風変わりな世界にひかれたのが、私が能を研究しようと思ったきっかけである。

それから、能を研究テーマにして修士論文を書くことにしたが、外国にいながら資料を手に入れることは難しく、修士論文はなかなか進まなかった。資料もあまり読めないうえ、実際の舞台も観ることができない状況で論文を書きながら、日本へ留学して本格的に能の研究をしたいという意志を固めた。

長い間の念願がかなって留学生活をはじめた私が、多様性に富み、開かれた学風の東京大学駒場キャンパスで研究をはじめることができたのは、何よりも幸せなことであった。ここで出会ったゼミの仲間である横山太郎さんや高橋悠介さんをはじめとする多くの方々には、常にアドバイスを得ており、みんなが私の先生のような存在であった。

日本に来て最初に観た能は「道成寺」であった。留学生活がスタートしたばかりで、いろいろな不安を抱いていた頃だったが、息の弾むような舞台を目にして、楽しい世界に足を踏み込んだことを確信し、安心と期待を胸に帰り道うきうきとした気分となった。この時、私をはじめての能舞台に案内して下さったのは、指導教官である松岡心平先生であった。松岡先生は、中世を文学・歴史・思想など多様な視点から総合的にとらえ、ダイナミックで幅広い研究をしておられる。授業や論文指導中には、くりくりした目を輝かせながら心底おもしろがって語っておられ、次はどういう発想と展開が待っているのか、聞いている私の方もわくわくしてきた。そのような先生の学問の世界に導かれ、触発され、またご教示を仰ぎながら、ここまで来ることができた。

修士課程に入ってからは能をより深く理解するために、能の稽古に通いはじめた。観世九皐会の永島忠侈先生に七年ほど謡と仕舞を教わり、それは貴重な経験となった。稽古は月三回ほどで、先生の自宅の稽古場で行われており、稽古日がとても待ちどおしかった。稽古が面白かったからでもあるが、気さくな先生の奥様との世間話が楽しくて、稽古場よりも二階のリビングルームで過ごした時間が長かったような気がする。

一方、日本への留学で豊かなみのりを得ることができたのは、私の住んでいた町の隣人たちの支えがあったからだと思っている。私は東京大学の駒場キャンパスから一時間以上離れた横浜の下町、磯子の滝頭に住んでいたが、人情あふれる所だった。節分にはいっしょに豆まきをし、お彼岸にはおはぎを持ってきてくださるなど、私は、近所のみなさんとの付き合いを通じて日本人の生活の営みを経験することができた。特に、アパートの家賃をいっさい取らず、研究に専念するようにとおっしゃってくださった小泉昇三先生、そして、親身になって面倒をみてくださった石野教子さんに助けられ、安定した留学生活を送ることができた。

留学の間、いろいろな方の力添えで貴重な体験ができ、それが研究の原動力となった。本書がまとめられたのも、近くで支えてくださった方々のお陰である。デスクに向うだけの研究生活に陥りやすい留学生に、多様な日本文化にふれる機会を与えてくださった太田達さんと濱崎加奈子さん、いつも応援してくださった向山秀樹先生に厚くお礼申し上げる。また、能を含めていろいろな舞台が観られるよう気を配ってくださった笠井賢一さん、韓日文化交流のための能公演で現場体験の機会を与えてくださった観世銕之丞さんにもこの場を借りてお礼申し上げたい。

本書は「翁の生成と渡来文化」という、東大駒場の表象文化論コースに提出した博士論文をもとにしている。博士論文の審査員は、主査の松岡先生をはじめ、野村伸一、小峯和明、三角洋一、石光泰夫の諸先生方であった。様々な御助言をいただいた先生方に厚くお礼を申し上げる。

最後になったが、貴重なアドバイスをいただくとともに丁寧な編集作業を行ってくださった、原宏一さんと那須木綿子さんに深く感謝申し上げる。

二〇〇八年十月十五日

金　賢　旭

◆著者略歴◆

金　賢旭（きむ・ひょんうく）

1968年生.

東京大学大学院総合文化研究科(表象文化論)博士課程修了.

博士(学術).

現在：韓国外国語大学・檀国大学非常勤講師

主要論文に「翁舞と処容舞――日韓呪術歌舞の共通性」(『文学』10巻2号、岩波書店)「翁信仰と渡来文化」(『國文學』、50巻7号、學燈社)「住吉明神と金春禅竹の『明宿集』」(『ZEAMI』3号、森話社).

翁《おきな》の生成《せいせい》――渡来文化《とらいぶんか》と中世《ちゅうせい》の神々《かみがみ》――

2008(平成20)年12月10日発行

著　者　金　賢旭

発行者　田中周二

発行所　株式会社　思文閣出版

〒606-8203　京都市左京区田中関田町2-7

電話　075-751-1781(代表)

印　刷
製　本　株式会社　図書印刷　同朋舎

ISBN978-4-7842-1411-2　C3014

索　引

さ

た

な

は

ま

金　賢旭（キム　ヒョンウク）…国民大学校（韓国）国際学部日本学専攻助教授

翁《おきな》の生成《せいせい》　渡来文化《とらいぶんか》と中世《ちゅうせい》の神々《かみがみ》
（オンデマンド版）

Digital Publishing

2016年4月30日　発行

著　者　金　賢旭
発行者　田中　大
発行所　株式会社 思文閣出版
〒605-0089　京都市東山区元町355
TEL　075-533-6860　FAX　075-531-0009
URL　http://www.shibunkaku.co.jp/

装　幀　上野かおる（鷺草デザイン事務所）
印刷・製本　株式会社 デジタルパブリッシングサービス
URL　http://www.d-pub.co.jp/

AJ534

ISBN978-4-7842-7010-1　C3014　Printed in Japan